生態人類学は挑む
MONOGRAPH 8

狩猟採集社会の子育て論

クン・サンの子どもの社会化と養育行動

高田明 著
TAKADA AKIRA

京都大学学術出版会

サンが遊動生活を送ってきたカラハリ砂漠。
その大地を駆けめぐるワイルデビーストの群れ

「ヒト本来の子育て」なのか?

狩猟採集社会では「ヒト本来の子育て」がみられるとされる。しかし彼らの子育てを形づくるのは本能や遺伝だけではないはず……そうした「原型」のイメージにサンの子育てを嵌め込もうとする理論に抗って、研究者はナミビアの地に踏み込む。

トウジンビエの脱粒作業。サンの生業活動は狩猟採集からより広がりを見せている

クンのお母さんたちは移動するとき、たいていおぶい紐で赤ちゃんを背負う

トウジンビエが実る農場

赤ちゃんを膝の上で抱え上げ、上下運動させる「ジムナスティック」。日本でよく見る赤ちゃん体操が、ここカラハリ砂漠では独自の発達を遂げている

赤ちゃんを抱いて上下に動かす「オウ」

ことばやメロディ、響きあいによって変わるかたち

授乳パターンや赤ちゃん体操、音声コミュニケーションや子ども集団の遊び……そこから見えてくる多様で柔軟に変化する子育ては、彼らの社会の高度なレジリエンスを映す。

授乳しているクンの母親。子どもに話しかけている

子どもの足をもみしだく「アリ」によって、歩くことを教える

トウジンビエの製粉をおこなう年長児ら。子どもたちも日常的に家事の手伝いを行う

リズムやメロディにのせて赤ちゃんに呼び掛けを行う「カイン・コア」

輪になって歌い踊る子どもたち。幼い子どもたちもその輪のなかで自分の「場所」を見つけていく

ナミビアの大地。子どもたちの「遊び」と「模倣」のインスピレーションの源泉

子どもたちもよく赤ちゃんの世話をする

遊びと模倣のなかで

あてどなく自在な遊びのなかで子どもたちはしばしば大人以上の発見をし、社会に変容をもたらす。しかも楽しみながら。「今ここ」の制約から脱却する遊びと模倣。生み出される変化と調和は、家族のあり方が問題となる私たちの社会に問いを投げかける。

幼稚園で給食を食べる子どもたち。UNESCOと政府は幼稚園プロジェクトによって子どもたちに新たな教育を始めている

遊びに出かけるクンの子どもたち

混迷する21世紀の荒野へ

地球という自然のなかで人類は長い時間をかけて多様な文化や社会を創りあげてきた。その長い歴史は、人類が自然の一部としての生物的存在から離陸して自然から乖離していく過程でもあった。その結果、現在の人類は地球という自然そのものを滅亡させてしまうかもしれない危険な存在になっている。世界がその危険性にやっと気づきはじめ、資本主義グローバリズムに変わるべき未来像を模索している。

そのような中で生態人類学は自然と文化という人間存在の二つの基盤にしっかり立脚し、人間の諸活動のすべての要素を含みながら、しかも具体的で説得力ある研究を目指すユニークな学問的営為として研究活動を続けてきた。現在地球上で急激に減少している多様な人類文化に着目し、そうした民族文化や地域文化の奥深さを描き出すため志のある研究者が実直で妥協のないフィールドワークを続けている。研究者たちはそこで得られたデータによって描かれる論文や現場に密着したモノグラフ等の作品以外に、この多様な人類のありかたを示す方法はないことを確信してきた。

生態人類学は、一九七三年五月に東京大学と京都大学の若手の人類学関係者が集まり第一回の生態人類学研究会を開催したのが始まりであった。この生態人類学研究会は二三回続き、一九九六年の生態人類学研究会を第一回の生態人類学会研究大会とすることで新たな学会となった。今年度（二〇二〇年）第二五回の生態人類学会研究大会を開催し今日に及んでいる。今や生態人類学を標榜する研究者も数多くなり、さまざまな大学や研究機関に所属している。

生態人類学会は二〇〇二年度に『講座・生態人類学』（京都大学学術出版会）八巻を発刊して、それまでの生態人類学の成果を世に問うている。この講座は、アフリカの狩猟採集民二巻、東アフリカの遊牧民、アフリカの農耕民、ニューギニアの諸集団、沖縄の諸論考のそれぞれに一巻をあて、さまざまな地域のさまざまな生業や生活を対象にした論文集という形のシリーズであった。また、エスノ・サイエンスや霊長類学と人類学をつなぐホミニゼーションに焦点をあてた領域にもそれぞれ一巻をあてている。

この『講座・生態人類学』発刊からすでに二〇年近く経過し、研究分野も対象とする地域ももはや生態人類学という名称では覆いきれない領域にまで広がっている。そして本学会発足以降、多くのすぐれた若手研究者も育ってきている。そうしたことを鑑みるならば、このたびの『生態人類学は挑む』一六巻の発刊は機が熟したというべきである。このシリーズはひとりの著者が長期の調査に基づいて描き出したモノグラフ一〇巻と従来の生態人類学の分野を超えた、領域横断的な研究分野も包摂した六巻の論集からなる。共通するのはいずれもひとりひとりの研究者が対象と向き合い、思索する中で問題を発見し、そして個別の問題を解くと同時にそれを普遍的な問題にまで還元して考究するスタイルをとっていることである。生態人類学が出発してほぼ五〇年が経つ。今回の『生態人類学は挑む』シリーズが、混迷する21世紀の荒野に、緑の風を呼び込み、希望の明りをともす新たな試みとなることを確信する。

日本の生態人類学の先導者は東京大学の渡辺仁先生、鈴木継美先生そして京都大学の伊谷純一郎先生であったが、生態人類学の草創期の研究を実質的に押し進めてきたのは六年前に逝去した掛谷誠氏や今回の論集の編者のひとりである大塚柳太郎氏である。

掛谷誠氏の夫人・掛谷英子さんより掛谷誠の遺志として本学会へのご寄進があり、本出版計画はこの資金で進められた。学会員一同、故人に出版のご報告を申し上げるとともに、掛谷英子さんの御厚意に深く謝意を捧げたい。

『生態人類学は挑む』編集委員会

目次

第1章

生業活動と子育て

撮影　田中二郎氏

1　はじめに

私が南部アフリカのサンのもとで人類学的な調査をはじめたのは今から二〇数年前、一九九〇年代の後半である。人類学に「転向」する前、私は心理学を専攻し、それと並行して、発達相談員の見習いとして乳幼児の発達の診断や療育に携わっていた。私は、大学の研究室や学術雑誌で推奨される洗練された心理学実験と、発達相談の場で垣間見る現実の複雑さや多様性との間で、なかなか折り合いをつけることができなかった。前者にはリアリティを感じられず、かといって後者でやっていける自信もなかった。自らの未熟さに直面して、どこにも居場所がないように感じていた。そのくせ、いつの時代も若者がそうであるように、当時の私にもありあまる熱情とエネルギーがあった。ただ、それをどう使えばよいのかわからず、悶々としていたのである。

迷いにとりつかれてそこかしこをうろつくなかで、私はサンのもとで生態人類学的な研究が盛んにおこなわれてきたことを知った。手にとった学術論文のなかには、子育てについてのものも少なからず含まれていた。学術論文でありながら、具体的な土地や民族の名前がふんだんにでてくることが新鮮だった。フィールドワークという研究手法は、陽のあたるところで研究をおこなうことができそうで、胸を騒がせた。私は、生態人類学のパイオニアであり、のちに師と仰ぐことになる田中二郎氏の研究室のドアをたたいた。折り合いをつけられなかった現実から、逃げたかったのかもしれない。だが、飛び込んだアフリカの地では、たしかに人間とふれ

写真1-1　はじめてのアフリカ訪問(1)(1997年中川裕氏撮影)

あっている実感があった（写真1―1、1―2）。私の迷いは急速に薄らいでいった。

本書は、それから現在に至るまでの間に得られたデータと思いの変遷をとりまとめ、狩猟採集社会における子育てについての研究を再考するものである。ずっと時間をさかのぼるが、一九六六年にシカゴ大学で開催され、そうした研究を生み出す契機ともなった狩猟採集民会議（Man the Hunter Symposium）には、当時の人類学の泰斗であり、学術界のみならず幅広い社会で一世を風靡していたクロード・レヴィ＝ストロース（Claude Lévi-Strauss）が招待されていた。レヴィ＝ストロースはそこで、以下のように述べている。「（狩猟採集社会の研究において）霊長類にもあてはまる、ある非常に基本的な事実が明らかになった場合、それは（「狩猟採集民」のような）人類の特定の社会ではなく、人類全体にあてはまると考えるべきであろう。そうした事実が遠い過去、あるいは現在のことにかかわらず、その妥当性は人類に普遍的なも

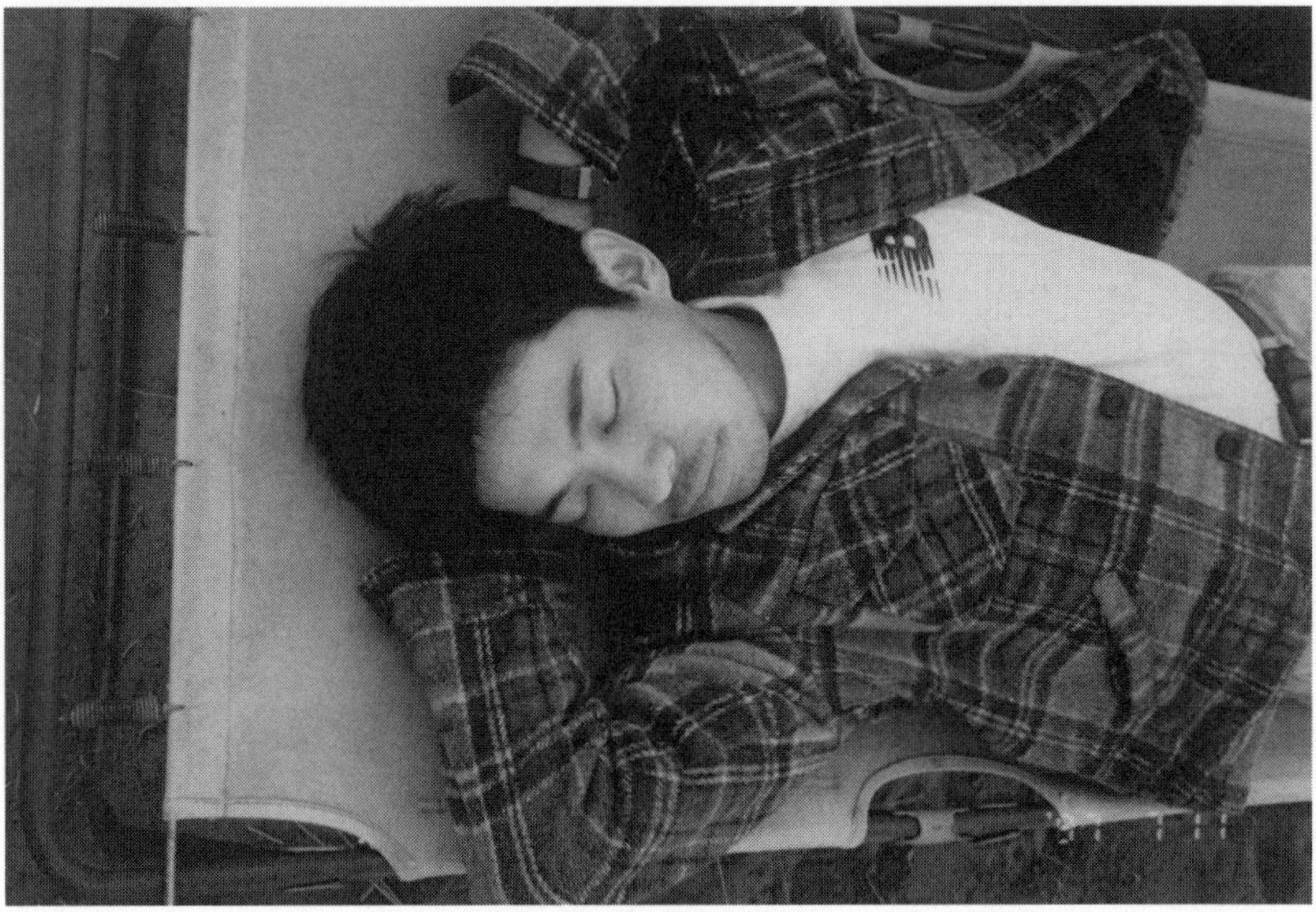

写真1-2　はじめてのアフリカ訪問（2）（1997年中川裕氏撮影）

のでなければならない」（Lévi-Strauss 1968: 349）。結論を先どりしておくと、ここですでにレヴィ＝ストロースが喝破していたように、狩猟採集社会において見いだされてきた子育ての特徴は、私たちの社会にもさまざまなかたちをとって存在している、というのが本書を通して伝えたい私の主張である。その皮切りとして、本章の以下の部分では、まずサンの民族誌的背景について述べる。続いて、本書の研究の土台となった生態人類学について、そこから注目されるようになったジュホアンの子育てについて、その後に明らかになってきた狩猟採集社会における子育ての多様性について、順に概観したうえで本書の目的を示す。そして、最後に本書の構成について述べる。

2 サンの民族誌的背景

サンは、古くから南部アフリカのサバンナで狩猟採集活動に基づいて生活する「ブッシュマン」として知られていた。人類学の黎明期から現在に至るまで、多くの研究者がサンについての調査や議論を繰り返してきた。現在のサン研究者を代表する一人であるヒッチコック（Hitchcock 1996: 13）は、さまざまな統計データを集積して、現在のサンの総人口を約一〇万四〇〇〇人と見積もっている。もっとも、サンの総人口の推定値には大きな幅があり（菅原 一九九八：一五）、そのなかでは、このヒッチコック（1996）の見積りはかなり多い方に属する。サンの知名度を考えると、一〇万人強という人口は少ないと思われる読者も多いだろう。これはおもに、サンが広大な生活域と低い人口密度を必要とする半乾燥地での狩猟採集活動によって暮らしてきたことによる。それでもかつては、より多数のサンがより広い地域に住んでいた。しかし、一七世紀以降の白人の植民やバントゥ諸民族の南下により、サンは次第に弱体化し、これらの人々の手が届かないカラハリ砂漠付近に追い詰められていった。

カラハリ砂漠は、サンが進出する以前はほとんど人間が暮らすことのない広大な原野だったとされる。「砂漠」とはいっても、サハラその他の世界の大砂漠を象徴するような、草木のない流砂の砂丘はカラハリ砂漠には見られない（オーエンズとオーエンズ 二〇一一：七五）。その中央部はステップ気候に属し、年間降水量は平均四

写真1-3　カラハリ砂漠を駆けるワイルデビーストの群れ（1997年筆者撮影）

〇〇ミリほどある。植物相は、禾本科の草本が主体となる「ブッシュ」が大半をしめる（写真1―3）。ただし、点在する窪地の周囲や洪積世時代に流れていた川の跡の両岸には、アカシア属（Acacia）、ネムノキ属（Albizia）などの喬木がまばらに混じる「疎林」が形成される（田中一九七七：五―八）。こうした環境をオーエンズとオーエンズ（二〇二一：七五）は「オアシスのない半砂漠地帯」と表現している。一年は、四～一一月ごろにかけての乾季と一二～三月ごろまでの雨季に大きくわかれる。ただし、雨の時季や降り方は、年や場所により大きく異なる。乾季には、辺りは荒涼とした景観を呈する。日中の最高気温は三〇℃ほどだが、夜間の気温は氷点下まで下がる。乾季の終わりには、最高気温は四〇℃を超え、ときおり熱風の砂嵐が吹き荒れる。雨季になると、数日間降り続く長雨や雷をともなった短時間の土砂降りに見舞われる。枯れ果てていたブッシュは緑の草に覆われ、花々が咲き乱れる。点在する窪地には水たまりができる。サンの遊動生活では、これが水場として重要な役割を果たしていた（田中 一九七八：三一―六）。

一九世紀になると、デイビッド・リビングストン（David Livingstone）、チャールズ・アンダーソン（Charles Andersson）、トマス・バインス（Thomas Baines）、ジェームズ・チャップマン（James Chapman）といった白人の旅行者や探検家が、カラハリ砂漠に生きるサンのもとを訪れるようになった。一八六〇年代には、ドイツの人類学者グスタフ・フリッシュ（Gustav Fritsch）がアフリカ南部を訪れ、サンの民族誌を編纂した。この時期に社会や文化の進化を研究する人類学が勃興していたことが、こうした調査を後押しした。フリッシュはサンを、厳格な政治組織のない小規模なコミュニティを形成し、狩猟採集活動に基づく自由で独立した生活を送っている人々として描いた。興味深いことにこの描写は、ルソー（ルソー 二〇一六b）をはじめとする西欧人が想像してきた「自然人（the natural men）」、そしてこのイデオロギーを反映しながら、後

写真1-4　ブッシュで水を吸っているサンのハンター、デンバー・アフリカ探検、1925-26（NAN n.d.: 3350）

写真1-5　食料となる根茎を掘っているサンの子どもたち、デンバー・アフリカ探検、1925-26（NAN n.d.: 3377）

のサン研究者が詳細なデータとともに描くことになる狩猟採集民のイメージの原型ともいえる特徴を備えている。

その後、二〇世紀の前半になると、白人の観光・入植を振興したいという現地政府の思惑や人類進化にたいする一般的な関心が高まった。これにあおられ、より多くの探検家・旅行家、宣教師、研究者、行政官などが、カラハリ砂漠の内奥にまで乗り込むようになった。たとえば、一九二五年から一九二六年には、米国のジャーナリストや写真家がつどって「デンバー・アフリカ探検」を組織した（写真1—4、1—5。Gordon 1997: 103-104, 110-111）。この探検隊のメンバーだったC・E・キャドル（C. E. Cadle）は、一九二八年一〇月一五日付けのニューヨーク・タイムズ紙で、上記のフリッシュのイメージを再現するような、以下の記述をおこなっている。「彼ら（サン）は二〜三の家族からなる小さな共同体で暮らしており、その生活は完全に狩猟に依存している。他の者のうえに立って権威をもつものはない」(Gordon 1997: 29)。

こうした報告によりサンは脚光を浴び、その研究が進むようになった。もっとも、近代的なサン研究は、植民者である白人と生活域を接していたサンを対象として、その言語や民話を精力的に収集・整理することからはじまった。サンの言語研究のパイオニアであるドロテア・F・ブレーク(Dorothea F. Bleek)は、この時期にサンの広範な言語の記述・分類をおこなっている(e.g. Bleek 1929)。

二〇世紀の後半になると、カラハリ砂漠の内奥にまで出向いて参与観察に基づく人類学的な調査をおこない、サンの生活実態を明らかにしようとする研究者があらわれるようになった。そのパイオニアであるローナ・マーシャル(Lorna Marshall)は、現在のナミビア中東部にあるニャエニャエ地域に暮らしていたサンの一集団、ジュホアンのもとで文化生態学の影響の強い人類学的な研究をおこなった。これは、ローナの夫で米国の成功したビジネスマンであったローレンス・K・マーシャル(Laurence K. Marshall)が、退職を機に「家族のきずなを再確認できる世界でもっともへんぴな場所」を求めて、一家でカラハリ砂漠に移り住んだことによって可能になった(Marshall 1976)。

それから一〇年ほどして、人類学者のリチャード・リー(Richard Lee)が同地を訪れた。リーは、人類社会がその歴史のほとんどの間、狩猟採集活動に生計の基盤をおいていたという知見に基づいて、現代の狩猟採集民であるサンが人類社会の始原的な姿を復元する鍵になると考えていた。そこで、できるだけ外部世界の影響を受けていない狩猟採集民を追い求め、一九六三年にニャエニャエ地域とさほど離れていないドーベ地域でジュホアンの調査を開始したのである。ちなみに、初期の研究ではリーたちが研究対象としたこの集団をクン(!Kung)

図1-1　リーとデヴォアがとりまとめ、生態人類学の成立を告げる記念碑的な書物となった“Man the Hunter”（Lee & DeVore 1968）

と表記していることも多い。しかし、本書で彼らを表記する場合には、すべて彼らの自称であるジュホアン（Juǀ'hoan）に統一する。これはまず、彼らの権利運動などを受け、近年ではリーらの研究チームを含めて、ジュホアンという呼称を採用する研究が多くなっていることによる（e.g. Lee 1993）。また、著者はクン（!Xun）を自称するジュホアンと近縁な集団に焦点をあてた研究を進めてきており（e.g. Takada 2020）、彼らとジュホアンを区別するためでもある。クンとジュホアンは、本書でも中心的な対象集団となる。

リーはもともと学際的、今のことばでいえば文理融合的な志向を持っていた。カリフォルニア大学バークレー校での大学院生時代は、そこで教鞭を執っていた人類学者・進化生物学者のアーヴェン・デヴォア（Irven DeVore）と意気投合した。二人の交流は、デヴォアがハーバード大学に異動してからも続いた。二人はこの米国有数の研究機関を拠点として、人類社会の発展を論じるための学際的な研究チームを構成していった。この研究チームは多くの熱狂的な若手研究者の支持を得て、ジュホアンをはじめとする狩猟採集民の組織的な研究を推進するようになった。これらの研究は、ジュホアンが荒涼とした自然環境にどのように適応しているのか明らかにしていった。また、ジュホアンは家族的な結合に基づき、ごくシンプルなかたちで社会秩序を維持していると考えた（図1―1。Lee & DeVore 1968, 1976）。日本からも、渡辺仁や田中二郎をはじめとする気鋭の研究者がこの動向に参加した。彼ら・彼女らは、隣接する学問分野の研究者たちを魅了しながら、牧畜や農耕を含む人間社会の多様な生業様式へと分析や考察の幅を広げ、生態人類学という新たな学問分野をかたちづくるようになっていく。

3 生態人類学の成立

リーの研究チームに渡辺や田中が参加していたことからもわかるように、生態人類学は、日本の研究者がその成立や発展に大きく貢献してきた学問分野である。そのパイオニアの一人である田中によれば、生態人類学は、狩猟採集、牧畜、農耕といった生業様式の分析をその核にすえ、人類の進化と環境への適応を視野に入れた考察をおこなう。こうした学問分野の輪郭は、人類生態学、文化生態学、霊長類社会生態学、文化進化論などの隣接する学問分野を源流としてかたちづくられてきた（田中 一九八四）。これらのなかでも、本書のサンの子育てについての議論との関連でとくに注目したいのが、生態人類学と文化進化論との関係である。一九六〇年代ごろに隆盛を迎えた文化進化論は、新進化主義とも呼ばれる。「新」という形容詞がついているのは、元祖となる進化主義の人類学と区別するためである。一九世紀半ばにチャールズ・ダーウィン（Charles Darwin）の

『種の起源』（原著は一八五九年に刊行）が出版されると、人類社会の進化を実証的な資料に基づいて論じようという気運が高まった。ダーウィンの盟友であったハーバート・スペンサー（Herbert Spencer）やトーマス・ヘンリー・ハックスリー（Thomas Henry Huxley）をはじめとする、当時の「進歩的」な研究者がこうした動きを推進した。とくにスペンサーは、ダーウィンのアイデアを翻案して「進化（evolution）」や「適者生存（survival of the fittest）」といった概念を提案し、さらにこれを人類社会にもあてはめられると考えた（もっとも、ダーウィン自身はそうしたアイデアを人類社会に拡張することには非常に慎重であった）。こうした見方は、社会や文化の進化を研究する壮大な民族誌を生み出した（e.g. Tylor 1962; Frazer 1890-1936/1966-1967）。しかし、これらは、宣教師や探検家などその立場や信憑性がさまざまな民族誌的な資料に依拠しており、人類学者によるその解釈にも問題があること、依然として、明示的にせよ、暗黙にせよ、キリスト教的な価値観を絶対視する傾向があったこと、また、その単線的な社会進化についての見方では、彼らが未開と見なした思考の型がじっさいにはヨーロッパ社会の人々の日常生活にも認められることや加速度的に増えていった民族誌的な資料の多様性を十分に説明できないことなどから、次第に学問的な妥当性を疑われるようになっていった。

こうした反省に基づき、上述の社会進化論をのりこえることを目指して提唱されたのが、新進化主義としての文化進化論である。文化進化論をめぐる論点は、個別的な文化形態の歴史的な発展を指す特殊進化と文化が全体的に進歩する諸段階を指す一般進化という概念によって大別される。特殊進化は、特定の環境における生存率やエネルギー獲得の効率を高めることによって生じるとされる。いっぽう、一般進化は多様な環境にたいする多面的な適応能力や獲得エネルギーの総量を増大させることから生じてくるという（e.g. サーリンズとサーヴィス 一九七六）。上述の定義から明らかなように、研究者が個々のフィールドで目にする活動は、特殊進化の結果であることが多い。一般進化の特徴は、そうした事例研究を積み重ね、比較考量することで導かれる。生態人類学では当初から、この文化進化論による特殊進化と一般進化の区分を批判的に継承しつつ、人間の活動と自然環境の入り組んだ相互関係に注目してきた（文化進化論の側でもその後、とくに一九八〇年代以降は、隣接分野における新たな知見や洗練された数理モデルをとりいれて、文化進化についての見方が大きく変化している（e.g. メスーディ二〇一六）。しかし、ここではとりあえずそうした動きはあつかわないことにする。第7章を参照）。とりわけ本書で焦点をあてるサンは、現代に生きる数少ない狩猟採集民とみなされたことに加えて、その生活環境が進化の過程でヒトが森林環境を離れて進出したサバンナに似ているということから、一般進化と特殊進化の双方の面から大きな関心をもたれた。また、人間活動と自然環境の相互関係のなかでももっとも基本的な関係として、食物獲得活動と人口維持活動があげられる（e.g. Lee 1979; Tanaka 1980）。研究対象とする社会における生業様式や人口動態の綿密な記述・分析は、生態人類学の中心的な研究テーマとなった。

その後、生態人類学はさまざまな領域へ研究の範囲を広げていったが、その研究史のかなり初期から関心をもたれていた領域の一つに子育てがあげられる。子育て、すなわち養育行動や子どもの発達は、生態人類学の中核的な研究テーマである食物獲得活動と人口維持活動をつなぎ、さらに文化的体系が再生産・改変される仕組みを論じることを可能にする研究テーマとして、大いに注目されていたのである。

4 ジュホアンの子育て

こうした関心を受けて、ハーバードの調査隊には子育てを研究領域とするメルビン・コナー（Melvin Konner）とパトリシア・ドレイパー（Patricia Draper）が参加していた。その期待にたがわず、二人は次々とジュホアンの子育てについての興味深い特徴を報告していった。とりわけ、授乳に関する報告は有名である。一九七〇年前後にさまざまな週齢の乳幼児と養育者との接触度を調査したドレイパー（Draper 1976）やコナー（Konner 1976）によると、英米と比べて、ジュホアンの母子間の密着度や授乳の頻度はずっと高く、離乳の時期は三〜四歳とはるかに遅かった。その結果、子どもは母親に強い愛着（Bowlby 1953, 1969）を形成するようになるとされた。ただし、妊娠後の母乳は前の子に悪影響を及ぼすと考えられているため、次子の妊娠がわかるとほぼ強制的に離乳がおこなわれた。こうした授乳パターンは、半乾燥地のブッシュの消化の悪い食物に頼らず、子どもに十分な食料と安心を与えることを可能にした。ショスタック（一九九四：一一五）によれば、ジュホアンの母親たちは幼い子どもを皮製の肩かけに入れ、ほとんどどこへでも連れていった。もっとも大半の母親は、最年少以外の子どもたちをみんな村に残して採集に出かけたがった（ショスタック 一九九四：一七八）。リー（Lee 1979: 312）は、子どもの生後二年間は、母親が子どもを運搬して歩く距離は年に二四〇〇キロにも及ぶと推定している。この距離は子どもの生後三年目と四年目になるとそれぞれ年に一八〇〇キロと一二〇〇キロに下がるが、それでも自動車や公共交通機関を用いることに慣れた社会の住人から見れば、相当なものである。これは広大な原野でひんぱんに移動する生活のなかで、野生の動植物や火事による危険を回避したり、乳児に母乳を与えたりする必要性と結びついていると考えられた（Lee 1979: 325-332）。一般に狩猟採集民は、原野に散在する食糧を確保するため、広い生活域と低い人口密度を必要とする。スチュワード（Steward 1955: 145）やリーとデヴォア（Lee & DeVore 1968: 11）は、狩猟採集民の標準的な人口密度を平方マイルあたり一人（＝一平方キロメートルあたり〇・三八六人）と推計するよう提案している。遊動生活を送っていたジュホアンの諸集団の人口密度は、この基準よりさらに低いものだった。また、ジュホアンでは避妊がみられないにもかかわらず、出産間隔は平均四四ヶ月と長かった（Lee 1979: 320-325）。ひんぱんな移動を伴う生活では、乳飲み子を同時に二人以上もつことは子どもだけでなく、母親をも危険にさらすと考えられた。

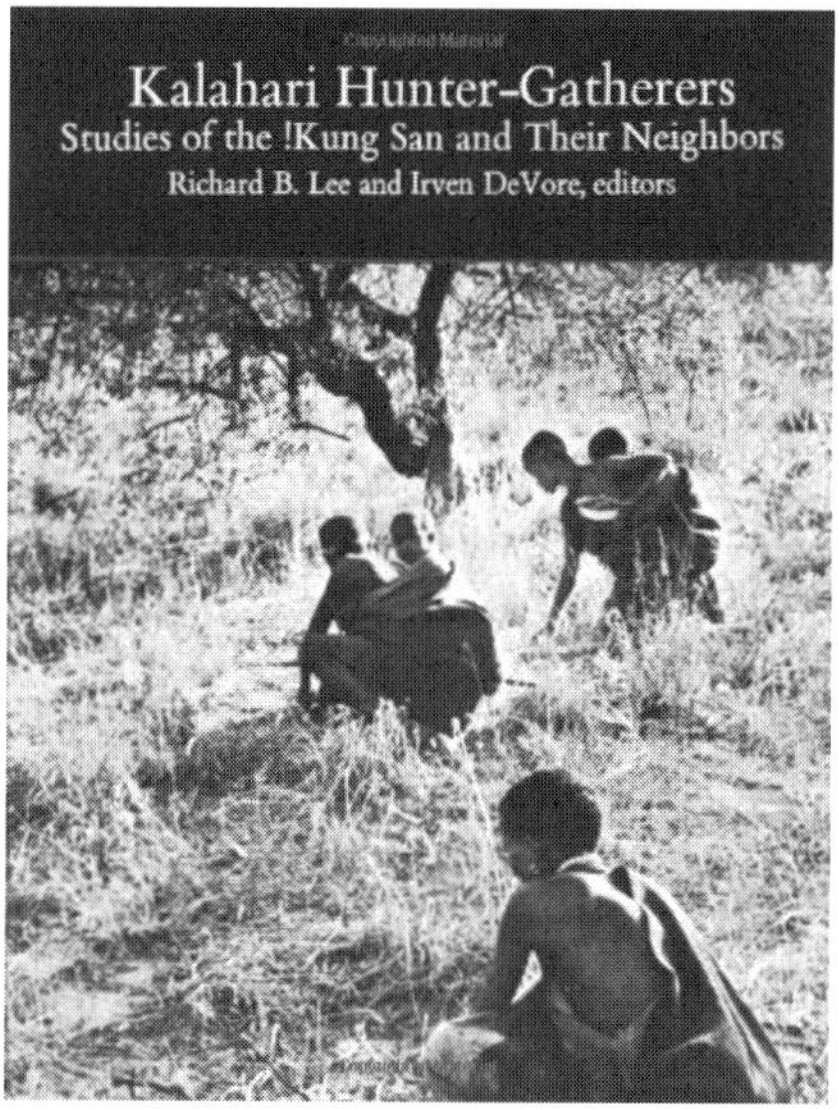

図1-2　コナーやドレイパーが寄稿し、狩猟採集社会の子育て研究を切り開いた“Kalahari Hunter-Gatherers”（Lee & DeVore 1976）

　母親だけでなく、乳幼児と父親やそれ以外の大人との間にも密接な接触がみられた。たとえばショスタック（一九九四）によれば、ジュホアンの父親は、母親ほどは長時間、子どもたちと接触していないものの、多くの社会の父親よりはずっとひんぱんに子どもの体に触っているし、赤ん坊や小さな子どもの世話をする。また、両親ともまっこうから子どもと対決したり、体罰を与えたりすることはない（ショスタック一九九四：三七二）。母親が一人で採集にでかけるときには、おもにキャンプに残った他の大人が乳児の子守りをしていた。これらの大人たちは、乳幼児を厳しく叱ることはほとんどなかった。いっぽう、乳幼児と年長児の間の接触はあまりなかった。また、乳幼児は放縦であった。これは上記のように乳幼児をケアしてくれる大人が多く、かつ乳幼児がその依存的な要求を受け入れられやすいためだと論じられた（Draper 1976; Konner 1976）。コナー（Konner 1976: 245）によれば、ジュホアンの一般的な育児のルールは、意のままにさせ、興味を引き、拘束しないことだった。

また、ジュホアンでは生後数週齢から乳児をひんぱんに膝のうえで抱えあげ、立位を保持、あるいは上下運動させるという養育行動がみられた（Konner 1973, 1976）。私はこの行動をジムナスティックと呼んで、長年にわたり研究してきた（第3章参照）。コナー（1973, 1976）は、ジムナスティックがひんぱんにおこなわれるのはジュホアンが乳児の運動発達を訓練によって促進させる必要があるという信念をもつからで、ひんぱんに移動を繰り返す生活様式においてはこれが合理的だった、と論じた。

さらにドレイパー（Draper 1976）によると、長い授乳期間を終えた後、子どもは多年齢からなる子ども集団にその愛着の対象を移すようになる。この子ども集団は、乳幼児の子守りや生業活動に実質的な貢献をおこなうことを求められず、一日の大半を遊びに費やしていた。ショスタック（一九九四：一七八）によれば、ジュホアンの子どもたちには学校はないし、暮らしに貢献することも年下の子どものケアをすることも求められてはいない。ドレイパー（1976）は、サンの子どもはこうした子ども集団でくり広げられる多様な遊びを通じて周囲の自然環境を熟知し、有能な狩猟採集民になっていくと論じた。

上記の研究をリードしてきたコナーは、最近これらの特徴をまとめて「狩猟採集民の子どもモデル（HGCモデル)」と呼んでいる(Konner 2016)。HGCモデルの主張は、ルソーが『エミール』(二〇〇七)で描いた子育てのイメージなどに端を発し、近代の進展とともに広まっていった人生初期における教育の理念型、すなわち母子関係に代表される、愛情に充たされた自然で家庭的な環境において子どもの自発的な学びを引き出そうとする教育観に回帰するもののように思われる。こうした研究はさらに、一九七〇年代ごろから人間にも研究対象を広げるようになった動物行動学や霊長類学とも相互交流を進めつつ、「ヒト本来の子育て」についてのモデルと見なされるようになっていった。たとえばブラートン=ジョーンズ(Blurton-Jones 1972)は、他の哺乳類の母子関係や母乳の成分とジュホアンのそれを比較して、母親が乳児を運搬し、ひんぱんに母乳を与えるのはヒトの種としての特徴だと主張している。また、母親が赤ちゃんと密着して採集活動等をおこなうことや授乳期間が三~四年にわたることについては、チンパンジーにも類似の特徴が認められる。そのためフォーク(Falk 2004: 499)は、こうした特徴の起源はヒトとチンパンジーが分化する前に遡ることができるかもしれないと述べている。このモデルは、研究者だけでなく、子育てに関心をもつ幅広い人々の関心を引くようになっていった。現代の子育てがそうした「ヒト本来の子育て」から逸脱しているとして、警鐘を鳴らすものもあらわれた。たとえばバーら(Barr et al. 2000)は、現代の西欧社会における相対的に母子が分離した関係や決まった時間に集中的におこなわれる授乳は、赤ちゃんと母親の双方にとって本来の姿を損なっていると示唆している。

5　狩猟採集社会における子育ての多様性

ＨＧＣモデルが確立された後も、狩猟採集社会における子育てについての研究は続いている。とりわけ、その文化的多様性に関する議論が深まっている。ただし、初期の研究がそうした問題に関心を払ってこなかったわけではない。すでにドレイパー（1976: 217）は、「ジュホアン社会の特徴である小さな集団サイズ、移動性、単純な技術は、子どもと大人の相互行為や子どもにおこなう訓練の性質にどう影響するのか、また狩猟採集民としてどれほど典型的なのか」という問題を提起している。また、ジュホアンの定住化や集住化が進み、狩猟採集活動が低調になる状況に居あわせたショスタック（一九九四）は、次のように述べている。一九六〇年代の終りには、ジュホアンの暮らしは明らかに定住村落の生活に向かっていた。バントゥの小屋をまねたスタイルでは、村のなかでそれぞれの家の境界線がはじめてはっきりと区切られた。子育ての方法も影響を受けてきた。暮らしの定住性が高ければ高いほど、出産間隔が短くなっていたのだ。これは、雌牛や山羊の乳が手に入るようになって、授乳のパターンが変わったからかもしれない。あるいは、それまでよりも質のいい食事をし、活動が少なくなったために、妊娠し、臨月まで妊娠を維持するのが楽になったことにもよるかもしれない（ショスタック一九九四：三三七—三三八）。これらの問題、すなわちジュホアンの子育てが狩猟採集社会においてどの程度一般的なのか、またジュホアンの狩猟採集活動と子育ての特徴がどのように結びついているのかという問題は、ジュホアンの養育行動をヒト本来の子育てと結びつけて考察してきた従来の議論の根幹にかかわる。しかしながら、初期の研究では調査地へのアクセスの悪さなど、さまざまな制約からこれらの問題がじっさいには十分検討されなかったことも事実である。

第3章以降でよりくわしく見るように、そうした状況を受けてHGCモデルを批判的に検討するなかで、狩猟採集社会研究の第二波ともいうべき民族誌的な研究が蓄積されてきた（e.g. Hewlett & Lamb 2005; Meehan & Crittenden 2016）。そうした研究は、狩猟採集民のなかにも、（1）離乳が相対的に早い、（2）キャンプの他のメンバー（父親、母親以外の女性、年長児など）がよく養育に携わり、母子間の密着度が相対的に低い、（3）乳幼児へのしつけが厳しく、乳幼児の放縦さがあまり認められない、といった集団があることを示している（Konner 2016）。コナー（2016）は、こうした事例から導かれるHGCモデルの改訂版ともいうべきモデルを「許容的適応としての子どもモデル（CFAモデル）」と呼び、ヒトの環境適応の許容度の広さを示すとしてこれに一定の評価を与えている（Konner 2016）。CFAモデルを導いたこれらの研究は、狩猟採集社会の子育ての多様性とその背景となっている生態環境の違いについて論じることで、子育ての特殊進化

図1-3　CFAモデルをなす論考を多く所収した“Hunter-Gatherer Childhoods”（Hewlett & Lamb 2005）

についての議論を深めてきたともいえるだろう。もっともコナー（2016）によれば、上記のような特徴が認められるとしても、それはジュホアンと比べた場合の程度の問題である。そして欧米社会と比べるならば、それらの事例でとりあげられた狩猟採集民の社会においても、子どもにとっての母親によるケアの第一義性や母子間の密着度の高さはやはり特筆すべきだという。

また上述のように、狩猟採集社会の子育てに関する知見は、子育ての負担が母親に集中しがちな産業社会における子育て、とりわけ核家族化や少子化が急速に進行して母親が孤立しやすいとされる社会における子育てを見直すという文脈で、一般にも人気を博してきた。こうした教育の理念型や産業社会における子育ての問題点を見直す試みは、もちろん重要である。ただし、現地社会における子育てそのものをより深く理解するためには、それが理論的あるいは理念的なバイアスとなりかねないことには注意が必要だろう。こうしたバイアスに惑わされないためには、民族誌的な資料のより具体的かつ丁寧な検討を進めていくしかない。

先に述べたように、ジュホアンは多くの言語集団、地域集団からなるサンの下位集団と位置づけられる。社会人類学の立場からサン研究をリードしてきたバーナード（Barnard 1992）は、こうした言語集団、地域集団における各種の文化的要素の比較を進めることで、これらの基底にあってさまざまな文化的変異を生み出す構造を明らかにすることの重要性を説いている。また近年では、初期のジュホアン研究などが想定していた、「孤立した自律的な狩猟採集社会」という観点の妥当性についての議論が高まり、生活様式の変容や他民族との接触を視野に含めた、より歴史に敏感な研究をおこなっていく必要性が叫ばれている（Wilmsen 1989; Lee 1992）。古代DNAの分析からも、今ある地域に住んでいる人々が、ずっと昔にその場所に住んでいた人々の子孫だけということはほぼありえないということが明らかになっている（ライク 二〇一八：一六）。したがって、カラハリ砂漠に住むサンを始原的な人類の生きた化石のようにあつかうことは、端的にいって誤りである。さらに伝統的なサンの社会や文化は、南部アフリカ諸国の独立をめぐる戦争や独立後の政策により、その根底から急速に変わりつつある（Tanaka 1987; Uys 1993）。こうした状況で、サンの諸集団における子育ての差異や変化をその進化史的な意義だけでなく、生活様式や歴史と関連づけて再考することは、従来の議論を再評価、発展させる絶好の機会だといえよう。

また最近では、狩猟採集社会における子育て研究をめぐる情勢が変わってきた。環境や身体のポテンシャルを活用するために狩猟採集社会が生み出してきた技術や知識の豊かさは、幅広い研究者のコミュニティに驚きをもって迎えられた。だが、そうした感動と満足感は、研究の進展とともに薄れていくものである。民族誌的な資料が加速度的に増えていくとともに、さまざまな地域、幅広い研究分野で得られた知見の全体像をつかむことは難しくなり、調査地域や研究分野を異にする研究者間の対話が減ってきている。現在では自然と文化、いいかえればヒト本来の子育てと狩猟採集社会における文化的多様性という二分法を超えて、そうした文化的変異を生み出す仕組みをとらえ直すための理論的な枠組みが求められている（デスコラ二〇一九：一六）。そのためにはとりわけ、急速に知見を増やしてきた隣接する研究分野をつなぐことが求められる（メスーディ二〇一六）。

以上の問題意識を受けて本書では、以下の二つを目的とする。第一に、ナミビア北中部に住むクンのもとでの著者自身による約四半世紀にわたるフィールドワーク、およびそれ以外の（ポスト）狩猟採集社会における子育てについての文献に基づいて、狩猟採集社会における子育ての特徴を再考する。これにあたってはとくに、授乳（第3章）、ジムナスティック（第4章）、初期音声コミュニケーション（第5章）、子ども集団相互行為（第6章）に注目する。クンは、ジュホアンと言語や親族名称・命名法において近縁なサンの下位集団で、サン研究においてもしばしば両者は混同されていた。しかし、クンとジュホアンは、本書の鍵概念である生業活動、また近隣の民族や組織との歴史的な関係については、重要な違いがあることがわかってきた（e.g. Takada 2015, 2020）。したがって、両者における子育てを比較し、さらにその結果をそれ以外の狩猟採集社会における研究成果を関連づけて論じることは、サンの生業活動や歴史と子育ての関係を明らかにするうえでも大いに有効である。

第二に、それぞれの子育てにかかわる活動についての民族誌的資料とそれに関連する隣接する研究分野の議論を整理し、いわゆるミクロとマクロの統合を目指した議論をおこなう。そのための枠組みとしては、ソビエト社会主義共和国連邦（現在のロシア。ただし、ヴィゴツキーの出身地は、現在のベラルーシにある）の傑出した発達心理学者であるレフ・セミョノヴィチ・ヴィゴツキー（Lev Semyonovich Vygotsky 1896-1934）が提案した、発達にたいする四つのアプローチを用いる（Takada 2020）。ヴィゴツキーは、ハックスリー（Huxley 1942）の生物学全般についての議論に立脚して、発達を以下の四つの相互に関連するレベルに分けて研究することを提案した（Rogoff 2003）。（1）ミクロ発生的発達（特定の文脈における一瞬一瞬の個人の学習で、遺伝的背景や文化―歴史的背景を土台として築かれる文脈に注目する）（2）個体発生的発達（個人の生涯の時間枠組みで生じる発達に注目する）（3）文化―歴史的発達（記号や物質的技術、価値システム、活動のスクリプト、規範などを通して個人に文化的な遺産が継承される過程に注目する）（4）系統発生的発達（ゆっくりと変化する種の歴史。遺伝子を通して個人にその遺産が継承されていく過程、すなわち進化に注目する）。四つのアプローチは、それぞれ子どもとその周囲の人々や環境を巻き込みながら、異なる時間枠において展開する。本書では、このアプローチに立脚してまとめた高田（Takada 2020）を日本の読者向けに大幅に改変し、おもに後者三つのアプローチ（個体発生的発達、文化―歴史的発達、系統発生的発達）のかかわりという観点からサンの子育てについて考察する。本書であつかう子育てについてのトピックは、このうち個体発生的発達においてあらわれてくる順に並んでいる。各章では、その章で焦点をあてるトピックについて、個体発生的発達とそれより上位の時間枠における発達との関連を論じる。(1)

6　本書の構成

以降の部分では、まず第2章でクンの民族誌的な背景を概観する。ナミビア北中部の地域史において、クンのエスニシティは繰り返し再編成されてきた。その過程は、以下のように整理できる。(1) クンとオバンボを含む複合社会の確立 (2) サンを対象とした宣教活動の広範な影響 (3) 解放運動へのクンの参加 (4) ナミビアの独立以降のサンのための開発活動。この章では、その過程を通じて、クンをそれ以外の人々や組織から隔てる文化的な境界が失われることはなかったことを示す。続く第3章から第6章では、子育てについての重要なトピックが並んでいる。第3章では、授乳をあつかう。授乳は、哺乳動物としてのヒトの特徴とそれぞれの社会が文化的にかたちづくってきた慣習が交叉する活動である。クンではジュホアンと同様に母親が持続時間の短い授乳をひんぱんにおこなう。この章では、そうした授乳パターンがどのように形成されるのか、接触

(1) いっぽう、個体発生的発達とそれより下位の時間枠における発達との関連については、別著（高田 近刊）で論じる。この点で、［Takada 2020］と本書、［高田 近刊］は姉妹編ともいうべきものである。

や睡眠とどのようにかかわっているのかを明らかにする。またクンでは、授乳は母親のみがおこなうのに対して、母親以外のさまざまな養育者も早くからひんぱんにおこなう養育行動がある。第4章ではこの養育行動、すなわちジムナスティック（乳児を膝の上で抱え上げ、立位を保持、あるいは上下運動させる一連の行動）に焦点をあてる。ジムナスティックの実践は、クンにおける親の信念を背景としており、乳児が母親以外の養育者との社会関係をかたちづくっていくうえで重要である。さらに、ヒトを特徴づけている直立での二足歩行の発達にも影響を与える。興味深いことに、クンの養育者はジムナスティックをおこなうとき、しばしば乳児に向けた発話・歌を伴わせる。第5章では、こうした初期音声コミュニケーションについて論じる。多くの研究者が子ども向けの発話・歌に見られる普遍的な特徴を明らかにしようとしてきた。いっぽうで、子ども向けの発話・歌には考察に値する文化的な多様性と特徴も認められる。こうした特徴は、子どもの歌・踊り活動では、さらに複雑な様相を呈する。第6章では、そうした子どもの歌・踊り活動をはじめとする子ども集団活動をあつかう。ジュホアンと同様、クンでも多年齢からなる子どもの集団は、子どもの社会化において重要な働きを担っている。さらに、ヒトのみにあるとされる子ども期とそれ以降の時期における社会活動をつなぐ働きも持っている。結論部となる第7章では、これらの研究に基づいて、狩猟採集社会における子育てについて再考する。

第2章

サンの文化・生態学的な多様性

1　ナミビアへ

私がはじめてナミビアの北中部、そしてそこに暮らすクンのもとを訪れたのは一九九八年である。じつはそれより一足早く、私は大学院生としてボツワナのグイとガナというサンの集団のもとを訪れていた（写真2―1）。グイとガナ（以下、グイ／ガナ）は、少なくとも数世紀にわたってカラハリ砂漠の中央部で暮らしてきた近縁なサンの二集団である。グイ／ガナについては、第1章でも紹介した田中二郎氏（研究仲間のならわしにしたがって、以下では愛称の「二郎さん」を使わせていただく）を嚆矢として、日本人の学際的な研究チームが世界でもまれなほどの長年にわたる総合的な調査活動を展開していた。しかしボツワナ政府は、一九九七年にグイ／ガナをその長年の生活域と大きく重なる中央カラハリ動物保護区の外へと移住させる再定住政策を実施した。これをめぐって国際的な抗議運動がわきおこり、それにともなってボツワナの政治状況も緊迫しつつあった。新人の大学院生が調査を開始することにはさまざまな困難があることがわかってきた。当初は諸先輩にならってグイ／ガナを調査対象とし、長期滞在をするつもりで意気込んでいた私は途方に暮れた。再定住の直後で混乱した状況にあるグイ／ガナの人々を前にしつつ、何もできないどころかしようとすることすら許されない。その現実に私は打ちのめされ、暗澹たる思いにとらわれていった。

こうした状況で、私は当時指導教員だった二郎さんと一緒に、新たな調査地を求めて隣国のナミビアに向か

写真2-1　グイ／ガナの子どもたち(1997年筆者撮影)

写真2-2　岩が多く、起伏の大きいナミビアの大地（1998年筆者撮影）

った。当時は、ナミビアが独立してからまだ一〇年ほどの時期である。調査の面からはわかっていないことも多かったが、カラハリ砂漠の中央部から西へ五〇〇キロほど、そしてさらに北へ六〇〇キロほどの大旅行を決行した。私はボツワナがはじめてのアフリカ体験だったので、そこから調査隊のトヨタ・ハイラックスを走らせるにつれて、景色がどんどん移り変わっていくことにまず目を奪われた。草木がまばらだった平原は、ナミビアの首都ウィンドフックが近づくと、次第に岩が多く起伏のある大地となった（写真2—2）。ウィンドフックでは、二郎さんが研究を通じて長年交流しており、そのときたまたまウィンドフックに滞在していたメガン・ビーゼリー氏（Megan Biesele）が、ナミビアのサンのおかれた状況について親切に教えてくれた。ビーゼリーは、リーに率いられたジュホアンの人類学的な研究チームの一員で、その優れた洞察と人々に向けた温かい眼差しが数々の著書や論文（e.g. Biesele 1993）からも感

写真2-3　トウジンビエの刈り跡（1998年筆者撮影）

じられる。彼女との話から、米国の調査隊があまり調査を展開してこなかったナミビアの北中部にもかなりの数のサンが暮らしていること、その辺りでナミビアの独立にも貢献した国際連合（UN）の諸機関、とくにユネスコ（UNESCO）がサンをおもな対象とした貧困削減プロジェクトを展開しつつあり、その活動に関連する情報を提供してくれるような人類学者を求めていることなどを知った。こうした情報に力づけられ、私たちは北に進路をとった。緯度が高くなるとともに大きな樹木が増え、濃い緑の葉っぱが景観を彩るようになっていった。

村々を回りながら、サンの集落を探した。サンの集団が住んでいそうないくつかの村の名前は聞いていたが、その村がどこにあるのかはっきりしなかった。そのころはまだフィールド調査で手軽に使えるGPSはなく、頼りになるのは人づての情報と自分の身体だった。しかも、日程の都合で二郎さんは、旅の半ばで帰国の途についた。私は心細さとも武者震

写真2-4　ヤシの木々（*Hyphaene ventricosa*）
（1998年筆者撮影）

いともつかない緊張感を感じつつ、村めぐりを続けた。ナミビアの北中部に入ると、トウジンビエの刈り跡にヤシの木々が繁茂していて異国情緒を感じた（写真2―3、2―4）。オハングエナ州の州都エンハナにある地方政府の事務所で、UNESCOのプロジェクトにもかかわっている行政官のピーター・ハングラ氏（Peter Hangula）と面会した。ハングラはまだ青年の雰囲気を残した男性だった。行政官であることを感じさせない気さくな人柄と優しい語り口で、目的のはっきりしない遠くからの訪問者にも親切に応対してくれた。ナミビア北中部は、独立へと結実した南アフリカからの解放運動の中核を担ったオバンボの中心地である。ハングラもまた、少し前までは解放運動の闘士であった。はじめて訪れた私にも、国家建設にかける人々の熱気が伝わってきた。ここでは、エンハナから一〇〇キロ少し西にいったところにあるオコンゴという町やそこから二五キロほど南西に位置するエコカという村にサンが多く住んでいることを聞いた。オコンゴに着くと、現地の教会を通じて長年サンの識字教育にかかわってきたというジョシア・ムフェティ氏（Josia Mufeti）に出会い、現地のサンの直面している社会的状況について教えを受けた。落ち着いた穏やかな口調で話すムフェ

写真2-5　エコカの子どもたち（1998年筆者撮影）

ティは、初老と思われる風貌で、かかわる人みなから尊敬を集めるような人柄がうかがえた。ムフェティはさらに、この地で政府のサンに向けた再定住プロジェクトを担当している行政官のナフィタリ・シャプワ氏（Nafitali Shapwa）を紹介してくれた。シャプワは最初、この見ず知らずの訪問者を警戒していたようだが、これまでの経緯を説明すると町の警察や役人に私を紹介してくれた。人との出会いは人生を豊かにしてくれる。フィールドワークはそんな宝の山である。私は一晩酒を酌み交わし、少し打ち解けたシャプワとさらにエコカを目指した。ハイラックスのハンドルを握りながら、うっそうと茂った木々と深いブッシュのなかに引かれた轍をゆっくりと進んだ。私はもうこの土地に惹かれていた。

エコカでは、大勢のクンの集落の人々が出迎えてくれた（写真2―5）。シャプワが一緒だったこともあって、人々は最初から私に興味を示し、積極的に話しかけてきてくれた。そのなかには、のちに調査を手伝ってもらい、さらには生涯の友人となるジミー・ハウショナ（Jimmy Haushona）、ティモテウス・エラストゥス（Temoteus Erastus）、マルクス・ニホ（写真2—6。Markus Niixo）、サイモン・ハンポロ（Simon Hamupolo）らも含まれていた。

その後しばらく経って、難航していたボツワナでの調査許可申請が承認された。幸運も作用したのだろう。私は、ナミビアとボツワナという二つの調査地を行き来しながら調査をおこなうことになった。それ以来、サンにおける集団間での比較や社会変化は、私のライフワークとなっている。

写真2-6　マルクス・ニホと息子のドリワ（1998年筆者撮影）

2 子育ての文化・生態学的環境

こうした遍歴からも明らかなように、サンとはいっても、その生活する環境や創りあげてきた文化はさまざまであり、調査がおこなわれているのはそのほんの一部の人々の一部のトピックにすぎない。サンよりはるかに広い範囲の人々を含む狩猟採集社会についても、知られていることはさらに限られる。じっさい、狩猟採集社会についての民族誌的な資料が蓄積されるにつれて、子育てをめぐる自然環境、生活様式、背景知識、慣習的な行為などの関係は、これまで想定されていたよりもずっと複雑であることがわかってきた。これと関連して、チャールズ・M・スーパー（Charles M. Super）とその公私ともにパートナーを務めるサラ・ハークネス（Sara Harkness）は、発達的ニッチという概念を核として、子どもの発達を可能にする文化的な構造を明らかにするためのモデルを提示している（e.g. Super & Harkness 1997）。スーパーとハークネスは、一九七〇年代にそれぞれ発達心理学と社会人類学の学位を取得して以来、二〇世紀半ば以降の心理人類学や発達科学を牽引してきた、文字通りスーパーな研究者である。発達的ニッチは、物理環境（子どもの生活の物理的・社会的な背景）、信念体系（子どもの行動や発達についての民俗理論）、行為実践（子どものケアと養育行動についての慣習）という下位システムからなると想定されている。これらはいずれも、個人の発達的経験を構造化し、それをより広範な文化へと仲介する機能をもつと考えられている。壮大なモデルである。狩猟採集社会の子育てをめぐる複雑な関係をひもとい

写真2-7　オバンボの家屋でトウジンビエの脱粒作業に従事するサンとオバンボの人々（1998年筆者撮影）

ていく糸口ともなりそうだ。しかし、モデルだけでは机上の空論となりかねない。そうならないためには、具体的な事例の分析を積み重ねてこれを検討していくことが必要だろう。

そこで本章ではまず、著者自身が一九九〇年代から約四半世紀にわたってフィールドワークをおこなってきたナミビア北中部のクンの民族誌的な背景について、とくに子育てにかかわる文化・生態学的環境に注目しながら見ていくことにする。長年にわたる先行研究が明らかにしてきたように、前章で注目したジュホアンとクンは、共同と分配を原則とする平等主義、密接な母子関係、原野への豊かな知識といった、「ブッシュマン」の特徴として知られる多くの文化要素を歴史的に共有している。そのいっぽうで、本書の鍵概念の一つである生業活動という点に関しては、両者の間にはかなりの違いが想定できる。すなわち、リーやその同僚が研究をおこなったころのジュホアンは、ほぼ完全な狩猟採集活動に基づく遊動生活を送っていた。これにたいして筆者が調査をおこなったころのクンは、すでに過去数世紀にわたって近隣の農牧民との交渉を盛んにおこなってきていた。クンがジュホアンよりも定住性・集住性が強いことは明らかである。たとえば、エコカの近隣を散策する過程で立ち寄った村では、クンを含む人々が、オバンボの農牧民の家屋でトウジンビエの脱粒作業に従事していた（写真2−7）。狩猟採集民としてのサンのイメージが強かった私には、じつに新鮮な光景だった。こうした類似点と相違点を考慮すれば、クンとジュホアンを比較することは、サンの生業活動と子育ての関係を明らかにするうえで有効かつ重要な課題となるのである。

またリーらによる初期のジュホアン研究は、人々の環境への適応の仕方についての共時的な分析に注力したことにより、彼らを歴史なき人々のようにあつかってしまったという、仮借なき批判を招いた（e.g. Wilmsen 1989）。その後のリーらによる反論を経て（e.g. Lee 1992）、現在の研究では、どういったトピックについて論じるのであれ、生活様式の変容や他民族との接触を視野に含めた、より歴史に敏感なパースペクティブが必須となっている。そこで以下ではまず、ナミビア北中部のクンの文化・生態史について概観し（第3節）、その後で、クンのもとでの筆者によるフィールドワークの概要（第4節）について述べる。

3　ナミビア北中部のクン

ナミビア北中部は、降雨量は少ないが、付近の洪水域を利用した農業が盛んである。この地域では植民地時代以前から、オバンボと総称される農耕牧畜民が勢力をふるっている。少数派であるサンは、おもにクンとアコエという二集団から構成される。第1章でもふれたように、サンというのは、多くの言語集団、地域集団の総称である。サンの言語は、牧畜をおもな生業とするコイコイの言語と類縁関係にある。いずれもクリックと呼ばれる舌打ち音を用いる、たいへん印象的な言語である。テレビでとりあげられたことも多々あるので、耳にしたことのある読者もいるだろう。これらの言語はコイサン諸語と総称され、言語学者であるブレーク（Bleek 1929: 1-11）のパイオニア的な記述以来、北部、中部、南部という三つの言語群に大別されてきた（Traill & Vossen 1997）。最近ではグルデマン（Güldemann 2014）が、最新の言語研究の証拠に基づいて、コイサン諸語を中心とする関連諸言語の再分類をおこなっている。この分類によれば、これらの諸言語は南部アフリカの三つの言語系統であるカー（Kx'a）、コエ＝クワディ（Khoe-Kwadi）、トゥ（Tuu）に加えて、東アフリカの二つの孤立した言語であるハッザ（Hadza）語とサンダウェ（Sandawe）語、という五つの言語系統に分けられる。このうちカー、コエ＝クワディ、トゥは、大まかにいえば、それぞれ前述の北部、中部、南部の言語群に対応する。本書に登場するグループでは、ジュホアンとクンがカー系統、アコエ、グイ、ガナはコエ＝クワディ系統に属する。人類進化にまつわるさまざまな学説や俗信ともあいまって、サンの言語についてはいろいろなことがいわれてきた。しかし、その起源はいまだにたくさんの謎に包まれている。最近では、牧畜に関する共通語の分析から、上記の言語系統のうちコエ＝クワディ系統は、牛の放牧者によって一八〇〇年前以降に東アフリカからもたらされ、先住の人々からクリック音などをとり入れたとする仮説が立てられている。これにたいしてカー系統は、南部アフリカにより古くから暮らしていた先住の人々の言語に由来すると考えられている（ライク二〇一八：三一二）。

歴史的にも、ナミビア北中部に暮らしていたサンの多くはクンとアコエ、もしくはその先祖であったと考えられる。ただし、文献資料ではたいていサンの下位グループは同定されていない。そこで、以下でクンの文化・生態史について概観するにあたっては、下位グループがはっきりと同定できない場合はすべてサンと記す。

1……複合社会の成立

ナミビア北中部では、季節によって劇的に景観が変化する。乾季には、この地域は砂漠のように見える。雨期には、そこら中が大きな沼のようになる。住民は、この地域の西半分をしめる氾濫原に集中して住んできた。興味深いことに、この氾濫原そのものには恒久的な河川やそれ以外の自然にできた地表の水源はない。ナミビア北中部の降雨量は、平均すると年に四〇〇~五〇〇ミリほどしかないのである。これは、ナミビアの他の大部分の地域よりは多いとはいえ、農業にはほとんど適さない量である。降雨は一一月から四月にかけての雨期に集中している。ナミビア北中部のなかでは、南西から北東にいくにつれて降雨量が増加する。氾濫原の南部に広がるエトーシャ国立公園の西部では、年間平均降雨量はわずか二五〇~三〇〇ミリとなる。一~二月には、北のアンゴラに広がる集水域から、季節的な河川群と洪水のネットワークを介して洪水域に大量の水、さらにそれと一緒にいろいろな種類の魚や栄養分を多く含んだ土壌が運ばれてくる(Kreike 2006: 36-37)。

サンは、他の人々に先駆けてこのナミビア北中部を居住域としていた。これにたいして、後のオバンボにつながるバントゥ系の人々は、紀元後に北方から移動してきて、ザンベジ川の周辺でサンと出会ったといわれている。オバンボの伝承によれば、彼らの祖先がこの地をはじめて訪れたとき、樹木の下で明るい褐色の肌と大きなお尻をもつ人がしゃがんでいたという。ここで先住民として描かれている人は、サンと思われる身体的特徴を備えている。いっぽうサンの民話では、自分たちの祖先は湿地に育つ睡蓮の葉から起こったと伝えている（Williams 1994: 22, 32, 73, 85-86）。

出会った後も、サンとオバンボは長らくその生活域をすみわけていたようである。サンとオバンボの間には、猟場や居住域の境界についての合意があったといわれる（Williams 1994: 48, 96-97）。その境界付近では、両者の協力がみられた。オバンボは土地を「居住地（oshilongo）」と「荒野（ofuka）」に二分し、季節的な牛の放牧地を後者に設けていた。こうした居住地と荒野、あるいは村落とブッシュという基本的な対立は、アフリカに関する多くの専門的な研究において、ライトモチーフとして繰り返しあらわれている（デスコラ 二〇一九：五四）。この地域では、荒野はサンの領域でもあった。サンは、この地での動植物や水の利用法を熟知していた。オバンボは広大な荒野を徐々に開拓していったが、それにはサンの手助けが不可欠であった（Kreike 1996: 325, 361, 409）。またサンは、毛皮や鉄と交換にオバンボから農作物、タバコなどを得ていた（Williams 1994: 88, 118）。

サンとオバンボは次第に相互依存の度合いを強め、いわゆる複合社会（Kuper 1997）を構成するようになった。オバンボはまた、一八世紀ごろからいくつもの王国を発達させはじめた。サンはオバンボにとって交易のパートナーであっただけでなく、ボディガードや専門のハンターとしてこれらの王国に労働力を提供していた。諸王国の間ではしばしば戦争があり、サンのもたらした毒やその兵力はこうした勢力争いの行方を左右したという。興味深いことに、オバンボの王族とサンの間では組織的な通婚がおこなわれていた。たとえば、オバンボの一グループであるクワンビの王国（Aakwambi）では、王は第一妻をサンから娶るという慣習があった。オバンボに広くあてはまる母系制のクラン・システムを反映して、クワンビの王国では初期の幾人かの王がサンだとみなされていた。そしてサンは王国全体にたいして大きな影響力をもっていたという。やはりオバンボの一グループであるンガンジェラの王国（Aangandjera）では、サンとの通婚が王族に限らず広い範囲でおこなわれていた（Williams 1994: 116-141）。

文化的に異なる集団が合わさって社会を形成するときには、しばしばいっぽうが他方に服従するという政治的な秩序を伴う（Smith 1965: 62）。サンとオバンボは、徐々にこうした政治的関係を形成していった。クワンビの王国では、一八世紀の後半か一九世紀の前半に、サンとみなされていた王の跡を継いだ王がサンと戦い、王国における彼らの影響力を払拭した。ンガンジェラの王国でも、その年代ははっきりしないが、人口の増加とともにサンにたいして強硬な態度がとられるようになった。そしてついには、サンは王国から追い出されたという（Williams 1994: 116-141）。一九世紀の末に猛威をふるった牛疫は、こうした動向に拍車をかけた。たとえばクネネ川下流域では、一八八〇年代ごろまでサンは火器で武装し、独自の政治機構を備えていた。だが、牛疫が起こった後は、オバンボへの依存度を高めていった。奴隷としてあつかわれるサンもあった。こうした関係が、サンによる農耕や牧畜についての知識や技能の習得を促進したことは想像に難くない。また、農牧民とのかかわりによって、農作物（e.g. トウジンビエ）に由来する離乳食が入手しやすくなった可能性もある。そのいっぽうで、弓矢での狩猟や採集に基づく遊動生活に回帰するサンも増えた（Kreike 1996: 53）。少なくとも一九二〇年〜一九三〇年代ごろには、ナミビア北中部からアンゴラ南部にかけて、オバンボに頼らずに遊動生活を送っていたクンやアコエはたくさんいた（写真2―8）。そうしたクンやアコエは、重要な食物をキャンプ内で共有・分配する平等主義的な原理、すなわちジュホアンに代表される遊動生活を送っていたサンでも見られる生活原理にしたがって暮らしていた（Takada 2015: 122）。クレイク（Kreike 2006：61）によると、ナミビア北中部のうち東部の「荒野」（以下で焦点をあてるエコカがある地域を含む）には、とくに多くの「ワイルド」なサンが暮らしていた。

写真2-8　現在のエトーシャ国立公園付近で撮られたアコエと思われる人々の写真、デンバー・アフリカ探検、1925-26（NAN n.d.:3328）

2……宣教団とのかかわり

ナミビア北中部は、一九世紀後半から世界システムとのかかわりを加速させていった。一八八四年には、ビスマルクを宰相とするドイツ帝国が現在のナミビアを保護領とし、南西アフリカと呼ぶようになった。もっとも、その直接的な影響は、ドイツからの植民者が多かった南部・中部の「ポリスゾーン」と呼ばれる地域に限られていた。北中部には行政官が派遣されたが、現地の政治機構は基本的に維持された（Hellberg 1997: 76）。ドイツが第一次世界大戦で敗戦した後は、南アフリカ連邦が南西アフリカの統治を引き継いだ。南アフリカも、ナミビア北中部には間接統治で臨んだ。ナミビア北中部は、南部の白人農場や鉱山への安価な出稼ぎ労働力の供給源と位置づけられたので

写真2-9　ナミビア北中部のオニパに設けられたFMSの伝道所（NAN n.d.: 2389）

ある（Kreike 1996: 121, 181-182）。この間、ナミビア北中部に直接かつ大きな影響を与えたのはキリスト教の宣教団であった。一八七〇年には、フィンランド伝道協会（FMS）がドイツ系の宣教団の協力を得て、ナミビア北中部に伝道所を開設した（Hellberg 1997: 71）。このFMSの活動は、世界史的にも注目に値する。このころ、ロシア帝国の支配下にあったフィンランド本国では、民族主義運動が強まっていた。これを反映して、FMSの活動は南部アフリカを覆いつつあった帝国主義や人種政策とは一線を画していた（写真2―9）。FMSは「真の帰依」を目指すとともに、地域の権威と緊密な関係を結ぶことで地域の人々の信頼を得ていった（Hellberg 1997: 208-209）。欧州では、日露戦争中に勃発し、帝政を崩壊させるに至ったロシア革命によってロシアの支配が弱まり、フィンランドは一九一七年に独立を達成した。二〇世紀前半になってナミビア北中部に現地教会のオバンボ／カバンゴ福音ルーテル教会（ELOC。一九八四年にナミビア福音ルーテル教会ELCINと改名）が設立された後も、FMSはその活動を支援し続けた。

ＥＬＯＣは、その設立の直後からＦＭＳと協力して一九五〇年代からナミビア北中部でサンに向けた活動をはじめた（Jansen et al. 1994: preface）。このころサンは、オバンボに政治経済的にかなり依存していた。日雇労働や家畜の世話のために、多くのサンがオバンボを定期的に訪問したり、その村の周辺に住んだりしていた。非白人を分割統治する南アフリカ連邦の政策によりナミビア北中部は「オバンボランド」となったが、この地域に分散していたサンは「地図にさえ載らなかった」（Diener 2001: 235）。

ＥＬＯＣはブッシュを切り開いてサンの村を設立した。エコカもそうした村の一つで、しかもそのなかでは最大規模のものである。エコカには一九五〇年代後半から多くのクンやアコエが住むようになった。ＥＬＯＣによってオバンボの教会関係者がエコカに派遣されたことに加え、近くの村のオバンボでもエコカの周辺に移住するものがあらわれた。フィンランドからの宣教師やオバンボの牧師の指導のもとでさまざまな活動がおこなわれた。クンやアコエのために広大な共同農場が開拓され、トウジンビエ（*Pennisetum glaucum*）をはじめとする作物が栽培されるようになった。開村以来の住人によれば、共同農場からの収穫だけで生活していくのに十分であった。さらに余裕のある者は、自分の世帯のための畑を耕した。解放運動以前には、エコカに一九九八年に住んでいたクンとアコエの世帯のうち、それぞれ八割近く、一〇割が共同農場で耕作し、五割近く、七割強は各世帯用の畑をもっていた。加えてＥＬＯＣからロバ、ヤギ、牛を購入し、所有していた世帯もあった（Takada 2015: 135）。

クンやアコエの定住化・集住化が進むにつれて、その子育てにも影響が広がっていった。母親と乳幼児の移動の必要性が低下するいっぽうで、居住集団内での分業が進んだと考えられる。また、農耕や家畜飼養の振興によって生産性が向上し、クンやアコエにおける生産や消費の単位は縮小していったであろう。これにより、子どもの離乳の時期が早まったり、年長児が同居する年少児のケアを担当したりする傾向が促進されたと推測される。またＥＬＯＣは、サンの子どもや若者のためにオコンゴやエコカに学校を設立した。学校に通う子どもや若者の多くは、週末や長期休暇期間以外は家族から離れて学校のホステルに住むようになった。その結果、子どもや若者の日常生活は、大人の日常生活からある程度分断されることになった。ＥＬＣＩＮの高等教育を受けて牧師になるクンもあらわれた。また、クン語やアコエ語による民話の集録や聖書の翻訳、識字教育も進められた。オバンボのもとでの日雇労働も依然としておこなわれていたが、オバンボとクンやアコエの関係は独立後よりも良好だったという（Takada 2015: 132-137）。

3……解放運動とナミビア共和国の独立

地域に密着した布教活動を続けていたＥＬＯＣからは、植民地主義に疑念を抱く者が育っていった。ＥＬＯＣの指導者は、政治組織である南西アフリカ人民機構（ＳＷＡＰＯ）との密接な関係のもとに住民の指導者となっていった。一九六〇年代からはＳＷＡＰＯによる南アフリカ連邦からの解放運動が活発になった（写真２―10）。多くの教会は政治運動にはかかわらないことを原則としていたが、ＥＬＯＣは南アフリカ連邦の統治政策を深刻な人権侵害とみなし、この原則に反することを承知でいち早く解放運動の支持を表明した。ＥＬＯＣの解放運動へのコミットメントは、後に他の教会の賛同と協力を得た（Hellberg 1997: 220-221）。これらの教会はナミビア教会評議会（ＣＣＮ）を形成し、南アフリカ連邦の人権侵害を正面から批判するようになった（Nambala

写真2-10　パトロールをおこなっているSWAPOの兵士(NAN n.d.: 11224)

1994: 165)。

激化する戦争は、一九七〇年代後半になるとELOCのサンに向けた活動を妨げるようになった(Jansen et al. 1994: preface)。エコカは、南アフリカ軍の支配域とSWAPOの活動拠点の間にあった。住人によれば、南アフリカ軍は共同農場での活動を妨害し、その収穫は激減した。多くのサンの世帯が、オバンボの下での日雇労働に依存するようになった。当時、オバンボランドからは年間五万人ほどが「契約労働システム」によって南部に送られていた(Hellberg 1997: 9-12)。解放運動のためにも、七万~一〇万もの人々が国外に活動の拠点を移した(Nambala 1994: 157)。多くのサンは、危険を承知でエコカに留まった。解放運動によるオバンボの労働力の不足をある程度サンが補っていたことは想像に難くない。筆者のデータによれば、このころはサンの出生率が低下している。これは、ELOCの活動の衰退によって、母親の栄養状態が悪化したり、離乳食が入手困難になって離乳が遅くなったりしたことを反映しているのかもしれない。少なくとも、十分な離乳食を入手するためには、オバンボによるさらなる協力と支援が必要であったであろう。また、かなりの数のクンやアコエが宣教団の村を離れ、小規模なキャンプでの生活に戻ったため、年長児による年少児のケアや大規模な子ども集団活動は低調になった可能性がある（Takada 2015: 142-143）。また、南アフリカ軍に協力するサンもあった。南アフリカ軍は、サンを積極的に登用し、そのブッシュに関する豊富な知識をゲリラ戦に用いるだけでなく、先住民であるサンを政治的なプロパガンダに利用しようとしていたのである（Uys 1993: 139-144）。南アフリカ軍に協力するサンの存在は、ナミビア北中部でも広く知られることとなった。ＳＷＡＰＯを支持するサンでさえ、その兵士からスパイの嫌疑をかけられることを怖れなくてはならなくなった。

解放運動は国際的な支援を得て、一九八九年には国際連合（ＵＮ）の監視団のもとで総選挙が実施された。ＳＷＡＰＯはこの選挙に勝利し、翌年ＳＷＡＰＯを与党としてナミビア共和国が独立した。ナミビア共和国は進んだ憲法を備え、多文化社会を前提とした民主主義を実践しようと模索するようになった。ＵＮをはじめとしたさまざまな国際組織もこれを支援した。だが、共同体間の多様性と機会の平等を両立させていくことは容易ではない。前者に基づく現実と後者の理念は社会生活のさまざまな面でぶつかり合い、次第に物議を醸すようになった（Diener 2001: 252-257）。

なかでも深刻だったのが、再定住にかかわる問題である。独立により、国外に出ていたオバンボを中心とする人々は続々とナミビア北部に帰還してきた。エコカでもＥＬＣＩＮ（ＥＬＯＣから一九八四年に改名）が、ルター派の世界的共同体であるルーテル世界連盟（ＷＬＦ）の支援を得て、サンを再定住させる活動をはじめた。その後、サンの生活の支援は、ＥＬＣＩＮから土地・定住・リハビリテーション省（ＭＬＲＲ）や大統領府の下部組織である国家計画委員会（NPC）といった政府機関に引き継がれた。MLRRは後に何度か再編成され、現在は農業・水・土地改革省（MAWLR）となっている。サンの生活支援のためのプロジェクトは、エコカ、エンドベ（Eendobe）、オナマタディヴァ（Onamatadiva）、オシャナシワ（Oshanashiwa）という四つのプロジェクト・サイトで実施されている。ELCINがおこなってきた活動のうち、農業支援はMAWLRに引き継がれ、それ以外の活動はNPCに移管されている。NPCは、電気や水道などのインフラ整備、住居の建設、食料の配給、現金収入源となる手工芸品の生産支援など、幅広い活動をおこなっている。子育てにもその影響はあらわれている。再定住したサンが集落内の人口密度を増加させるにつれて、年長児が同居する年少児のケアをする傾向や多人数子ども集団での活動は、再び強化された可能性が高い。また、独立後に政府が積極的に学校教育に乗り出したことによって、サンの子どもの就学率は高まっている。筆者の調査時には、どちらかといえばアコエよりもクンの方が定住する傾向が強く、就学率も高かった。ただし、ELOC／ELCINの学校と政府の学校では、その教育方針に大きな違いがある。ELOC／ELCINの学校は、クン語やアコエ語での識字や書物の編纂に積極的であり、彼らの文化的な特徴を尊重していた。これにたいして政府の学校では、教育媒介言語は基本的にオバンボ語であり、国家建設や国民統合の旗印のもとにオバンボへの統合政策が強化される傾向が認められる（Takada 2021b）。

これらの政府による活動は、国内の他の地域で展開されているものと基本的には似通っている。たとえば、リーらの調査したジュホアンやその子孫が多く住んでいる旧ブッシュマンランドのニャエニャエ地域では、ナミビアの独立後、ELCINとその母体であるWLFが政府と協力して再定住と食糧支援に関するプロジェクトを実施した。しかしながら、計画の段どりの甘さ、たとえば、ジュホアンの基本的な生活環境についての理解が不十分だったこと、供給される食糧が十分ではなかったことなどから、プロジェクトは失敗に終わった（Welch 2018）。そのような事例と比較すると、エコカをはじめとするオハングエナ州でのプロジェクトは、多くの関係者によって成功例だと考えられている（e.g. Dieckmann et al. 2014: 233-283）。その大きな理由の一つは、ナミビア北中部ではサンとオバンボの交流の歴史が長く、実質的にオバンボが主導する政府の活動をサンが受け入れる素地がかなりの程度あったことによるのであろう。ただし、これは独立前の活動の繰り返しではない。情勢はさまざまな面で変わっている。政府機関の人員や予算、サポート体制は、ＥＬＯＣ／ＥＬＣＩＮが活動を主導していたころと比べると減退している。また、以前は共同でおこなわれていた農作業等に参加しようとしないアコエやクンが増え、積極的に農業に従事している世帯からは、共同農場を解体して世帯ごとに農地を分割するべきだという意見が強まっている。さらに、解放運動で積極的な役割を担わなかったとされるサンが政府や国際機関から支援を受けていることを快く思わないオバンボも少なくない（Takada 2015）。最近では、農耕牧畜のための土地を拡張しようとするオバンボのなかから、一定の対価（年にN$150/haの現金を支払い、さらに収穫物の一部をサンに寄付したり、農場を囲むフェンスの修理をおこなったりする）を払って共同農場の中に自分の農地を設ける者も出てきている。こうした状況で、オバンボとサンはトラブルの種をいくつも抱えている（Takada & Miyake 2021）。

4　フィールドワークの概要

はじめてボツワナを訪れた一九九七年から現在に至るまで、筆者は断続的ながらも南部アフリカでの学際的なフィールドワークを実施してきた。当初に調査対象とした子どもたちのなかには、自らの子どもを持つようになったものも少なくない。そうした人々と昔話に花が咲くこともある。ありがたく、うれしいことである。現地での総滞在期間は四八か月間（二〇二一年一〇月時点）におよぶ。本書は、その過程でおもにナミビア北中部のエコカでおこなわれたフィールドワークに基づいている。エコカは、ナミビア北中部のオハングウェナ州のうちで、州都エンハナに次いで二番目に大きな町であるオコンゴの南東二五キロに位置している（図2―1）。オハングウェナ州はアンゴラとの国境沿いに位置しており、首都ウィントフックから約七五〇キロ離れている。ナミビアには国土を縦横に走る舗装された国道が整備されており、オハングウェナ州はそのなかでも主要な路線である国道B1で首都までつながっている。オコンゴの中心部は幹線道路であるC45沿いに面しており、人やモノの往来は盛んである。一九九〇年の独立以降、オコンゴでは開発が進んでおり、現在では役所や警察署、病院、学校といった公共施設のほか、スーパーマーケットや市場、商店、ゲストハウスなどの商業施設も設けられている。二〇一一年のナミビア人口調査（Namibia Population and Housing Census 2011）によると、一九九一年、二〇〇一年、二〇一一年のオハングウェナ州全体の人口は、それぞれ一七万九六三四人、二二万八三八四人、二

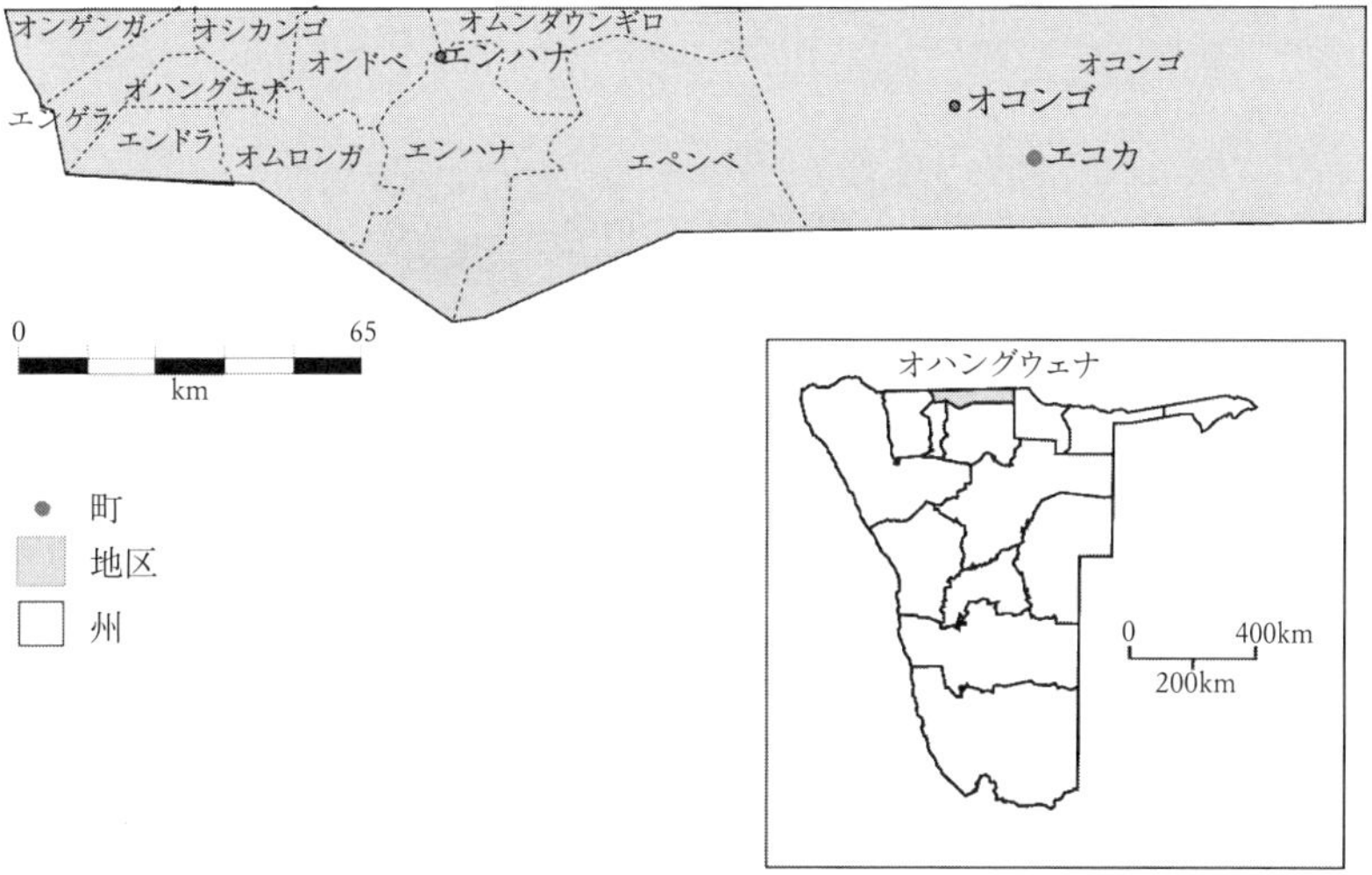

図2-1　調査地域(筆者作成)

四万五四四六人であった。オハングウェナ州の人口の九八%はオバンボ語の話者で、他民族を圧倒してオバンボが多い。ちなみに、ナミビア国民のうちでは、オバンボ語話者のしめる割合は四九%である（NSA 2011a）。オバンボ以外には、少数ではあるがコイサン諸語やヘレロ語などを日常的に使用する世帯がある。また、アンゴラからの移民もみられる。近年、オハングウェナ州の人々の生活は、さらに多様化しつつある。同州における世帯の収入源は、農業と牧畜といったオバンボの伝統的な生業、国の年金制度、賃金労働など多岐に渡る（NSA 2011b）。

　前述のように、エコカはもともと宣教団によってサンのために設立された村である。現在もサンの共同農場や居住地はその中心部におかれている（写真2―11）。エコカの中心部にはさらに、幼稚園や小学校、クリニックなどの公共施設、教会や基本的な日用品の揃う雑貨店、ビールやソフトドリンクなどを販売する中規模な酒場、地酒を中心にあつかう小規模な酒場（通称はコカショップ。ナミビア北中部に広くみられる）などがある。そうした中心部

写真2-11　トウジンビエが実るエコカの広大な共同農場（2000年筆者撮影）

を囲うように。オバンボの農地や住居がたくさん分布している。エコカのヘッドマンによれば、エコカのオバンボの世帯数は約二七五世帯であり、一世帯の平均成員数は七名であるという。したがって、エコカのオバンボの人口は一九〇〇人ほどであると推測される。

調査時には、筆者は関係者の許しを得て、エコカの中心部にアウトドア・キャンプ向けの個人用テントを張って生活の拠点としていた。日本でも手に入るような、うすいナイロン製のものである（写真2—12）。物騒なように思えるかもしれないが、つねに多くの友人に囲まれているせいか、今に至るまで危ない目に遭ったことやそれを感じたことはほとんどない。ただ、夜中に人々が寝静まると、放牧から帰ってきた牛やヤギの群れがよくテントの周辺を訪れるのには閉口した。角をもつ牛やヤギは、テントを簡単に破ってしまうことができる。しかも、ナイロン製のテントのなかは、糸電話のように周囲の音がよ

写真2-12　著者のテントの前でポーズをとるティモテウス・エラストゥス（1998年筆者撮影）

く反響した。いい大人になっても、漆黒の闇のなか一人で何かが近よってくるのに耳を澄ますのは怖いものだ。朝は雄鶏のつんざくような声とともに起き、自分でたき火を起こして、温かい紅茶とビスケットをいただくのが楽しみだった。物心ついてからずっと自分は夜型で不眠症だと思っていたが、フィールドではじつによく眠り、早起きができた。朝食をすますとアシスタントを務めてくれたクンやアコエの友人たちとともに、住人の小屋、畑、コカショップなどを訪問するのが日課だった。住人は小屋にいるときは、たいてい訪問を快く受け入れてくれた。家族構成や親族関係についての聞き取りからはじまって、食事の内容や住人のライフストーリー、子どもの行動観察などさまざまな調査につきあっていただいた。コカショップは大勢の人々が集う社交の場となっているため、組織的な調査をおこなうことは難しかったが、その代わりに人々の雑談から予期せぬ貴重な情報を得ることは少なくなかった。日中はもちろん、日が暮れてからもしばしば訪問を繰り返した。月明かりのもとでたき火を囲みながら人々の話を聞いていると、生活をともにしている実感が強まった。それは、私の人生にとってもかけがえのない経験である。以下では、こうして得たさまざまなデータから、エコカの基本的な情報を示す。第3～6章での分析や考察に用いる主要なデータとその収集方法については、それぞれの章を参照してほしい。

エコカのサンは、おもにクンとアコエから構成される。筆者のデータによれば、一九九八年におけるサンの人口は、乾期中だけ他の土地を訪問していたものも含めて二八一名（クン―一四三名、アコエ―八七名、両者の混血―四〇名、その他―一一名）であった。ただし、クンとアコエの間には、数世代に渡る通婚がみられ、所属集団を血縁的にたどることは難しい。そこでここでは、本人の帰属意識および日常的な使用言語を所属集団の指標とする。「混血」は、これらがはっきりしない人々、その多くは子どもである。また、エコカではクンとアコエが結婚すると、性別に関係なくクンの居住地に移住する傾向があった（Takada 2015）。したがって、両者の通婚による家族は、ほとんどがクンの居住地に住んでいた。これは、クンの方がより定住化していることと関連すると考えられる。

集落内での小屋の位置は、解放運動の前後や独立後に大きく変化している。しかし、それでも親族関係による住人間の結びつきは維持されている。政府が管理する約一五六ヘクタール（一九九八年には、うち約五五ヘクタールは未使用だった）のサン用の共同農場に加え、クンは一家族あたり平均約〇・二四ヘクタールの世帯用農地をもち、トウジンビエ栽培を主とする農業をおこなっていた。いっぽうアコエでは、世帯用農地をもつ家族は少なく、その面積も平均約〇・〇七ヘクタールと小さかった。オバンボのための家事労働（e.g. 小屋の建材や屋根に葺く草本、薪を集める）はクン、アコエを問わず広くおこなわれていた。農業が不作の場合は、これがもっとも重要な生活の糧を得るための活動となった。サンも貨幣経済にはさらされていたが、現金獲得手段は政府から支給される年金や生活用具の製作などに限られていた。サンの居住域と農地を合わせた面積は約八・二平方キロメートルであった。生活様式が異なるので単純な比較はできないが、エコカのサンの人口密度が一九六〇年代のジュホアンのそれ（〇・一六人／平方キロメートル。Lee 1965）をはるかに上回ることは間違いない。例年、政府から穀物の種子、干魃の年には収穫物が配給されていた。筆者の一九九〇年代のデータによれば、クンの女性の出産間隔は平均三・〇年で、一九六〇年代のジュホアンの四・一年（Howell 2000）より一年間ほど短かった。平均子ども数は、四五歳未満では一九六〇年代のジュホアンとほぼ同様だが、四五歳以上では相対的に多かった（第3章も参照）。これは四五歳未満の女性が、出産が可能な時期を解放運動中の一九七〇年代から一九八〇年代に送ったことと関連する可能性がある。その後のデモグラフィにかかわる正確な変化を追えていないので、今後の調査が待たれるところである。

情報収集に関しては比較的恵まれた条件にあったとはいえ、エコカでのフィールドワークを通じて得られたデータは決して十分とはいえない。以降の章で紹介する、クンの子育てに関する分析の結果の解釈にあたっては、少なくとも以下に留意する必要がある。エコカにおけるサンの人口は二八一名（ただし、人口については、四半世紀にわたる調査の時期によって、かなりの増減がみられる）で、遊動生活を送っていたころのジュホアンの集落規模がたいてい二〇人以下（Draper & Kranichfeld 1990）であったことを考えると比較的多い。これには、集落全体に共通する歴史的経緯や人口構造等の統計的データが得られるという長所がある。しかし、それでも調査の対象とした人々、とくに子どもの数は、各種の統計的な検定をかけるには十分とはいえない。とくに、民族や年齢幅で対象者を分割した横断的な変化についての考察は難しい。また、フィールド調査はさまざまなトピックについて断続的におこなわれてきたので、エコカのクンと他のサンの集団を共通の基準で比較するための情報は十分ではない。たとえば、遊動生活を送っていたころのジュホアンについては先行研究（e.g. Lee 1979）が詳細な生業活動についての定量的なデータを提示しているのにたいして、エコカの以前の生業に関しては、一部を除き定量的データがなく、再現も困難である。これらを念頭に置きながら、次章ではまずクンの授乳についての特徴を見ていくことにしよう。

第3章

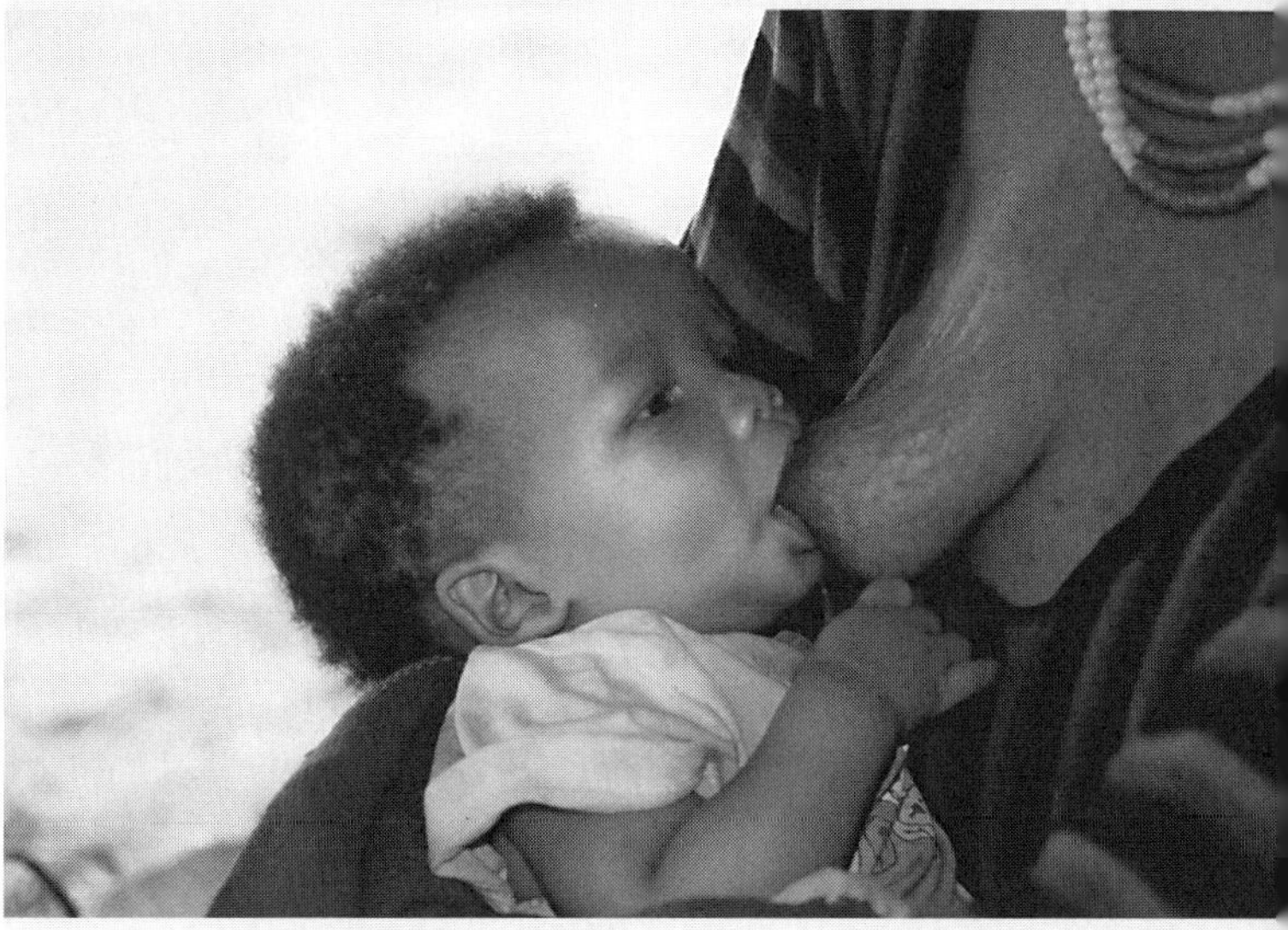

授乳

写真3-1　乳児を背負って移動しているクンの母親たち（2004年筆者撮影）

エコカでフィールドワークをするようになってすぐに気がつくことの一つは、とにかくよく赤ちゃんを目にすることだ。そして、赤ちゃんたちはお母さんに抱っこされている時間が非常に長い。お母さんたちは、しばしば赤ちゃんを抱きながら、自分の小屋やコカショップと呼ばれる地元のバーで知人たちと座って談笑している。移動するときも、たいていおぶい紐を使って赤ちゃんを背負ったり、腰の横に密着させたりしている（写真3—1）。その間、お母さんたちはひんぱんに母乳での授乳をおこなう。授乳がたいてい私的な空間において、ある程度の計画性を持っておこなわれる日本や欧米と比べると、クンの授乳はずっと応答性と公共性が高い。お母さんたちは、赤ちゃんの状態に応じていつどこで授乳をおこなってもよいし、それを本人たちも周囲の人々も当然のことと見なしている。おっぱいをもらって満足した赤ちゃんが安らかに眠る姿を見るのは、古今東西を問わず、心安らぐ瞬間である。

これまで多くの研究者がジュホアン、さらには狩猟採集社会における授乳パターンに注目しながら、ヒト本来の子育てについて論じてきた。この章では、まずそうしたジュホアンでの議論を概説したうえで、クンの授乳パターンについての分析に基づいて、それを再考する。

1　ジュホアンの授乳パターンの進化史的な意義

一般的に、授乳のパターンと大きくかかわる乳児の行動として泣きがあげられる。赤ちゃんは突然、激しく泣くことが少なくない。これは、養育者にとって大きな心配事となる。しかし、発達心理学に関する標準的な知見をまとめたコールとコール（Cole & Cole 1993: 146）によると、生後二か月半ほどの間、乳児はよく、これといった理由もなく泣く。したがって、この時期の突然の泣きは、たいていそんなに心配する必要はないものである。とはいえ、大声で泣いている赤ちゃんを見て放ってはおけないのが人情だろう。じっさいこの期間中には、乳児をなだめようとする養育行動に、個人的にも文化的にもさまざまなバリエーションが認められる。コーナーとトーマン（Konner & Thoman 1972）の古典的な研究によれば、こうした養育行動はおもに次の二つのタイプにまとめられる。第一のタイプは、乳児の覚醒水準を連続した単調あるいはリズミカルな刺激によって下げるもの、第二のタイプは、乳児のむずかる活動をより短い形式の適当な刺激によって減退あるいは中断させるものである。第一のタイプの行動によって覚醒水準が下がった乳児は、しばしば眠りに落ちる。いいかえれば、このタイプの養育行動は、乳児を眠りに誘うものが多い。授乳はその最たるものの一つだろう。いっぽう、第二のタイプの養育行動は、むずかっている乳児を別のより楽しい活動に誘う、アクティブな働きかけである。むずかりを遊びに置き換えるものということもできるだろう。続く第4章でとりあげるジムナスティックは、その好例である。これらの養育行動は、ジュホアンをはじめとする狩猟採集社会の子育てにおいても注目され、第1章で見た発達にたいする四つのアプローチのいずれにおいても、その理論的な考察のための重要な資料を提供してきた。本章ではまず第一のタイプの養育行動として、授乳についての議論を再考することにしよう。本書の主題である、狩猟採集社会における子育ての特徴の再考とそれに関する研究のミクローマクロ統合（第1章参照）を進めていくにあたっては、ジュホアンの授乳パターンについての研究が、その出発点となる重要な問題を提起している。

すでに第1章でふれたように、初期のジュホアンの研究は、その授乳パターンの進化史的な意義に注目していた。遊動時代のジュホアンの母親は、赤ちゃんが生まれてから三年以上にわたり、その乳幼児に授乳していた。母子間の密着度は、英米の同年代の乳幼児よりはるかに高かった（Konner 1976; Draper 1976）。こうした傾向は、やはり狩猟採集に基づく遊動生活を送っていたグイ／ガナでもみられた。一九七〇年前後のグイ／ガナの母親は、授乳を三年近く、あるいは次子を妊娠するまで続けていた。その間、母子間には睡眠時以外は連続的で密着した接触がみられた(Tanaka 1980: 100)。ジュホアンの母子間の密着した関係は、授乳の間隔(授乳の終了から次の授乳の開始までの時間)や持続時間とも関係すると考えられた。生後三日、一四日、五二週、七九週のジュホアンの乳児一人ずつについて、授乳の生起頻度と持続時間を調べたところ、どの乳児も日中を通じて一時間に数回程度、二、三分の授乳を受けていた。つまり、短い授乳がしょっちゅうおこなわれていたのである。また、乳児四五人について生後四年の間、年に六回ずつ一五分間の母子相互作用場面を観察したところ、八〇週齢まではなんと七五%以上の観察場面で授乳がみられた。さらに、一七組の一二~一三九週齢の乳児を一日に二時間ずつ三回観察したところ、平均して約二分ずつの授乳を一時間に四回ほど受けていた。授乳間隔は約一三分だった。授乳間隔は週齢が上がるほど長くなったが、約二分ずつという持続時間に週齢差はなかった(Konner & Worthman 1980)。同様の手法を用いて米国の生後二~四ヵ月の乳児への授乳を調査したところ、授乳間隔は三時間ほどもあった(Barr & Elias 1988)。同様な手法での観察に基づくものではないが、日本では一般的に生後一~三ヵ月の乳児への授乳は一五~三〇分ほど続き、授乳間隔は二~四時間ほどだといわれている(神津・西村一九九三:一六六、一七五―一八〇:今村二〇〇一:一〇八―一〇九)。したがって、ジュホアンでは米国や日本よりずっと授乳の頻度が高く、持続時間は短いことがわかる。

ひんぱんな授乳や遅い離乳は、消化の悪いブッシュの食物に頼らずに、子どもに安心と十分な食料を与えることを可能にしていると考えられた。たとえばバーら(Barr et al. 1991)は、ジュホアンの乳児は泣いたりむずかったりする場合の持続時間が欧米と比べて短いことを示し、さらに、その違いはジュホアンの文化的に特徴的な密着した母子関係によって生じると示唆している。いつもお母さんと一緒にいて安心することで、赤ちゃんがむずかりにくいというのである。よく知られているように、欧米や日本では乳児の夜泣きやかんしゃくがしばしばみられる。これらは、乳児の身体的な特徴に起因する、ある種の病理的行動だと考えられてきた。だが、ジュホアンの乳児でこうした行動がほとんど見られないことを考えると、欧米や日本でみられる乳児の夜泣きやかんしゃくを病理的行動とみなす解釈は、その真偽のほどがあやしくなってくる。こうした見方は、相互行為におけるいっときの状況に応じた反応を、乳児の身体的な特徴だけに起因する永続的状態であるかのように言語的に表現してしまったという誤り（ベイトソンとロイシュ 一九九五：六五）をおかしているのかもしれない。乳児の強いむずかりはむしろ、養育者による授乳や他のケアをうながし、子どもの生存を保障するための適応機能を担っている（Blurton-Jones & da Costa 1987）とさえ考えられるのである。また、ジュホアンの生活域には、乳幼児の食料に向く野生の動植物はほとんどなかった。ジュホアンが食用に用いていた野生植物は一〇〇種類を越えていたが、ひんぱんに利用されていたものはこのうちの一部であった。大人の全摂取カロリーのうち、もっとも重要な食用の野生植物であるモンゴンゴ（*Ricinodendron rautanenii*）だけでほとんど半分、それを含む一四種の野生植物で四分の三をしめていた。また、五五種類もの野生動物が食用に用いられていたが、これらは季節や狩猟の成果により入手が不規則になりがちなばかりか、消化が悪いあるいは栄養価が低いものが多かった（Lee 1979: 158-159）。したがって、乳幼児にとって母乳がもっとも適した食料であっただけでなく、養育者が母乳以外を乳幼児に与える選択肢はほとんどなかったのである。

また、ジュホアンでは意識的に避妊をすることがないにもかかわらず、出産間隔は平均四四ヶ月とずいぶん長かった（Lee 1979: 320-325）。したがって、ある子どもが生まれた時には、たいていうえの子は三歳から四歳になっていることになる。人口学を専門とするハウエル（Howell 2000）は、その要因として、厳しい環境における母親の栄養不足をあげた。じっさい、授乳期の母親は子育てに莫大なエネルギーを消費している。その一日に消費するエネルギー量は、適度に活動的な男性の消費量を凌ぐほどで、女性でこれを上まわるのはトレーニング中のマラソン選手だけだという（ダイアモンド 二〇一三：六〇）。またコナーとワースマン（Konner & Worthman 1980）は、出産間隔が長くなる理由のリストにひんぱんな授乳を加えた。母親は、ひんぱんに母乳を与え続けることでホルモンの分泌に影響を受ける。これが排卵を抑制するようなのだ。さらにコナーらは、こうした授乳のパターンは、母子がつねに密着していて母親が乳児の状態の変化を敏感に感じとるために生じると述べている。これに加え、ブラートン＝ジョーンズ（Blurton-Jones 1972）の用語を使って、ジュホアンの乳児を連続的給餌者（continual feeders）と呼んだ。さらにブラートン＝ジョーンズ（1972）自身も、母親が持続的に乳児を運搬し、ひんぱんに母乳を与えるのは、ヒトの種としての特徴だと主張している。ジュホアンの授乳パターンは、哺乳類のさまざまな種の母子関係との比較から、ヒトの始原的な母子関係のあり方を示唆すると考えられたのである。

2　授乳にかかわるクンの養育者―子ども間相互行為

1……方法

本章の以下の部分では、クンの授乳パターンに関する筆者自身の調査データおよび近年の狩猟採集社会における関連研究を参照しながら、上記のジュホアンにおける議論の妥当性について再考していく。ひょっとすると、男性である筆者が授乳パターンに焦点をあてた調査をちゃんとおこなうことができるのか、いぶかる読者がおられるかもしれない。しかし、本章の冒頭でも見たように、クンでは授乳を含む子育ての実践が公共性の高い場所で日常的におこなわれている。ありがたいことに、多くの協力者にも助けられ、筆者は大きな困難を感じることなく、人々の日常的な授乳の実践について参与観察をおこなってさまざまな関連データを得ることができた。この章では、そのうち以下の二種類のデータセットについての結果を示すことにしよう。

まず、一九九八年に乳児の生活パターンの具体的なイメージを描くため、エコカに暮らすクンの一六週齢の男児を日の出から日没まで追跡した。追跡のさいには、まず乳児の身体に直接触れた人々を母親、父親、年長児（未婚の男女と定義した）、その他に分類した。また、注目する養育行動として授乳、ジグリング（乳房あるいは乳児を優しくゆする行動を指す）、軽くたたく（乳児をあやす、あるいはリズムをとるように乳児の身体を繰り返し軽くタップする行動を指す）、ジムナスティック（乳児を膝の上で抱え上げ、立位を保持、あるいは上下運動させる行動を指す。第4章も参照）、乳児の状態として睡眠を取り上げた。これらについては観察時間を一分ごとに区切り1—0記録法（乳児を連続的に観察し、一分ごとに上記の焦点行動が一度でも見られれば1、一度も見られなければ0とコーディングする手法）で定量化した。サンプルは少ないが、当時は人々の一日の行動に変化の少ない時期だったので、目的は果たせたと考えている。これに加えて、継続的にフィールドノートをとって、その場で気がついたことを逸話的に記した。これらによって、上記の男児の行動を記録した数冊のノートができあがった。以下では、これを第一のデータセットということにしよう。

次に、二〇〇四年にエコカのクンのうちで〇〜四歳であったすべての乳幼児にあたる一七名（〇歳児：男児三名・女児〇名、一歳児：男児二名・女児二名、二歳児：男児一名・女児二名、三歳児：男児三名・女児〇名、四歳児：男児二名・女児二名）について、チェックシートを用いた自然場面、つまり調査者が相互行為に関する指示や示唆をおこなわない状況での行動観察をおこなった。全乳幼児について、日中の八時から一八時に計一〇時間の行動観察をおこなった。観察にあたってはあらかじめ焦点となる行動を定め、三〇秒を観察単位（バウト）として1—0記録法、すなわち、三〇秒の間に焦点行動が一度でも見られれば1、一度も見られなければ0とコーディングして定量化した。観察時間を一時間ごとに区切り、四八分間の連続観察をおこなった後で一二分間の休憩をとった。したがって、じっさいの観察時間はそれぞれの子どもについて八時間（九六〇バウト）となる。記録したすべての行動について、総観察バウトのうち焦点行動が観察されたバウトの比率を計算した。このうちこの節では、乳幼児にたいする接触と抱き、乳幼児による吸てつに関するデータをおもな分析の対象とする。対象児と相互行為をおこなった人々は、データ収集時点で個人を同定しておいた。さらに、その後の分析において性（男、女）・年代（乳児：〇歳〜二歳未満、子ども：二歳〜一三歳未満、青年：一三歳〜結婚前、大人：結婚以降）によるカテゴリーに分類した。これは、第二のデータセットということにする。

2……子どもの活動場所

では、データの分析結果を見ていこう。表3—1は、上述の第二のデータセットに基づいて、調査対象とした子どもと養育者との相互行為が生じた場所を示している。男児・女児によるはっきりした傾向の違いは認められなかったので、結果は年齢集団ごとにまとめてある。まず注目されるのは、一歳未満の子どもが、観察時間のうち六三％をコカショップ（地元のバー）で過ごしていたことである。そのいっぽうで、この子どもたちは、

表3-1　養育者―子ども間相互行為が生じた場所

		小屋	コカショップ	幼稚園	移動	その他
年齢集団	n	平均（%）				
0歳	3	17	63	0	20	5
1歳	4	32	49	11	8	0
2歳	3	66	24	0	11	0
3歳	3	50	16	17	17	0
4歳	4	38	44	7	12	0

小屋の周りでは観察時間のうち一七%しか過ごしていなかった。これは、彼ら・彼女らの主要な養育者（通常は母親）が、子どもたちと一緒にひんぱんにコカショップを訪れていたことによる（写真3―2）。コカショップでは、ビールやコーラなどのボトル入り飲料、揚げドーナツや調理済み肉などの軽食、トウジンビエ（*mahangu*）のポリッジ、トウジンビエもしくはソルガムから作られたさまざまな地酒やソフトドリンクなどを提供していた。現在のナミビア北中部では、トウジンビエはオバンボだけでなく、サンにとってもおもな主食である、ポリッジを作るのに用いられる。トウジンビエはさらに、ソフトドリンク、地酒の製造にも使用される。いっぽうソルガムのおもな用途は、比較的アルコール度数の高い地酒であるトンボの醸造である。トンボは比較的安価（一リットルあたりN$ 1～2＝US$ 0.13～0.26）なため、クンを含むたいていの貧しい人々にも手が届く、コカショップで入手できる典型的な地酒である。コカショップはまた、さまざまな社交の場でもある。筆者の滞在中も、老若男女が毎日のように、何も買わずに長い間コカショップにとどまり、親戚や友人と雑談を繰り広げていた。また、コカショップの近くではよく、歌・踊りをおこなう子どもや青年が見られた。したがって、コカショップは子どもたちにも社会的な活動のための場所を提供しているのである。これをあらわすように、一歳、二歳、三歳、四歳の子どもたちも、観察時間のうちそれぞれ四九%、二四%、一六%、四四%でコカショップを訪れていた（Takada 2010）[2]。ただし○歳児と比べると、それより年長の子どもたちは、両親がコカショップ、あるいは村の外や農地にいるときで

も、彼ら・彼女らまたは友人の小屋の周りにとどまっていることも少なくなかった。表3―1によれば、一歳、二歳、三歳、四歳の子どもは、すべての観察時間のうちそれぞれ三二%、六六%、五〇%、三八%の間、小屋の周りにとどまっていた。そのような場合、子どもたちはしばしば子ども集団活動（大人を含まない子どもたちからなる集団の活動）に従事していた。子ども集団活動は、村のなかに建てられた幼稚園でもおこなわれていた（第6章を参照）。これらの場所を移動する間、子どもたちが村のなかを動き回っている時間もかなりの割合をしめていた。以下で見る行動の分析について考える際には、このような子どもの日常的な居場所についての傾向に留意しておくことが大切である。

写真3-2　コカショップでくつろぐクンの母（中央）と娘（右）（2002年筆者撮影）

（2）このうち二歳児は高田（二〇一〇）では三五%となっていたが、正しくは二四%である。

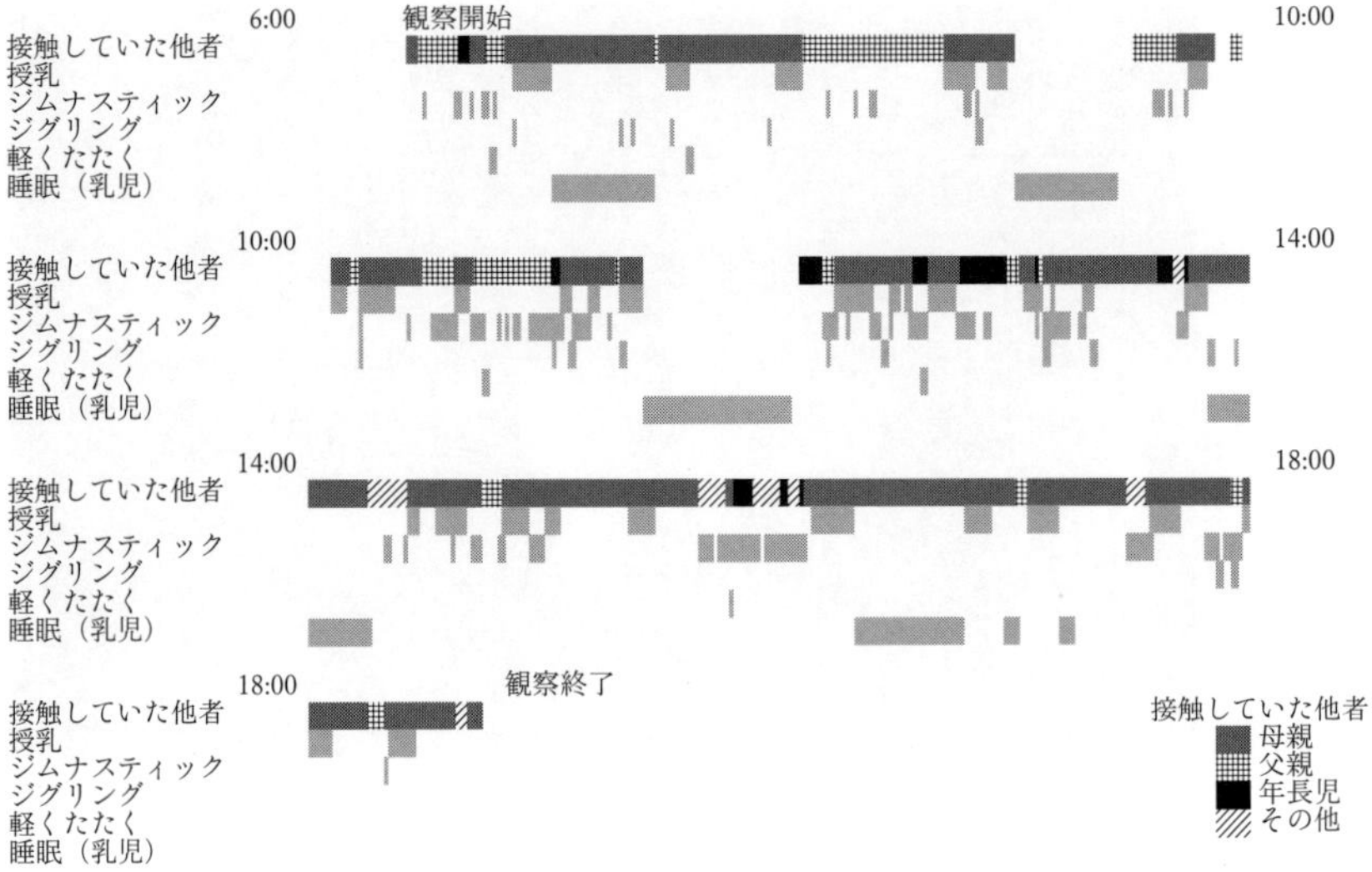

図3-1　ある1日における、クンの乳児（16週齢の男児）に対する養育行動の連続観察

3……接触と抱き

既述のように、密着した母子関係は、サンの初期の相互行為におけるもっとも目立った特徴の一つだと考えられてきた。これは、定住化が進んだ現在のクンにもあてはまる。まず、第一のデータセット、すなわちクンの一六週齢の男児のある一日について、連続観察をおこなった結果を図3―1に示した。図3―1では、一日の時系列にそって、焦点行動とした接触、授乳、ジムナスティック、ジグリング、軽くたたく、乳児の睡眠が観察された時間帯が示してある。さらに接触では、乳児と接触していた他者を母親、父親、年長児、その他に分類して示してある。この事例では母親との接触がもっとも多く、総観察時間一二時間二五分（睡眠中を除くと九時間五二分）のうち六二%（七時間三九分）をしめていた。また、父親との接触は一六%（一時間五九分）、年長児との接触は六%（四一分）、その他の人々との接触は五%（三

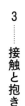

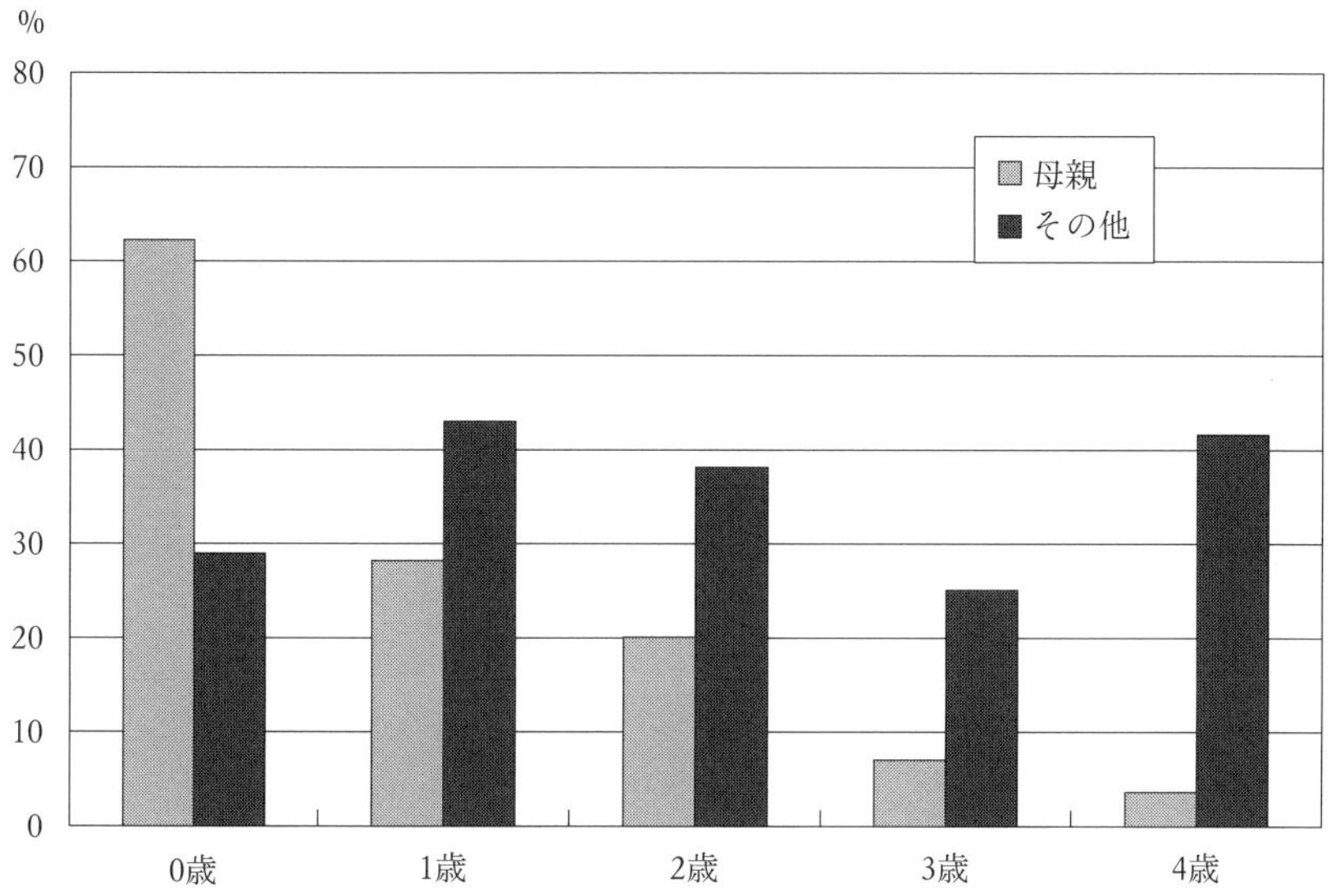

図3-2　母親とその他による子どもへの接触

九分）だった。この間、乳児は一三時五二分〜一八時四四分にかけて、母親に連れられてコカショップを訪れた。これらからこのクンの乳児は、彼が寝ていたときを除く一日の大部分の間、母親をはじめとする養育者と接触していたことがわかる。乳児と母親の接触度、すべての他者を合計した場合の接触度は、コナー（Konner 1976）のデータ（母親との接触度は約六〇〜七〇%、すべての他者との接触度は約八〇〜九〇%）とほぼ一致する。ただし、年長児と乳児のかかわりはジュホアンより多いようである。

続いて、第二のデータセット、すなわちクンの〇〜四歳の子ども一七名について、連続観察をおこなった分析の結果について述べる（図3―2）。図3―2が示すように、まず〇歳児では、日中の六三%の時間帯で母子間の接触がみられた。これは、図3―1で見た一六週齢の子どもの母子間接触とほぼ同様の値である。母親による子どもへの接触は、子どもの年齢が上がるにつれて少なくなっていく。一歳児、

写真3-3　幼児を世話するクンの年長児（1999年筆者撮影）

二歳児、三歳児、四歳児とその母親との接触は、それぞれ日中の二八％、二一％、六％、四％でみられた。〇歳児および一歳児との接触の割合は、ジュホアンでの報告（Konner 1976）と比べてほぼ同じかやや少ない程度だった。また、乳幼児と母親以外との間にも、ひんぱんに接触が認められた。〇歳児が日中その母親以外と接触する割合は二九％だった。コナー（1976）によれば、ジュホアンの〇歳児では日中の一〇～三〇％の間、母親以外との受動的な身体的接触（他者の側から働きかけて生じた身体的接触）をおこなっていた。この値は、上記のクンのそれとほぼ同様である。その後もクンでは、乳児と母親以外との間にひんぱんな身体的接触が認められる。一歳児、二歳児、三歳児、四歳児が日中その母親以外と接触する割合は、それぞれ四三％、三七％、二六％、四二％であった。

　もっとも、母親以外で身体的接触がみられた人々の内訳をみると、ジュホアンとクンで傾向は大きく異なる。ジュホアンでは、乳幼児との接触がほとんど見られないといわれていた年長児が、クンでは乳幼児によく接触しているのだ（写真3―3）。〇歳児では、子ども（女子）が七七％と圧倒的に多くをしめていた。子ども（女子）は、二〜一二歳の女児と定義されている。一歳児では青年（女子）が三五％でもっとも多く、これに子ども（女子）が二八％、子ども（男子）が一七％と続く。ここでの青年（女子）は、一三歳〜結婚前までの女性と定義されている。クンでは男女とも、一〇代半ばから徐々に青年同士でのかかわりが増えていくが、そうした青年、とくに女子は子育てにも積極的にかかわる傾向がある。また青年は、一歳児ごろから参加率が高まる子ども集団の活動、たとえば歌・踊り活動、に加わることも少なくない。乳幼児が子ども集団の活動に参加する「子ども集団相互行為（観察対象とした子どもが、大人を含まない子ども集団の活動に参加することと定義される。第6章も参照）」の割合は、〇歳児、一歳児、二歳児、三歳児、四歳児でそれぞれ日中の三％、二一％、四一％、五八％、六三％であった（Takada 2010）。二歳児では、〇歳児と同様、子ども（女子）が七五％と圧倒的に多くをしめる。これは、二歳児になると子ども集団活動に参加する割合が大きく増えることを反映している。三歳児では子ども（男子）が六九％と圧倒的に多く、これに子ども（女子）が一四％と続く。この結果は、調査対象とした三名の三歳児がすべて男児であり、日中男児同士で遊ぶことが多かったことのあらわれである。四歳児では、子ども（男子）が四五％、子ども（女子）が四四％でほぼ並び、両者を合わせると全体の約九割をしめる。この時期の子どもは、日中の六割以上を子ども集団活動に参加して過ごす（第6章を参照）。うえの結果は、これを反映している。

次に、母親やそれ以外の養育者による抱きについての結果を見てみる。抱きはその定義上、接触に含まれる。これを反映して、分析の結果もまた、接触のそれと似た傾向が認められる。まず〇歳児では、母親による抱きが観察時間のうち五二％で観察された（図3―3）。つまり母親は、日中の半分以上、乳児を抱いていた。この

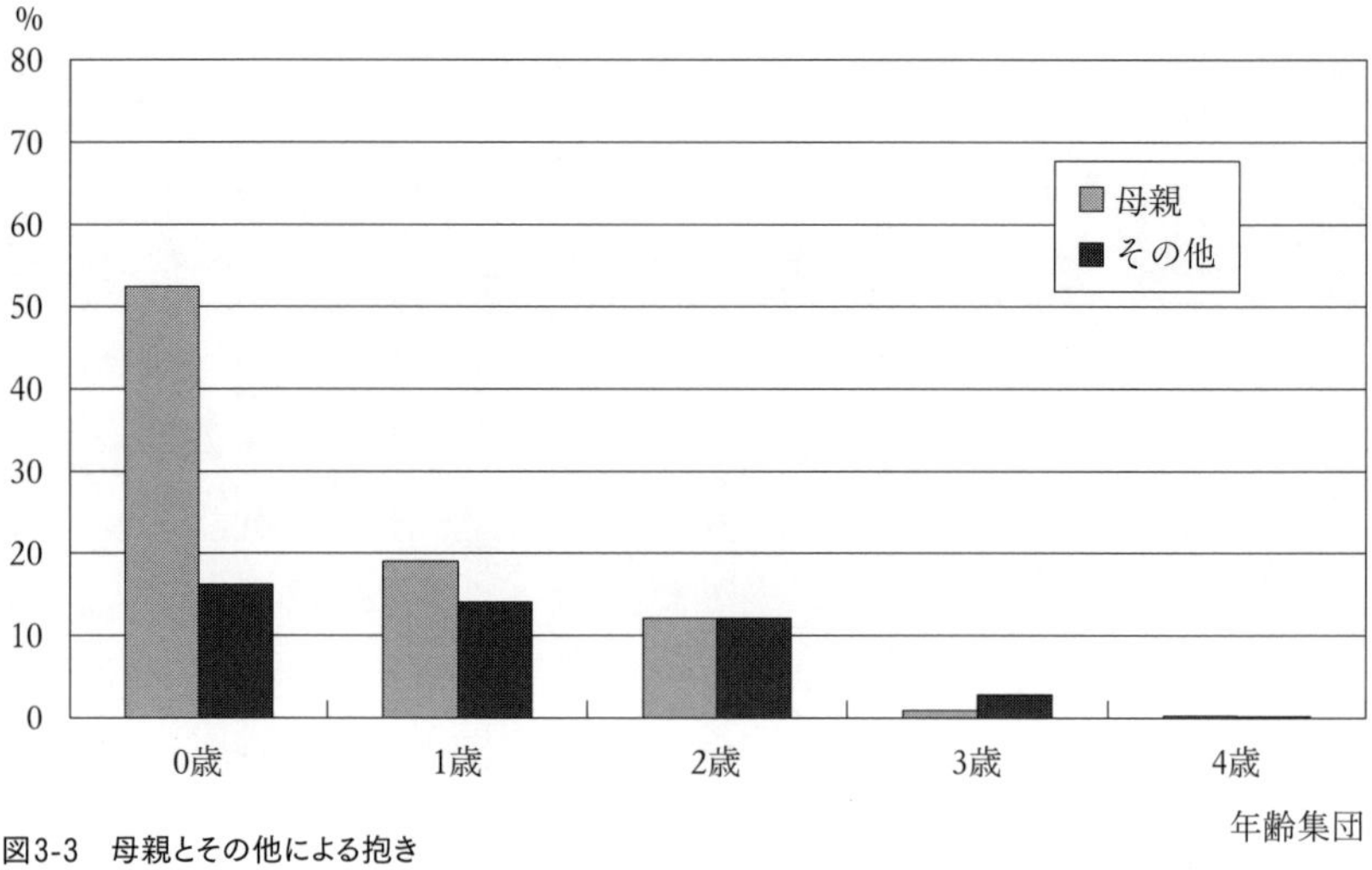

図3-3　母親とその他による抱き

年齢層では、母親は通常カロス（布製、または伝統的には動物の皮製の外套）を使用して、どこにいくときにも乳児を連れていた。生後一年ほどたって子どもたちが一人で歩きはじめるようになると、母親による抱きは減少する。一歳児と二歳児では、母親はそれぞれ観察期間の一九%、一二%で子どもを抱いていた。三歳児と四歳時では、母親による抱きはそれぞれ一%と〇%に低下した。これらから、ジュホアン（Konner 1976）と同様、クンでも母親による抱きは子どもの年齢とともに大きく減少するといえる。

　母親以外の人々による抱きは、〇歳児、一歳児、二歳児についてそれぞれ観察期間の一六%、一四%、一二%の間、確認された。つまり、母親以外の人々もかなり子どもを抱いていた。接触の結果と同様、これらの養育者はおもに対象児のキョウダイまたはイトコであった[3]。そのうち大部分は、対象児と同居もしくはごく近い小屋で生活していた女子だった。

　身体的接触や抱きの多寡は、養育者が各種の身体的なケアをどれだけおこなっているかを考察するための基礎となる指標である。ジュホアンはきわめて密着した母子関係で知られる。筆者の調査では、それとほぼ同じかやや少ない程度で、クンでも乳幼児とその母親の接触や抱きがみられることが確認された。母親による抱きには、授乳をしている場面が含まれる（写真3—4）。また、母親以外で乳幼児との身体的接触や抱きがみられた人々としては、乳幼児の年齢によって性や年代に傾向の違いがあるものの、子ども（女子、男子）と青年（女子）が圧倒的に多くをしめていた。つまり、本研究ではクンの広い年齢層の年長児が乳幼児のケアをする例が確認された。遊動生活を送っていたジュホアンでは、年長児は幼い子どもの子守りや生業活動への貢献を求められず、母親以外ではキャンプを同じくする大人が養育に大きく貢献していた（Draper 1976）。したがってジュホアンと比べると、クンでは年長児をはじめとする子どもや青年が乳幼児の身体的なケアに大きく貢献しており、そのいっぽうでこれに関する母親以外の大人の貢献は相対的に少ない。また一九七〇年前後では、ジュホアンの年長児が乳児のケアをするのは、大人のいないキャンプ外に限られていた（Draper 1976）。これにたいして、本研究

（3） ここでの「キョウダイ」は、両親を共有する同世代親族の総称で、ほぼ英語のsiblingに対応する。「イトコ」はいずれかの親がキョウダイ関係にある同世代親族の総称で、ほぼ英語のcousinに対応する。キョウダイやイトコの名称法は、言語や文化によって相当な違いがあることが知られている。たとえば、日本語では本人から見た年齢差と相手の性別に基づいて兄（年長・男性）、姉（年長・女性）、弟（年少・男性）、妹（年少・女性）というキョウダイを下位分類する基礎語彙があるが、英語でキョウダイを下位分類する基礎語彙は相手の性別に基づくbrother（男性）とsister（女性）のみで、本人から見た年齢差を示すためにはolder（年長）やyounger（年少）という修飾語が必要になる。人類学では、言語や文化による親族の名称法を相対化し、その比較を可能にするために、しばしば上記の「キョウダイ」「イトコ」のように操作的に定義した概念を用い、とくに日本語ではこれを慣習的にカタカナで表記する。

写真3-4　乳児を抱っこし、授乳しているクンの母親（2002年筆者撮影）

の観察はすべて大人が周りにいるキャンプ内でのものである。ドレイパーとキャッシュダン（Draper & Cashdan 1988）は、定住化や集住化により、サンの社会化の過程に変化が生じると述べている。うえの結果はこの主張を支持するものであり、クンを含むサンや狩猟採集社会における社会化について考えるうえで興味深い。

4……授乳

次に、いよいよ本章での中心的な関心ごとである授乳についての結果を見ていこう。先にも見た図3―1から、今度は授乳の頻度と授乳間隔を調べた。すると、観察した時間帯のうち二五％（一八五分）で授乳が観察された。総時間内におこなわれた授乳は三一回で、授乳間隔は平均一七・〇分（標準偏差一三・九）になる。また、筆者自身が撮影したビデオ資料の分析によれば、一回の授乳の持続時間は平均し

写真3-5　手作業をしながら授乳するクンの女性（1998年筆者撮影）

て三分ほどだった（Takada 2005b）。これらの授乳はすべて、母親によっておこなわれた。したがって、定住化や農耕牧畜民との社会的交渉は、生後二〜四ヶ月のクンの乳児の授乳パターンにはあまり影響を与えていないようである。ただし、ジュホアンでは母親以外が授乳をおこなうことは許されないと報告されているのにたいして、じっさいには観察されなかったが、クンでは母親以外でもその親族の女性なら子どもに乳を与えることができるという。授乳の持続時間および頻度は、コナーとワースマン（Konner & Worthman 1980）のジュホアンでの報告とほぼ一致する。また、欧米や日本と比べるとクンの授乳の頻度はかなり多く、持続時間はかなり短い。ビデオ資料のなかでは、母親が家事、食事、手作業、喫煙をしながらの授乳もみられた（写真3―5）。人前での授乳には、本人も周りの者もほとんど抵抗はないようである。つまり、クンでは授乳をおこなう場面には時間的・空間的に制約がほとんどない。

また、母親が接触していない間、母親を含む養育者はひんぱんに乳児に接触し、ジムナスティックをおこなっていた。これは、観察中を通じてひんぱんに授乳あるいはジムナスティックがおこなわれ、かつ両者の生起が相補分布する、つまり、いっぽうがおこなわれないときに他方がおこなわれる傾向があったことを意味する。この傾向は、母親が乳児のむずかった行動に応じて、授乳あるいはジムナスティックをひんぱんに繰り返すために生じると考えられる（Takada 2005b）。

いっぽう、授乳の合間におこなわれるジグリングの頻度は、次の報告と比べて非常に少ないと考えられ、興味深い。ジグリングの休止は吸てつを促進する。ケイらは、米国でのデータから、生後二ヶ月以降もジグリングを繰り返していると、授乳の持続時間はだんだんと延びていくことを示している（Kaye & Wells 1980）。ここから推察すると、欧米で授乳が長時間に渡り続くのは、母親が吸てつの休止期間に繰り返しおこなうジグリングとその休止が、乳児の吸てつを促進し続けているためだと考えられる。加えて、間欠的な授乳のため、乳児が空腹状態にある可能性もある。あとでも述べるように、ケイ自身はこうした母子間で形成されるジグリングと吸てつの交替のパターンが、のちの養育者—子ども間相互行為の基盤となる、もっとも基本的で普遍的な現象だと主張した（ケイ 一九九三）。いっぽう、クンでは吸てつが休止しても母親はジグリングをあまりおこなわない。このため、その休止に伴う吸てつの促進作用はそれほど働かない。また、ひんぱんな授乳のため、乳児が満腹状態にある可能性もある。その結果、授乳は短時間でとぎれがちになる。

授乳にまつわる興味深い背景知識もわかっている。まずクンでは、ジグリングに関連する「アー・アニ（*ǀ'a ǀ'ani*）」および「オウ（*ǁ'ou*）」という民俗語彙がある。「アー・アニ」は、手を他者に接触させて、左右にわずかに動かしてさする動作を指す（写真3—6）。これは、大人におこなうときにも使う語彙である。「オウ」は、赤ちゃんを抱いて上下にゆっくりと動かす動作を指す（写真3—7）。これは、乳児がまだ小さく「オブ（*!'ubu*）」、すなわちジャンプ（第4章参照）ができないときによくおこなう。オバンボ語由来のものでは、「ロロ（*lolo*）」という語彙がある。これは、赤子を抱いたり、背負ったりしてゆする動作を指す。上記の行動を乳児におこなう理由を聞くと、すべて「乳児を静かにさせ、寝かしつけるため」だという。

英語の一般的な意味でのジグリングは、軽くゆする行為一般を指す。したがって、上記の行動はこれと近い。ただし、ケイ（一九九三）が論じているのは、吸てつの休止期間に乳房もしくは乳児を優しくゆする行動としてのジグリングである。これは、一般的な意味と比べてその実施場面や機能がより限定されている。また、ケイとブラゼルトン（Kaye & Brazelton 1971）が調査対象とした母親は、吸てつの休止期間中のジグリングが次の吸てつのはじまりを早め

写真3-6　幼児にアー・アニを行うクンの男性（2002年筆者撮影）

写真3-7　乳児にオウを行うクンの女性（2002年筆者撮影）

ると信じていた。いっぽう、乳児を沈静化させるという意味づけは報告されていない。これらから、クンの「アー・アニ」をはじめとする行動は、吸てつの休止期間中のジグリングとはその機能や意味づけが異なると考えられる。したがって、後者は欧米や日本における子育てについての民族知識を背景とした行為であり、それが自覚されていないのは文化が慣習化・身体化されている、あるいは物理的環境や生活様式による制約（e.g. 授乳が可能な場面や時間帯が限定されている）のなかで余儀なくされている行為である可能性がある。

第二のデータセットからも、興味深い事実がわかる。図3—4が示すように、日中計一〇時間の観察時間のうち、乳児による吸てつが確認された割合は、〇歳児、一歳児、二歳児でそれぞれ九%、七%、一%であった。三歳児以降では、吸てつはまったく観察されなかった。つまり、クンでは多くの場合、ジュホアンよりも早く、生後二年目、すなわち一歳児の間に離乳がおこなわれていた（第6章も参照）。

ジュホアンでその長い授乳期間が大いに注目されてきたことを考えると、これは重要な結果である。その理由を探ってみよう。まず、ジュホアン（ショスタック 一九九四）やグイ（菅原 一九九三）と同様、クンの人々も「母親が妊娠した後も上の子どもに母乳を与えていると、その子は病気になる」という。このため母親はつねに最年少の子どものみに母乳を与え、次子を妊娠するとすぐ離乳をおこなう。次子の妊娠と授乳パターンの関係の実態を調べるために、エコカのクンとドーベのジュホアンで女性の出産歴を比較してみた（図3―5）。ただし、この比較ではいくつかの留意点がある。まず、エコカではクンとアコエの通婚が数世代に渡ってしばしば生じているため（Takada 2015）、こうしたデモグラフィックな分析において両者を厳密に区別することは難しい。そこで、出産歴の分析では、クンとアコエの通婚による家庭の女性をクンに含めた。いっぽう、ドーベのデータはハウエル（Howell 2000: 124）に基づいて算出したもので、すべてがジュホアンの女性だと考えられる。次に、エコカとドーベでは、子ども数の算出方法が異なる。エコカでは、一九九八年の聞き取り時に一五歳以上だった四三名の女性の出産歴データをそれらの女性の当時の年齢に基づいて五歳きざみの年齢群に分類して比較した。したがって、図3―

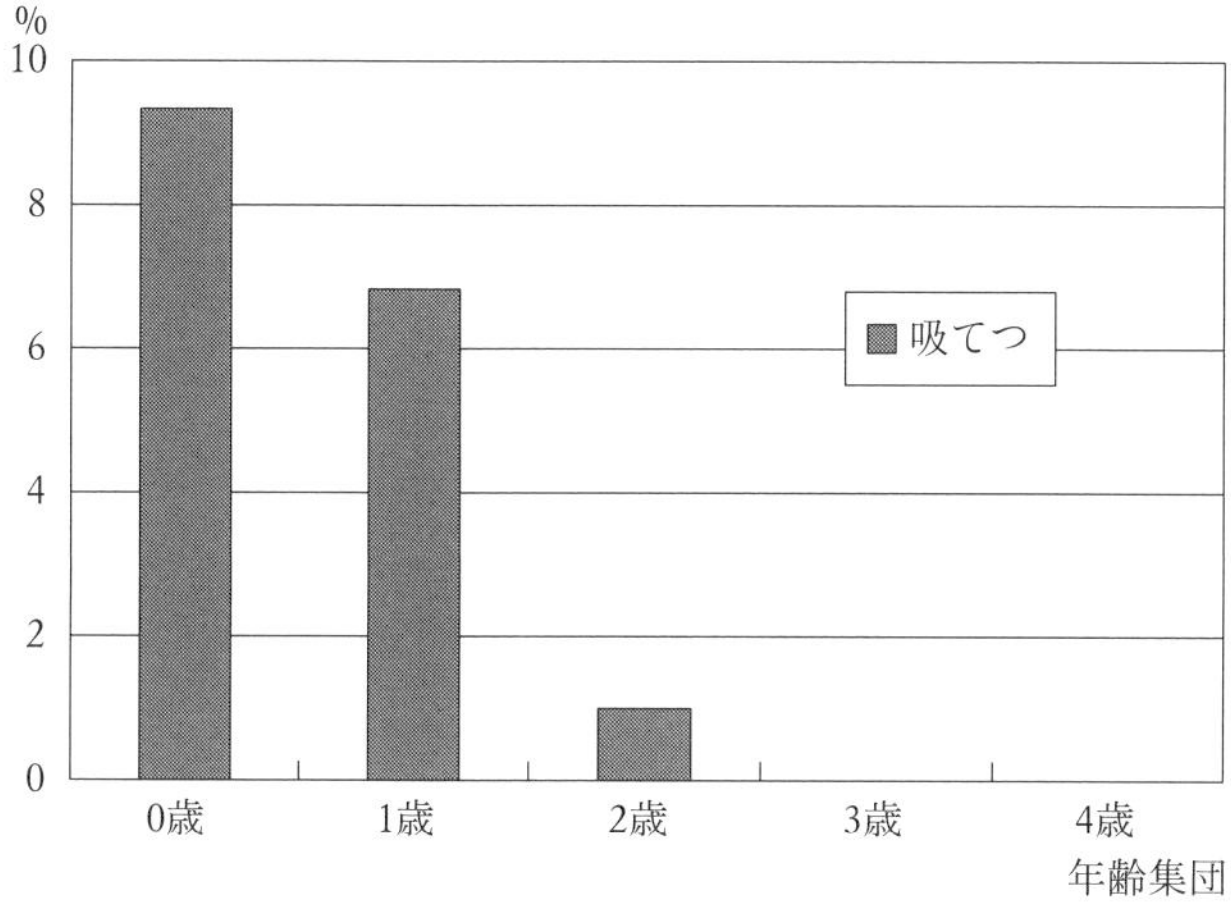

図3-4　吸てつ

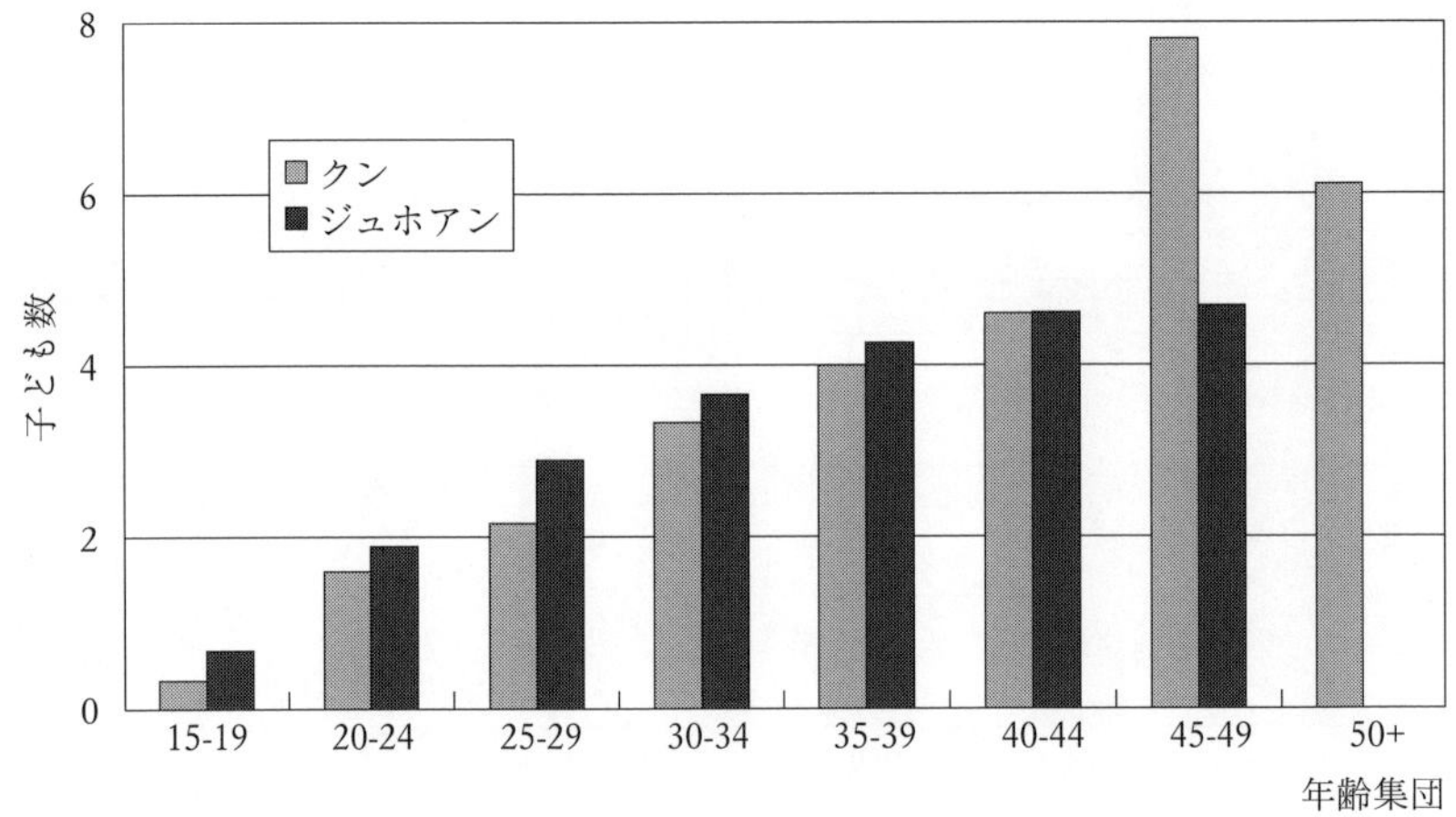

図3-5　クン（n＝43, 1998）*とジュホアン（n＝62, 1968）における女性の年齢群別の子ども数**
（*著者、**Howell（2000））

5のクンのグラフで示されているのは、一九九八年時点での女性の年齢群（一五—一九歳：三名、二〇—二四歳：五名、二五—二九歳：六名、三〇—三四歳：六名、三五—三九歳：四名、四〇—四四歳：五名、四五—四九歳：五名、五〇歳以上：九名）ごとにその女性たちの子ども数（死亡したり離別したりした子どもを含む）を平均した値である。[4] いっぽう、ジュホアンでは一九六八年の聞き取り時に四五歳以上だった、すでに閉経を迎えたと考えられる六二名の女性の計二九一件の出産歴データに関して、それぞれの女性がその子どもを生んだ年齢を聞き取りから推定し、その女性たちが年齢を重ねるにつれて増えていった子ども数（死亡したり離別したりした子どもを含む）を五歳きざみで算出した。したがって、図3—5のジュホアンのグラフに示されているのは、どの年齢群でも六二名の女性のその年代における子ども数（死亡したり離別したりした子どもを含む）を平均した値である。つまり、クンのグラフは個人間の差異に基づくのにたいして、ジュホアンのグラフは個人内の変化に基づくことに注意が必要である。

上記のような点から単純な比較は難しいとはいえ、図3―5は興味深い結果を示している。とりわけ、クンでは一五歳から四四歳までの女性の子どもの数は、ジュホアンのそれとほぼ同じかわずかに少なかったことは注目される。既述のように先行研究は、ドーベのジュホアンでは、狩猟採集に基づく遊動生活によって出産間隔が長くなり、出生率は低く押さえられていたと論じ、さらに定住化は出産間隔の低下や出生率の増加をうながすだろうと示唆している（Lee 1979; Howell 2000）。ところが、すでにほぼ定住した生活を送っていた一九九八年のエコカのクンにおいては、出生率がジュホアン並みに低かったのである。これは一つには、当時のエコカのクンでは、ほとんどの女性が現地で解放運動が激化していた一九七〇年代と一九八〇年代にその肥沃な期間（妊娠能力の高い時期）を過ごしたということによるのかもしれない。この推論を裏付けるように、解放運動の前にその肥沃な期間を過ごしたであろう、四五歳以上の女性は、より多くの出産を経験している（平均して、四五〜四九歳の女性は七・八人、五〇歳以上の女性は六・一人の子どもを産んでいる）。いずれにせよ、一九九八年時点のクンでジュホアンよりも早く離乳がおこなわれていたのは、後者よりも前者の出生率が高かったせいだとはいえない。

次に、母親による授乳のパターンと次子の妊娠、出産の関係をより直接的に見てみる。図3―6では、横軸

（4）この分析の初出となる高田（Takada 2010）のFig.5ではアコエ同士の婚姻による家庭の女性一二名を含む五五名のデータが示されていたが、ここではクン同士の婚姻による家庭の女性三三名およびクンとアコエの通婚による家庭の女性一〇名をあわせた計四三名のデータに修正した。もっとも、女性の出産歴の傾向にはこうした家庭の分類による違いはあまり認められず、この分析の基本的な特徴は前者のデータでもほぼ同様である。

は観察対象とした子どもの月齢を示し、縦軸は観察時間のうちで吸てつがみられた割合を示している。さらに、四角いアイコンは、母親が次子を妊娠しているか、すでに出産したこと、三角形のアイコンは、母親が次子を妊娠、出産していないことをあらわす。上述の離乳に関する信念を裏付けるように、図3―6では、観察対象である子どもの次子を妊娠または出産した母親は、観察対象の子どもには母乳をまったく与えていないことが示されている。

ただし、それだけでは早期に離乳が生じることを説明することはできない。図3―6では、観察対象とした子どものうち三歳児と四歳児はすべて、その母親が次子を妊娠あるいは出産していなくても、まったく吸てつがみられなかった。それに加えて、二歳児でも、ほぼ同様の傾向が認められる。すなわち、二四ヶ月齢、二六ヶ月齢、二九ヶ月齢の子どもたちは、その母親が次子を妊娠あるいは出産していないにもかかわらず、観察時間のうちそれぞれ一%、二%、〇%でしか吸てつが観察されなかった。さらに、一歳児である一七ヶ月齢の子どもでも、母親がまだ次子を妊娠あるいは出産していないにもかかわらず、観察時間のうち一%でしか吸てつが観察されなかった。これらの調査結果は、クンでは母親の次子の妊娠もしくは出産の有無にかかわらず、出産後三年目のはじめごろ（子どもが二歳になったころ）には、授乳がほぼ完全に終了することを示している。図3―5と図3―6を考え合わせると、クンでの早期離乳の傾向は、出産間隔の短縮に起因するものとはいえないようである。

筆者は、クンで離乳がジュホアンよりも早くおこなわれる主要な理由は、乳児を含む幼い子どもに穀類等から作られる離乳食が豊富に与えられることだと考えている。クンの養育者は、乳幼児にトウジンビエから作ったポリッジやソフトドリンク、小麦粉から作る揚げパン、アメやスナック菓子などさまざまな食料を子どもに

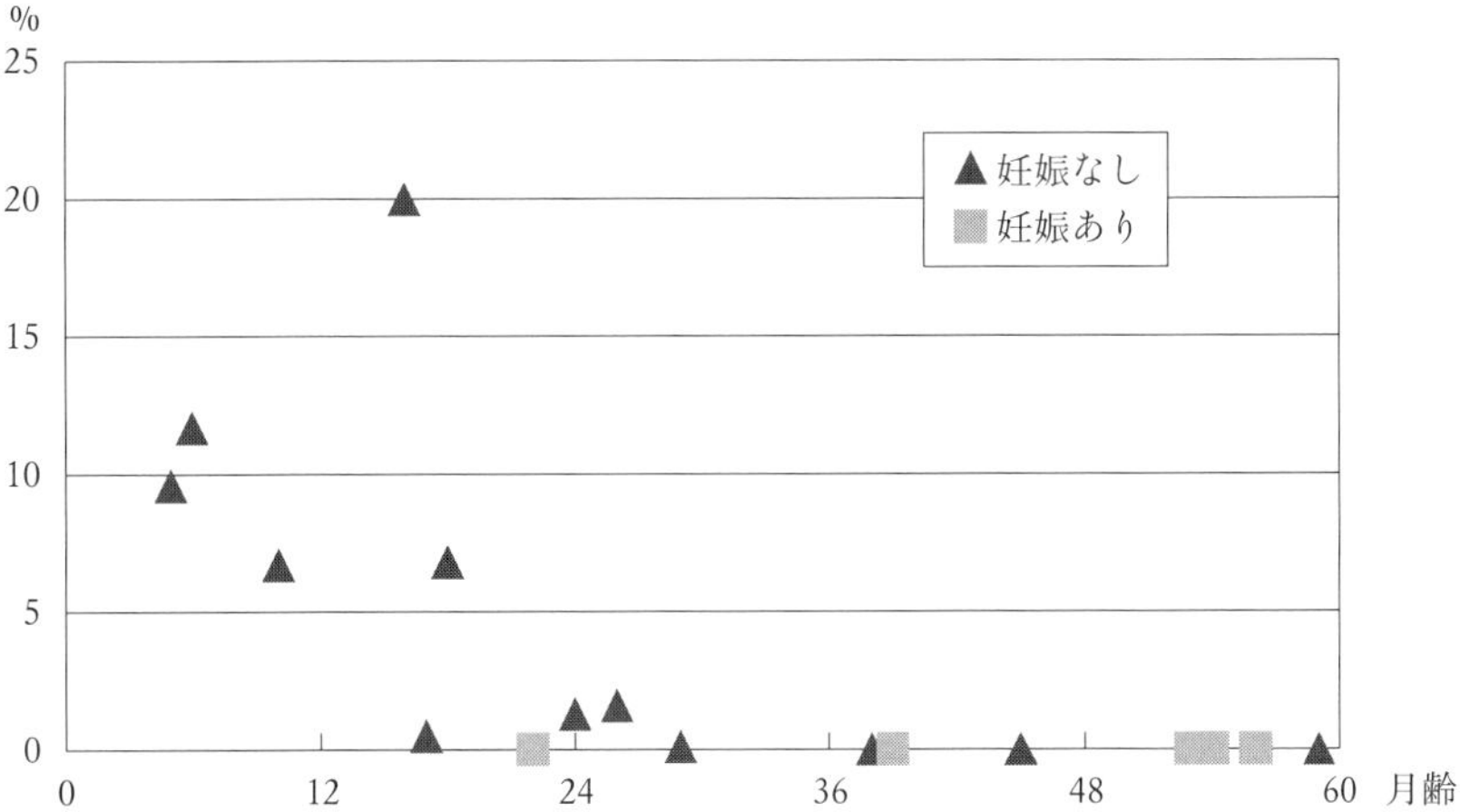

図3-6　母親の次子の妊娠の有無と吸てつ

与える。またじっさいには観察されなかったが、聞き取りではヤギや牛の乳も乳児に与えるという声が聞かれた。図3―7は、母親は〇歳児、一歳児にたいして、いずれも日中の四％で食料を与えていたことを示している。したがって、母親は授乳（〇歳児で九％、一歳児で七％）の合間にも、授乳がみられる半分ほどの時間帯で母乳以外の食料を与えていることがわかる。また、〇歳児で自己による給食が多かったのは、〇歳児では母親をはじめとする養育者との接触度がとくに高く、その手の届く範囲に食料が多かったことによると考えられる。さらに離乳がほぼ完了する二歳児になると、母親による給食がみられた割合は七％にあがっていた。続く三歳児、四歳児では、母親が食料を与えた割合は日中の三％、一％になっていた。子どもが日中子ども集団活動に参加する割合が増えるにつれて、母親が食料を与える割合は減るようである。

いっぽう、母親以外が〇歳児、一歳児、二歳児、三歳児、四歳児に食料を与える場面は、それぞれ日中の三％、一一％、九％、六％、五％でみられた。ここでは、しばしばまだ離乳が完了していない一歳児に比較的高い割合で食料を与えている

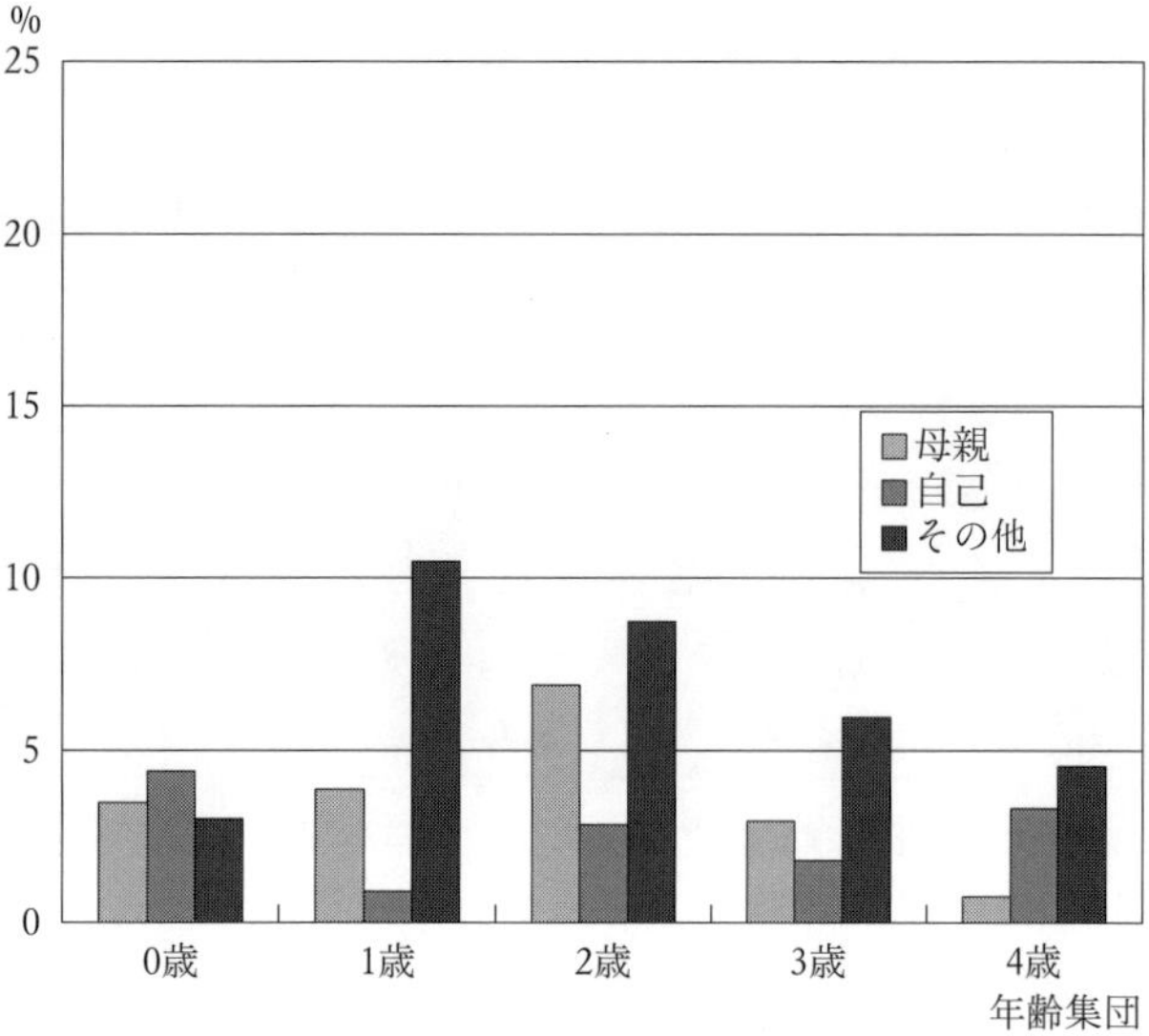

図3-7　母親、自己、その他による給食

ことが目を惹く（写真3―8）。また、その次には離乳がほぼ完了した二歳児で、高い頻度で食料が与えられている。母親と同様、三歳児、四歳児では食料を与える割合が減少する。

乳幼児に食料を与えた人々のうち、母親以外の内訳を乳幼児の年齢別に分析した。すると〇歳児では、母親以外で食料を与えたのは子ども（女子）と大人（女性）のみで、前者が五五％、後者が四五％をしめていた。身体的接触と比べると、子ども（女子）の割合は二割ほど少なく、大人（女性）の割合は三割ほど多くなっている。〇歳児ではまだ授乳がおこなわれているが、それを補うかたちで子ども（女子）と大人（女性）が食料を与えている。

一歳児では青年（女子）が三六％でもっとも多く、それに大人（男性）が二二％、子ども（女子）が二〇％、大人（女性）が一八％と続く。一歳児にたいする給食では、身体的接触にはあまり関与していなかった大人（男性）が多く貢献している。そのいっぽうで、これを比較的よくおこなっていた子ども（男子）の割合が低い。一歳では、時期に個人差はあるが、大半の子どもで離乳がおこなわれる。そのころから、大人（男性）による給

写真3-8　乳児に食料を与えるクンの少女(2004年筆者撮影)

食が増えていくようである。

二歳児では、大人(男性)が四一%ともっとも多く、これに子ども(女子)が三〇%、大人(女性)が二六%で続いている。身体的接触よりも、大人(男性)の割合がかなり大きい。また、大人(女性)の割合もやや大きくなっている。離乳をほぼ終えた二歳児にたいしては、大人(男性)が食料を与える傾向が一歳児よりもさらに強まるようである。いっぽう、子ども(女子)の割合は、身体的接触と比べるとかなり少なくなっている。

三歳児では大人(女性)が六三%でもっとも多く、これに大人(男性)が三一%と続く。身体的接触と比べると、大人(女性)の割合がかなり大きい。また大人(男性)は、身体的接触よりも多い割合である。これにたいして、身体的接触を多くおこなっていた子ども(女子)は、給食では貢献度がぐっと低い。

四歳児では子ども(女子)が四四%ともっとも多く、大人(男性)が三八%でこれに続く。両者を合わせると全体の八割を越える。子ども（女子）の割合が多かったのは、身体的接触と同様の傾向である。これにたいして大人（男性）は、身体的接触はほとんどおこなっていなかったが、食料は比較的よく与えている。

遊動生活を送っていたジュホアンでは、乳幼児に誰がどの程度、母乳以外の食料を与えるかについての傾向を分析した報告はみあたらない。したがって、これに関してクンとジュホアンを直接比較することはできない。しかしながら、ジュホアンでは離乳食に適当な食料がほとんど利用できなかった（Lee 1979。第1章も参照）ことを考慮すると、母親以外の人々が乳幼児に多くの食料を与えていたとは考えにくい。いっぽうクンでは、先に報告した身体的接触と比べると、大人（女性）や大人（男性）が乳幼児に多くの食料を与えることが特徴である。

この結果は、自宅で食料や飲料を管理しているのはたいてい大人であること、乳幼児が多くの時間を過ごすコカショップでも、乳幼児は大人の手を介して食料や飲料を得ることが多いことをあらわしている（写真3―9）。クンでは生業活動（農業、農牧民のもとでの請負労働、狩猟、採集など）がおこなわれるのはもっぱら午前中の数時間で、それが終わると男女を問わず、一日の大部分の時間コカショップに滞在する（ただし、食事の準備や洗濯といった自宅での家事労働は女性の方が多くおこなう傾向があるので、若干女性の方がコカショップでの滞在時間は少ないかもしれない）。先述のように、〇歳児、一歳児、二歳児、三歳児、四歳児が日中コカショップで過ごした時間の割合は、それぞれ六三％、四九％、二四％、一六％、四四％であった。この間、乳幼児はしばしば大人（女性）や大人（男性）から食料を与えられる。また子ども（男子）と比べれば、子ども（女子）は乳幼児によく食料を与えている。これは子ども（女子）が、食事の準備等でよく大人の手伝いをすることを反映している。

写真3-9　トウジンビエのポリッジを食べているクンの幼児たち（2004年筆者撮影）

5……睡眠

次に見るのは、乳児の睡眠である。ここでは、クンでは赤ちゃんの睡眠のパターンが、授乳のパターンと深くかかわっていることを示す。乳児は一般に、月齢を経るにしたがって大人に近い睡眠／覚醒のパターーン（概日リズムといわれる）をとるようになっていくとされる。このように睡眠の持続時間が長くなるのは、乳児が成熟し、生活リズムが安定してきた指標の一つだとされてきた（Kleitman 1963）。ただし、乳幼児に発達に関する他の多くの領域のデータと同様に、こうした研究は、ほぼすべてが欧米で収集されたデータに基づいていることには注意が必要である。これにたいして、母親が日中乳児と長時間密着しているケニアのキプシギスやメキシコの高地マヤでは、乳児の睡眠の持続時間が米国ほど長くならないことが報告されている（Super & Harkness 1982）。したがって、クンでもキプシギスや高地マヤなどに似た睡眠／覚醒の概日リズムの発達が認められるかどうかは興味深い。

表3-2　子どもの睡眠と抱き・接触の相関

		0歳	1歳	2歳	3歳	4歳
接触	母親	0.18**	0.03*	0.00	—	−0.03
	その他	−0.23**	0.06**	0.13**	—	0.00
抱き	母親	0.27**	0.10**	0.04*	—	−0.01
	その他	−0.18**	0.29**	0.32**	—	0.03

**は5%水準、*は1%水準で有意、—は睡眠が見られなかった。

フィールドワークで得られたデータの分析から、クンの乳児の睡眠／覚醒のパターンは、上述の養育者による身体的接触や抱きの特徴と深く関連していることがわかってきた。表3—2は、第二のデータセットに基づいて、子どもの年齢別に睡眠と抱き・接触の相関係数（ピアソンの積率相関係数）を記したものである。相関係数は、二つの行動の生起パターンが完全に一致していると1、いっぽうが生じていないときに他方がつねに生じていればマイナス1、両者がまったく無関係に生じていると〇になる。この分析によると、〇歳児では睡眠と母親の接触（r＝0.18**）や抱き（r＝0.27**）との間に正の相関、母親以外の接触（r＝−0.23**）や抱き（r＝−0.18**）との間には負の相関が強くみられることがわかる。これはまず、クンでは母親が〇歳児にたいして身体的接触や抱きをおこなっている間に授乳をひんぱんにおこない、それが〇歳児の睡眠を引き出していることを示唆している。いっぽう、母親以外の人々は原則として授乳を一切おこなわないので、〇歳児にたいして身体的接触や抱きをおこなっている間にはしばしば後述のジムナスティック（第4章参照。ジムナスティックは、アクティブな姿勢の変化や強い身体的刺激をともなう）をおこなっていること、それによって睡眠が抑制されることが示唆される。これにたいして、一～二歳児では睡眠と母親以外の人々による抱き（一歳児ではr＝0.29**、二歳児ではr＝0.32**）と正の相関が強かった。この結果は、クンでは一～二歳になると独り歩きを開始するとともに離乳を済ましていた子どもが増えるため、授乳やジムナスティックはおこなわれなくなること、それにともなって年長児による子守り、とくに

写真3-10　乳児の子守りをするクンの少女（2004年筆者撮影）

寝かしつけや一〜二歳児を背負っての移動が増えることを反映していると考えられる（写真3―10）。

子どもがいつ寝るのか、また誰と寝るのかについては、文化的な多様性が大きい。クンのデータは、こうした多様性が、授乳やジムナスティックといった養育行動のパターン、親子間の離乳をめぐる葛藤と深く関連していることを示している。これらに加えて、乳幼児の発達行動学を推進してきた根ヶ山（二〇二一：九四―一〇四）が示唆するように、母親の個の尊重の程度、両親の夫婦関係、家の空間構造などもまた、複雑に絡み合って子どもの睡眠に関する文化的な多様性をもたらしていると考えられる。したがって、乳児の睡眠／覚醒のパターンやそこからの逸脱について論じるときには、乳児の身体的な特徴だけではなく、その文化的な環境にも目を配り、両者の入り組んだ関係をときほぐしていくことが大切である。同様のことは、乳幼児の発達や養育行動一般、またクンやジュホアン以外の社会についてもいえるだろう。

3 他の社会における授乳に関する民族誌的研究

1……誰がどのように授乳するのか？

そこでここからは、クンやジュホアン以外の社会にも視野を広げて、授乳についての民族誌的研究を整理してみよう。まず、誰が授乳をおこなうのかについては、さまざまな民族誌的な資料が得られている。既述のように、サンではさまざまな言語・地域集団を通じて、母親だけが乳児に授乳をおこなうことが期待されていた。

しかし、これが他の狩猟採集社会でもつねにあてはまるとは限らない。とくに、最近の狩猟採集社会における子ども研究では、母親以外による授乳、そしてより一般的にはアロマザリング（母親以外が育児に参加すること）が、活発な議論を呼び起こしている。

母親以外による授乳は、さまざまな集団の間で実践されている。ヒューレットとウィン（Hewlett & Winn 2014）は、eHRAFのコレクションにある授乳関連のデータに基づいて、民族誌的な記録が利用可能だった世界の文化の九〇％以上において、少なくとも時折は、母親以外による授乳が観察されることを示している。その広がりには、地域差があるようだ。とくに、中東および中央アメリカの民族誌で報告される可能性が高いのにたいして、北アメリカおよび南アメリカの民族誌では母親以外による授乳が言及される可能性が低かった。ただし、母親以外による授乳がその社会において規範となっているか、という点から見ると話は変わってくる。すなわち、母親以外による規範的な授乳はまれで、データが利用可能な文化のうち、六％でしか報告されていないのだ。それ以外の集団では、母親以外による授乳はある種の緊急事態、たとえば母親が死亡、病気、あるいはそれ以外のなんらかの事情で新生児に授乳をおこなうことができない場合にのみおこなわれるにすぎない。

次に、狩猟採集社会にしぼって同じデータセットを分析してみよう。上述のように、サンでは母親のみが授乳をおこなう。しかし、狩猟採集社会全体ではむしろ、相対的に母親以外による授乳が広くみられる可能性がある。ヒューレットとウィン（2014）によれば、eHRAFで民族誌的な記録が利用可能だった狩猟採集社会のうち、四五％（一一のうちで五つの社会）で定期的または幅広く母親以外による授乳がみられる。ただし、その五つの狩猟採集社会はすべて、熱帯林の環境を生活域としていた。これらの社会では、乳児が生後四ヶ月に達する前、および母親以外の養育者が乳児を長期間抱いている場合にそうした養育者による授乳がおこなわれる傾向があった。

こうした熱帯林の狩猟採集社会における授乳の状況を、もう少しくわしく見てみよう。中央アフリカ共和国や旧コンゴ人民共和国（現コンゴ共和国）の熱帯雨林に暮らすアカ（Aka：いわゆるピグミー系の狩猟採集民の一集団）では、乳幼児がむずかったときには、母親以外による授乳（もらい乳）がしばしばみられる（Hewlett & Winn 2014）。ヒューレットとウィン（2014）は、アカの間では、祖母や叔母、その他の女性に加えて、父親でさえ授乳をおこなっていると報告している。アカでは、もっとも重要な生業活動となっているネット・ハンティングに乳幼児の母親を含む女性の多くが動員されていた。そして母親が忙しいとき、乳幼児はキャンプに残った父親、その親戚や友人たちのうち手の空いた人々によって、文字通り手から手へ渡されるようにケアされ、可愛いがられていた。なかでも、アカでは父親がこれまで知られているどんな社会よりも乳幼児と親密にかかわり、そのケアに大きく貢献していた（Hewlett 1991）。もらい乳がよく生じるのは、こうした状況であった。

ちなみに、一般には妊娠が乳汁分泌のための前提と考えられているが、ヒトの女性も含む哺乳類のメスの多くは、妊娠という契機がなくともある程度は乳をつくることができる。またヒトの男性を含む哺乳類のオスの多くも、適当なホルモンを与えられればじっさいに胸を発達させ、乳汁を分泌するという（ダイアモンド二〇一三：六九）。さらに、ストレイ（Storey et al. 2011）の実験的な研究によれば、妊産婦と一緒に暮らす男性は、ホルモン・バランスに変化が生じて母性的な行動や乳汁の分泌を促進するプロラクチンの増加がみられるという。ヒューレットらの研究では、授乳の有無は赤ちゃんの口が乳房についているかどうかでチェックされている。したがって、その際にじっさいに乳汁が分泌されていたかどうかまではわからない。だが、上記の報告から、その可能性はある。またアカの人々は、労働時間の大半を狩猟に費やし、とれた肉を近隣の農耕民の農作物と交換して生計を立てている。このため、狩猟採集民でありながらも乳幼児の離乳食に有用な農作物を入手できていた。こうした状況は、母親以外による乳児のケアを促進する可能性がある。

同様の状況は、やはりピグミー系の狩猟採集民の一集団で、コンゴ民主共和国（旧ザイール）に住むエフェ（Efe）でも見られた。エフェは熱帯雨林のなかで半遊動生活を送りながら、いくつかの拡大家族からなる小規模なキャンプで暮らしていた。カロリーの大半は、狩猟でとれた肉を近隣の農耕民と交換することで得た農作物からとっていた。トロニックらによれば、エフェでは赤ちゃんの出生は集団全体の関心ごとであり、新生児をはじめて抱くのも母親とは限らない。赤ちゃんはさまざまな人々に手渡され、母乳が出ているかどうかにかかわらず多くの養育者が授乳をしようとする（Tronick et al. 1987）。これを反映して、エフェでは母親以外の人々が、三週齢、一八週齢の乳児との身体的接触のそれぞれ三九％、六〇％をしめていた。なかでも父親は、母親に次ぐ二番目に重要な養育者であった。さらに、乳児と他の子どもとの社会的接触は、生後五か月で二九％、三年では六二％に達していた。いっぽう、乳児と大人との社会的接触の割合は、この間も一定のままであった（Tronick et al. 1992; Henry et al. 2005）。

また、コートジボワールの比較的小さな農村において、農業と狩猟採集を組み合わせて生活しているベン（Beng）の間でも、母親以外による規範的な授乳が広く実践されているという報告がある。ベンでは老婆でさえ、もう乳の出ない乳房を提供してむずかっている赤ちゃんを慰めることがある。こうした「乳母」の制度は、ベンの異なる下位集団に属する女性の間で、その年齢や地位の違いを霧消させ、共有されたアイデンティティの感覚を生み出すという（Gottlieb 2004: 71, 182）。

生業活動としての農業や家畜飼養の比重が増えるにしたがって、乳児に与えることのできる母乳以外の食料のバラエティと量は増える傾向があるようだ。インドネシアのバリの人々は、稲作耕作を主たる生業とし、それに加えて牛、水牛、豚、鶏などを飼っている。バリの子どもたちの授乳をめぐるサイクルは、以下のようなものである(ミード二〇〇一:三七)。生まれてから一八ヶ月の間は、ほとんどいつも抱かれていて、たっぷりと母乳を与えられる。それから離乳を経て、年下のキョウダイができた二~三歳ごろ、ミードが「膝もとの幼児」と呼んだ段階になると、子どもは、母親からいやというほどからかわれるようになる。父親やそれ以外の周囲の人々も、いくぶんそうしたからかいをおこなう。子どもはこれに反応してひんぱんにかんしゃくをおこしたり、すねたりして不機嫌になるという。そうした母親からのからかいをはじめとする刺激が強くなるにつれて、父親がその子の面倒をみることが増える。このころには、父子のきずながもっとも強くなる。その後、さらに年下のキョウダイができ、下から数えて三番目になるころには、子どもはすでにからかいをはじめとした刺激にたいする応答が鈍くなり、それ以前ならかんしゃくを誘発したような合図を受けとっても、それを無視するようになる。そしてこのころから子ども、とくに女の子は一番下の乳児を抱くことを期待され、じっさいに子守りに大きく貢献するようになる。

また、バリの赤ちゃんは生まれてからずっと授乳されるとともに固形の食べ物を食べさせられる。このため、授乳によって乳を飲むことと固形物を飲みくだすという二つの経験が同じ時期に起こる。前者では、授乳は時間を決めずに気軽におこなわれ、母親とは異なる女性の乳を飲んだり、ほとんど乳の出ない思春期の少女の胸や祖母のくたびれた胸をあてがわれたりすることもあるという。後者では、養育者がバナナやご飯をあらかじめ噛んでおき、柔らかくなったかたまりを赤ちゃんの口のなかに少しずつ、有無をいわさずに押し込んでいく

（ミード 二〇〇一：二四、三三）。母親以外の乳や固形物の利用可能性が高いことは、アロマザリングを促進するようである。ミード（二〇〇一：二七、三六―三七）によれば、バリの生後六ヶ月の赤ちゃんは始終、人に抱かれている。母親以外でもっとも赤ちゃんを抱くことを期待されるのは、すでに母親との分離の葛藤を克服した下から三番目の子どもである。ただし、もし赤ちゃんが不機嫌になったり、だだをこねたりしても、つねに三人くらいはその子を受けとろうとする人がいる。男性も自分の子や孫をよく抱く。赤ちゃんがぐずっているときにそばに誰も女がいなければ、父親が自分の乳首を吸わせることもあるという。そこで、だだをこねる赤ちゃんに嫌気がさした子守りは、これ幸いと赤ん坊を手ばなす。こうして赤ちゃんは、周囲の人々の手から手へとわたるのだ。

2……授乳パターンの文化的多様性

次に授乳のパターン、すなわち授乳がいつどういったタイミングでどのくらいの間おこなわれるかについての民族誌的な資料を見てみよう。もっとも、これに関する詳細な研究は、誰が授乳に携わるのかを論じた研究と比べるとあまり多くはない。例外的に平澤（Hirasawa 2005: 371-377）は、バカの日中における平均授乳間隔は、出生後一年間で三〇～六〇分であり、サンよりもわずかに長いが、西洋の基準よりも大幅に短いと報告している。また、バカで観察されたほとんどの授乳では、吸てつの休止中に母親が乳児にたいしてジグリングをおこなう行動は観察されなかった。乳児は、六ヶ月齢に達するまで、日中の平均八五％の間、抱かれていた。乳児はそれまでは基本的に母乳と水のみを摂取していたが、その後は半固形の離乳食を食べはじめた。七ヶ月齢に達すると、ほとんどの乳児は独立して座り、その位置どりを調整できるようになった。そのころになると、持続的な抱きは劇的に減少し、平均四七％になった。一〇ヶ月齢になると、乳児は両親とほとんど同じ食べ物を食べることができるようになっていた。両親は、しばしば手でつぶして柔らかくしたプランティンや野生のヤムイモを乳児に離乳食として与えていた。

平澤（2005: 371-377）は、自らが観察したバカとヒューレットらによって報告されているアカの授乳実践の類似性を指摘している。たとえばヒューレット（1991）は、アカの乳児がむずかっているとき、母親は即座に応答して授乳をおこなうと報告している。またアカでは、母親以外の人々による授乳もひんぱんにみられた。さらに乳児は夜になって眠る間、つねに母親やそれ以外の養育者に添い寝をしてもらっていた。したがって、こうした母親やそれ以外の養育者による速やかな応答的授乳は、夜間も起こっていたと考えられる（Hewlett et al. 2019: 48-49）。

こうした狩猟採集社会で観察されるひんぱんで持続時間の短い授乳のパターンとは対照的に、いくつかの社会、とくに産業化された社会では、より間隔を空けた持続時間の長い授乳パターンが形成されることが知られている。たとえば二〇世紀半ばの米国の家庭では、一日約六回、四時間ごとに授乳をおこなうのが標準的であった（Aldrich & Hewitt 1947）。また本章第1節で述べたように、日本の生後一～三ヵ月の乳児への授乳は一五～三〇分ほど続き、授乳間隔は二～四時間ほど（神津・西村 一九九三：一六六、一七五―一八〇；今村 二〇〇一：一〇八―一〇九）、また米国の生後二～四ヵ月の乳児にたいする授乳間隔は三時間ほど（Barr & Elias 1988）だとされている。したがって、日本や米国の養育者はすでに乳児期の前半から、サンや他の狩猟採集社会の養育者よりも長く、より少ない頻度で授乳をおこなっているといえる。

4 社会システムを構成する個体発生的発達

授乳は、それぞれの子どもが成長していくうえで、栄養の摂取だけではない、さまざまな働きを担っている。では、本章で見てきたような授乳パターンは、とりわけどのような意義をもっているのだろうか？ 第1章で導入した枠組み（個体発生的発達、文化―歴史的発達、系統発生的発達という三つのアプローチから、発達について再考する）にそって、まず、子どもたちの個体発生的発達（個人の生涯の時間枠組みで生じる発達）における意義について考えてみよう。

サンに限らず、一般に授乳パターンは、それぞれの乳児と養育者が相互行為を調整することで、次第に形成されていくものである。ケイ（一九九三）によると、ヒトの新生児は、生まれつきみられる原始反射の一つとして吸てつ反射を備えている。「原始（primitive）」というややどぎついことばを用いるのだが、これはヒトに生まれつき備わったという意味で、差別的なニュアンスはない。興味深いことに、新生児の吸てつ反射は限られた時間（通常は四〜一〇秒）しか続かない。そして、その後は短い吸てつの休止（通常は四〜一四秒）が続く。このパターンは、ヒトの新生児に固有のもので、他の哺乳類では、ヒト以外の大型類人猿でさえも観察されない。さらに面白いことに、ヒトではこの休止期間が、授乳をおこなっている母親が乳児に働きかける契機となっている（正高 一九九三）。ケイらが観察したすべての母親は、この吸てつの休止期間中に乳児にジグリングをおこなっていた。さらに、母親がジグリングを終えると、乳児の吸てつの再開が促進されていた。こうした吸てつ―停止―ジグリング―停止―吸てつという授乳パターンは、乳児が週齢を経るにつれて、徐々により協調的でリズミカルに繰り返されるようになる（ケイ 一九九三）。

これにたいして、上述のクンの母親は、授乳の休止中に乳児にたいしてジグリングをおこなうことはめったにない。そのためクンでは、米国や日本でみられるような、ジグリングによる吸てつの促進効果は生じない。グイやガナといった他のサンの集団でも同様のパターンが確認されている（Takada 2020）。これが、サンの間で生後一年間にわたってひんぱんで短い授乳パターンが続く理由の一つであると考えられる。これらの調査結果は、新生児の間でさえ、乳児の授乳パターンが養育者の応答に応じて大きくそのかたちを変えることを示している。そしてそうした違いは、乳児と養育者の間の相互行為における個人的および文化的な特徴を反映している。

ケイ（一九九三）はさらに、母子間の相互行為を一つの社会システムが形成される過程と考えてその特徴を個体発生的発達と関連づけて論じている。ただし、ここでいう社会システムとは、個々のメンバーがそのシステムの成員として関係をもった経験に基づいてお互いの行動を予期できること、およびそのシステムの成員が共通の目的に向かって働いていること、を条件としている。その発達についてケイが仮定したモデルは以下の通りである：リズムと調節の共有（誕生〜）―親がいっぽう的に子どもに意図を読み込む（二ヶ月ごろ〜）―子どもによる意図の理解によって共有が両方向の過程になる（八ヶ月ごろ〜）―言語に代表されるシンボルが共有される（一四ヶ月ごろ〜）。ケイ自身は、第一段階の授乳場面で形成される乳児の吸てつと母親のジグリングの交替のパターンが、子どもと養育者の相互行為にかかわるもっとも基本的で普遍的な現象であり、これが基盤となって徐々に発展しながら第四段階のシンボルの共有における会話を組織立てているターン・テイキング（発話の順番が秩序だって交替していくこと）へとつながっていく、と主張した。

この章に示されているクンの調査結果は、ケイ（一九九三）モデルの最初の段階にたいする重要な反例を提供しており、したがって、後続の段階とモデル全体について、再検討することをうながすものでもある。クンやグイ／ガナといったサンの集団において、さらにおそらくジュホアン、バカやアカを含む多くの狩猟採集社会においても吸てつ―停止―ジグリング―停止―吸てつという授乳パターンが形成されないことは、子どもの個体発生的発達にどのような影響を及ぼすのだろうか？　この問いについて答えるためには、授乳以外の養育行動の特徴についても検討を進める必要がある。そこで、第4章でジムナスティックについて論じる際にもあらためてこの問いをとりあげ、考察をおこなう。

また、授乳がいつごろまでおこなわれるか、母親以外のどういった養育者が授乳にどれだけかかわるかといった点は、子どもの精神面での発達、とりわけ愛着の形成にも大きな影響を与えると考えられる。ボウルビー（Bowlby）は、乳幼児期においては母性的な養育が精神の健康に不可欠であり、それが不足すると母性剥奪（maternal deprivation）という不健康な状態をもたらすという主張を展開した。こうした主張は、乳幼児が重要な人物に向ける愛着の状態と質、その影響を心理力動的、行動的、認知的に論じる愛着理論へと結実した（Bowlby 1953, 1969）。ジュホアンにおいて観察された密着した母子関係は、それに大きく依拠して構築されたＨＧＣモデルによってヒト本来の子育てと結びつけられ、愛着理論の妥当性を裏付けるものと考えられた（e.g. Konner 2016）。これにたいして、一九八〇年代にはじまった上述のアカやエフェの乳幼児の研究では、母親以外と乳幼児とのかかわりに焦点が移り、ジュホアンとの違いが強調された。たとえば、両親以外にも多くの養育者がいるアカの乳児は、平均五～六人の養育者（母親を含む）に愛着行動（e.g. 養育者への接近や抱きの要求）を示していた（Meehan & Hawks

2013)。愛着理論やそれに立脚した実践家は長い間、上述のボウルビーの主張にそって、主たる養育者が定まっていないと健全な愛着の発達が妨げられる怖れがあると論じていた。しかし、上記のアカのデータは、複数の養育者がいても、母親やそれ以外の主たる養育者への愛着の形成が妨げられるわけではないことを示している(Mesman et al. 2016)。アカやエフェの事例は、HGCモデルへの重要な反例になると考えられ、CFAモデルを導いた(Konner 2016)。

しかしながら、これらの研究が提示したアカやエフェのデータにおいても、乳児期から幼児期までを通して、もっとも主要な養育者は母親であったことは、改めて明記しておくべきだろう。たとえば、ヒューレット(Hewlett 1991: 79)が示しているアカのデータでは、父親が赤ちゃんの抱き全体のうちにしめる割合は母親の半分以下だった。また父親は、キャンプ内では母親と比肩するほど乳幼児を抱いていたが、ブッシュでは乳幼児の抱きはほとんどみられなかった。つまり、乳幼児期を通じて主要な養育者は母親であり、父親はそれに次いで重要な養育者であった。それを反映して、乳児は母親にもっとも多くの愛着行動を見せた。父親に見せる愛着行動はそれに次ぐものだったが、母親の数値にははるかに及ばなかった。エフェでも、乳幼児の主要な養育者は母親で、父親はそれに次ぐ、とはいっても一番目とは大きな開きのある二番目に重要な養育者であった(Morelli & Tronick 1992)。こうした母親以外による抱きは、授乳以外のさまざまな養育行動とも関連しているので、以降の章でもさらに考察をおこなう。

このように見てくると、理論的な強調点の違いはあれ、HGCモデルとCFAモデルを導いた民族誌的資料はさほど遠くないことを示していることがわかる。すなわち、狩猟採集社会における子育てでは、母親に代表される主要な養育者が重要な役割を担っている(HGCモデルが強調した点)が、それ以外の養育者の貢献も大事である（ＣＦＡモデルが強調した点）。以下の根ヶ山（二〇二一）の主張は、こうした特徴を考えるうえで示唆的である。根ヶ山は、母子関係に限らず、個体の関係にはすべからく親和性と反発性が存在するものだと考え、個体間が引きつけ合う性質を「求心性」、離れようとする性質を「遠心性」と呼ぶことを提唱している。そして、母子間の強固なきずなを強調するボウルビーらによる愛着理論は、求心性のみが強調される、バランスを欠いた母子関係を理想化してしまったと批判している（根ヶ山二〇二一：一八、二七）。母子関係にも、遠心性が強まる状況や時期がある。それは子どもが母親以外の他者との求心性を形成する機会を提供し、母親の子育ての負担を軽減することにもつながるのである。これと関連してメーハンら（Meehan et al. 2016: 199）は、ヒトの「母子のペアは、孤立しているのではなく、身体的および心理的レベルでより広い社会的世界に浸透し、そこから影響を受けている」と指摘している。したがって、他者の協力に多くを負っているという特徴は、幼い子どもだけに見られるものではない。母親もまた、その生殖にかかわる生涯を通じて、彼女とその子どもを支援しようという周囲の人々の気遣いに依存し続けるのである（Crittenden & Meehan 2016: 7）。

5　授乳をめぐる生物・文化・生態学的構造

そうした母子を支援する方法には、文化間で大きな違いが認められる。そこで、文化—歴史的発達と関連づけて、狩猟採集社会における授乳について考えてみよう。ジュホアンやグイ／ガナでは生業活動にかかわる貢献の免除や手厚い食料の分配によって授乳期間中の母親とその子どもを支援するのにたいして、アカやエフェ、ボフィでは授乳自体を他の養育者が肩代わりすることもある。そして、これらの社会における父親をはじめとするアロマザーたちは、そうした協力的養育をうながすさまざまな信念体系を発達させてきた(e.g. Lee 1979; Tanaka 1980; Tronick et al. 1987; Hewlett 1991; Fouts et al. 2012)。さらに、日本や欧米のように分業や核家族化が進んだ産業社会では、人工乳を開発したり、保育園のような機関を制度化したりする方向での母子の支援も求められている。ちなみに、根ヶ山らが全国の保健センターを通じておこなった大規模な質問紙調査によれば、日本における母乳終了時期の平均は、一九九七年、二〇〇二年、二〇〇七年、二〇一二年、二〇一七年でそれぞれ、九・九ヶ月、九・〇ヶ月、一二・七ヶ月、一三・二ヶ月、一四・一ヶ月と推移していた(根ヶ山二〇二二:六九―七〇)。つまり、日本における離乳時期は一歳の誕生日前後で、少なくともこの二〇年間では徐々に遅くなる傾向がある。日本での離乳時期はもちろん、居住パターンや生計の手段をどういった活動によっているか以外にもさまざまな要因の影響を受けていると考えられる。根ヶ山(二〇二二:七二)は上記のような推移が生じた理由の一つとして、一九九五年に厚生労働省が離乳時期についての指針をそれまでの「一歳まで」から「一二ヶ月から一五ヶ月までの間」に改訂したことをあげている。

こうした知見は、狩猟採集社会の子育てにおける文化の働きについての議論に再考をせまる。一九六〇年代以降に活動を展開した、狩猟採集社会における子育ての原型に関心がある研究者たちは、HGCモデルをかたちづくっていった。その後、CFAモデルを導いた研究者たちは、第1章で概観した文化進化論における特殊進化についての議論を発展させ、共時的な環境への適応形態を解明することに焦点を合わせるようになった。いずれの研究においても、この時代の多くの社会科学分野の研究がそうであったように、生産様式が人間の行動や考え方に強い影響を与えるという仮定がおかれていた。いっぽうでそうした研究者たちは、乳児を取り巻く環境自体が歴史的に構築・開発されてきたという事実には十分な注意を払ってこなかった。したがって、狩猟採集社会の子ども期（childhood）に関する研究の多くは、そうした環境の通時的な変化をあまり考慮しておらず、それゆえ、「子ども期の進化に関する調査の射程は、研究分野間の対話の不足により、歴史的に見て限定的なものに留まっていた」（Crittenden & Meehan 2016: 2）。乳児を取り巻く環境には、象徴的および物質的な技術、その社会で共有されている価値観や規範、個人の思考を特徴付ける認知的なスクリプトといったものが含まれる。この環境のこれらの側面は文化的に構築され、数世紀、数十年、さらには数年の時間枠でさえ変化し続けている。この点で、子どもは生後すぐから、特定の集団の社会文化的な歴史に位置づけられており、その集団の文化の最新バージョンに向けて社会化されていく。いいかえれば、養育者―子ども間相互行為はそうした個別の文化と複雑かつ入り組んだかたちで相互作用しながら展開する。したがって、「私たちが自然に根拠づけられていると見なして疑わなかった発達の里程標は、じっさいにはしばしば文化的にある面を強調し、それ以外の面をなおざりにすることによってかたちづくられてきたものなのである」（Gottlieb 2004: 220）。

これは、生産様式と行動および思考との間には直接的な因果関係を想定することはできない、ということでもある。この章で提示された例のうちいくつか（e.g. 定住化したクンの間でも、末子以外に母乳を与えることはできないという親の信念は維持されている。また、ひんぱんで持続時間の短い授乳パターンも依然として認められる）は、それを証明している。こうした考え方にそってヒューレット（Hewlett 2016）は、文化の性質をより深く理解し、文化が人間の行為にどのように影響するか、さらには生物・文化・生態学の相互作用を明らかにしていくために、彼らが進化文化人類学（ＥＣＡ）と呼ぶ、統合的なアプローチを推進している。ヒューレット（2016: S27）によれば、「ＥＣＡは本質的に学際的であり、以下を強調する。文化には人間の行動に大きな影響を与える独自の特性があり、文化は生物学や生態学との相互作用の観点からもっともよく理解される。古典的な文化人類学と同じく、ＥＣＡはどのように文化が人間の行動に影響するかを強調し、まずは人間の多様性を記述し、説明する。ただし、ＥＣＡは以下のように想定している点で、文化人類学とは異なる。ＥＣＡは、文化の性質を理解することに関心があることを明示しており、文化と人間の行動は生物学と生態学と関連づけることによってもっともよく理解される」。ＥＣＡの統合的なアプローチは、第1章で紹介した生態人類学における議論を子育てに関する最近の知見と関連づけながら発展させるために、とくに有効であると考えられる。

生産様式と行動または思考との間にアプリオリな因果関係を仮定することなく、これらの関係を再検討していくことは、世界的な規模でさまざまな社会が経験しつつある急速な変化を説明するためにも重要である。本章で見てきた授乳にかかわる文化的な特徴は、初期の研究者が想定したような単純な物理的および環境的な必要性の観点からだけでなく、他のさまざまなメカニズム、たとえばその文化的な構造のうちの他の要素との関係、その文化の歴史を反映して文化の内部から起こってくる変化、他の文化から借用された要素などの観点からも説明していく必要がある。これについては、次章以降でもそこで焦点となる子育てに関する活動と関連づけて論じていく。

6　ヒトの授乳パターンの条件的適応

授乳パターンの形成をめぐって生物・文化・生態学的に入り組んだ相互作用が生じることは、ヒトがその進化の過程でユニークな授乳パターンを発達させてきたということと矛盾しない。ゆっくりと変化する種の歴史、すなわち系統発生的発達もまた、今日生きている人間の行動にその形跡を残している。この点でとりわけ興味深いのは、本章の第1〜3節で示してきたように、ヒトでは誰がいつごろまでどのように授乳をおこなうのかについて、さまざまなパターンが認められることである。

ウィルソン（一九九九）は、アロペアレンティングが霊長類においてとくに発達した子育てのスタイルであると指摘している。ヒトにおいて母親以外を含む誰が、どのくらいの間、どのように授乳をおこなうかに関する問題は、とくにその居住集団の構成と活動に深く関連している。これは、ヒトの乳児と養育者のペアが周囲からの支援を必要としており、じっさい、集団の他のメンバーによって支援されてきたことによる（Hrdy 2016）。そうした支援は、私たちを他の種からわかつ進化の過程で、比較的早い離乳を可能にしたようである。たとえばベルンスタイン（Bernstein 2016: 105）は、ヒトは、他の大型類人猿と比較してより早い年齢で子孫を離乳させると主張している。彼によれば、ゴリラ、チンパンジー、オランウータンの授乳期間は、それぞれ約四年、五〜六年、七〜八年である。これにたいして、ホモ・エレクトスのような、古い時代に生きていたホモ族の種では、母乳から提供される栄養を補完するために、生後六ヶ月ごろから子どもたちに母乳以外の栄養を提供していた可能性がある (Thompson & Nelson 2016: 92-96)。

ヒトにおいて誰がいつごろまでどのように授乳をおこなうかという問題は、人類社会における基本的な選択の進化論的意義についてさまざまな仮説を提起し、その妥当性の検討を進めてきた動物行動学の系譜に連なる研究でも、大きな関心を惹いてきた。たとえば、さまざまな社会で観察される離乳の時期や方法とトリバース (Trivers 1972) の「親子間の葛藤 (parent-offspring conflict)」理論との関係をめぐっては、多くの研究がある。トリバース (1972) は、現在の子どもにたいする養育投資と将来の子どもにたいする養育投資との間のトレードオフ関係に注目し、後者を犠牲にしておこなわれる前者を「親の投資 (parent investment)」と定義する。子どもにとっては、自分が受ける養育投資と両親を同じくするキョウダイが受ける養育投資は、いずれも遺伝的な利益にかなう。いいかえれば、遺伝子を子孫に伝える可能性を高める。ただし、親にとってはどの子どもも等しい血縁度 (coefficient of relatedness) にあるが、子どもにとってキョウダイは自分の半分の血縁度しかもたない。したがって、子どもが受ける養育投資の利益の評価は、親と子では一致しない。そこで、親と子の間には親の投資の打ち切りの時期、典型的には哺乳動物の離乳時期をめぐって利害対立が生じることになる。すなわち、子どもは、親が望むよりも長く投資を受けようとする。哺乳動物の養育行動に認められるさまざまなバリエーションは、この「親子間の葛藤 (parent-offspring conflict)」をどう処理するかという観点から説明することができる。第1章で紹介したＣＦＡモデルを構成する研究には、この「親の投資」理論をヒトの養育行動の研究に応用し、その是非の検討に力を注いできたものが多く含まれる。たとえばフォウツとラム (Fouts & Lamb 2005) によれば、中央アフリカに住む狩猟採集民のボフィ (Bofi) では、母親以外の大人の親族 (父親、祖父母、オバなど) が離乳の前後によく養育に携わっていた。ジュホアンとは異なり、ボフィの親は離乳をうながすような特別な技術を用いることはなく、子どもによる離乳への抵抗も見られなかった。その結果、離乳は徐々に達成され、「親子間の葛藤」はほとんどみられなかった。また、子どもは母親がその場にいるときの方がいないときよりもよく泣く傾向があったが、一回の泣きの持続時間は母親がその場にいないときの方が長かった。これらは、子どもが母親からのさらなる投資を引き出そうとする行為だと解釈される。ただし、平均以上によく泣く子どもにたいする養育行動のパターンをくわしく調べたところ、これらの子どもでは母親以外の大人の養育者によるあやしかけに他の子どもとは異なる特徴がみられた。このボフィの事例は、「親の投資」理論をヒトに適用するためには、母親と他の養育者の協力関係をモデルに組み込む必要があることを示している。

これと関連してハーディ(Hrdy 2005)は、「協力的養育仮説(cooperative breeding hypothesis)」を提唱している。この仮説によれば、大型類人猿では母親が押し並べて乳児を溺愛するが、そのうちヒトでは子どもが自律的に行動できるようになるまでに他の種よりもずっと長い時間がかかる。ヒトでは母体にたいする新生児の身体の割合がかなり大きいことも、母親への負担を大きくしている(ダイアモンド二〇一三:一一五)。したがって、ヒトの母親にかかる子育ての負担は、他の種のそれよりきわめて大きい。こうした状況で、父親、祖父母、オオジやオオオバ(祖父母のキョウダイ)、オジやオバ(親のキョウダイ)、年長児ら(動物行動学的な子育て論では、まとめてアロマザーと呼ばれる)が子どもの養育に貢献する集団では、女性はより多くの子どもを生み、育てることができる。アロマザーは、血縁関係のある子どもを親身に世話することによって、自分の遺伝子を担う個体の数を増やしているともいえる(ダイアモンド二〇一三:六九)。つまり、アロマザリングが盛んな集団は、そうでない集団よりも子どもの生存率を下げることなく出生率を高められるため、繁栄する。こうした協力的養育は、ヒトの集団の安定的な人口増加を支えるとともに適応できる環境の幅を広げることによって、種としてのヒトの繁栄にも大きく貢献したという（Hrdy 2005）。アロマザーによる協力的養育を強調する研究の多く（e.g. Hewlett 1991; Fouts & Lamb 2005）は、狩猟採集社会における子育てが環境に応じて多様な姿を見せることを示している。これは、コナー（Konner 2016）によるＣＦＡモデルの解釈も支持すると考えられる。また、こうした知見を考慮すると、人間社会に内在している愛着関係は、単一のかたちに還元されるとは限らない。鳥類などでは愛着関係がかなり定型的な形式で発現するように見えるのにたいして、私たちの祖先は、その環境において利用可能な資源やその集団のメンバー間の相互行為に応じて、愛着関係のかたちを柔軟に変えられるように進化してきた可能性がある。

さらにハーディ（Hrdy 2016）は、ホモ・サピエンスとよく似た生活史によって特徴付けられるヒトの祖先は、両親とアロペアレントがいずれも子どもの養育とケアに投資をおこない、そのように調整された社会的な仕組みに「感情的にモダンな（つまり、現生人類と同様の感情的な仕組みを備えていた）」乳児が前適応していたシステムにおいて、そしてそうしたシステムにおいてのみ進化したと主張している。前適応というのは、生物が進化の過程で発達させた特定の機能を持つ形質のうち、その後の環境適応によって別の機能に転用されるようになるもの、あるいはその転用の過程を指している。ここでハーディは、人類の進化史においてはアロペアレンティングが盛んになるより前に、乳児がそうした他者からの働きかけにたいして敏感に感情的な反応を示すようになっていたことを示唆している。そして、こうした他者志向の（そして、この意味で「感情的にモダンな」）乳児が、その副産物として、アロペアレントによるさらなる社会的な調整をうながした、というのである（Hrdy 2016: 43）。たしかに、ヒトの種としての大きな特徴の一つは、男性（たち）と女性（たち）が夫婦になるが、その夫婦は（テナガザルのように）排他的なテリトリーを形成することはなく、むしろ自分たちとその子ども以外の人々と積極的にかかわるところにある（ダイアモンド 二〇一三：一六）。またボギンら（Bogin et al. 2016: 62）は、ヒトでは、婚姻関係や親族関係といった社会的な制度を通じて、母親だけでなく、幅広い他者との強い感情的なきずなを形成する能力が発達しており、それがヒトの生物学的かつ文化的な再生産に大きく貢献してきたと示唆している。

これらの知見は、ヒトにおける乳児のケアの性質に関する議論に再考をうながしている。本章で見てきたように、養育者―乳児間相互行為のもっとも初期の段階からあらわれる授乳においてさえ、ヒトの養育行動はミクロ発生的発達、個体発生的発達、文化―歴史的発達、系統発生的発達が複雑に絡み合って展開する。次章では、ジムナスティックの実践に焦点をあてることを通じて、そうしたヒトの養育行動の特徴についてさらに議論をおこなう。

第4章

ジムナスティック

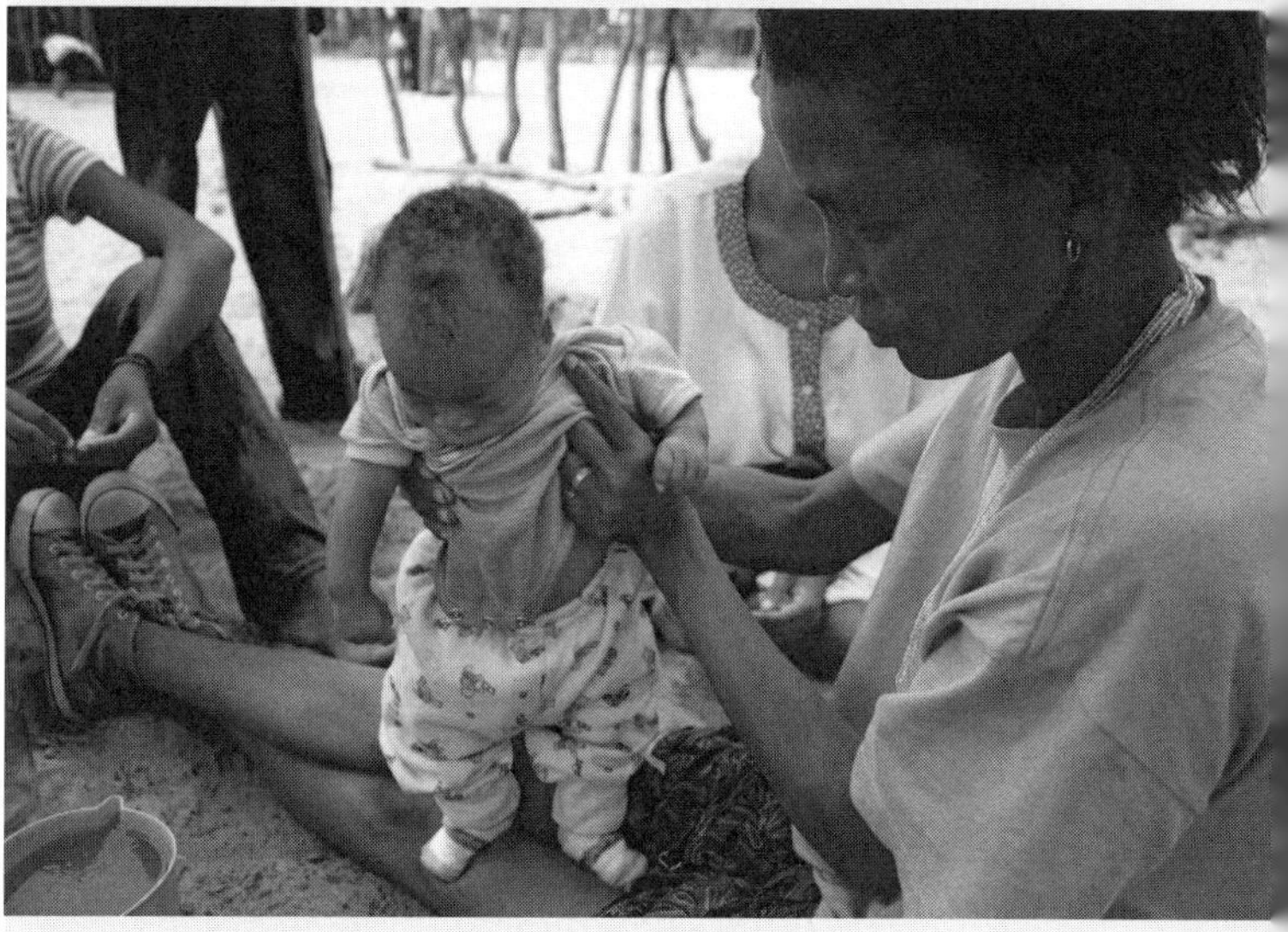

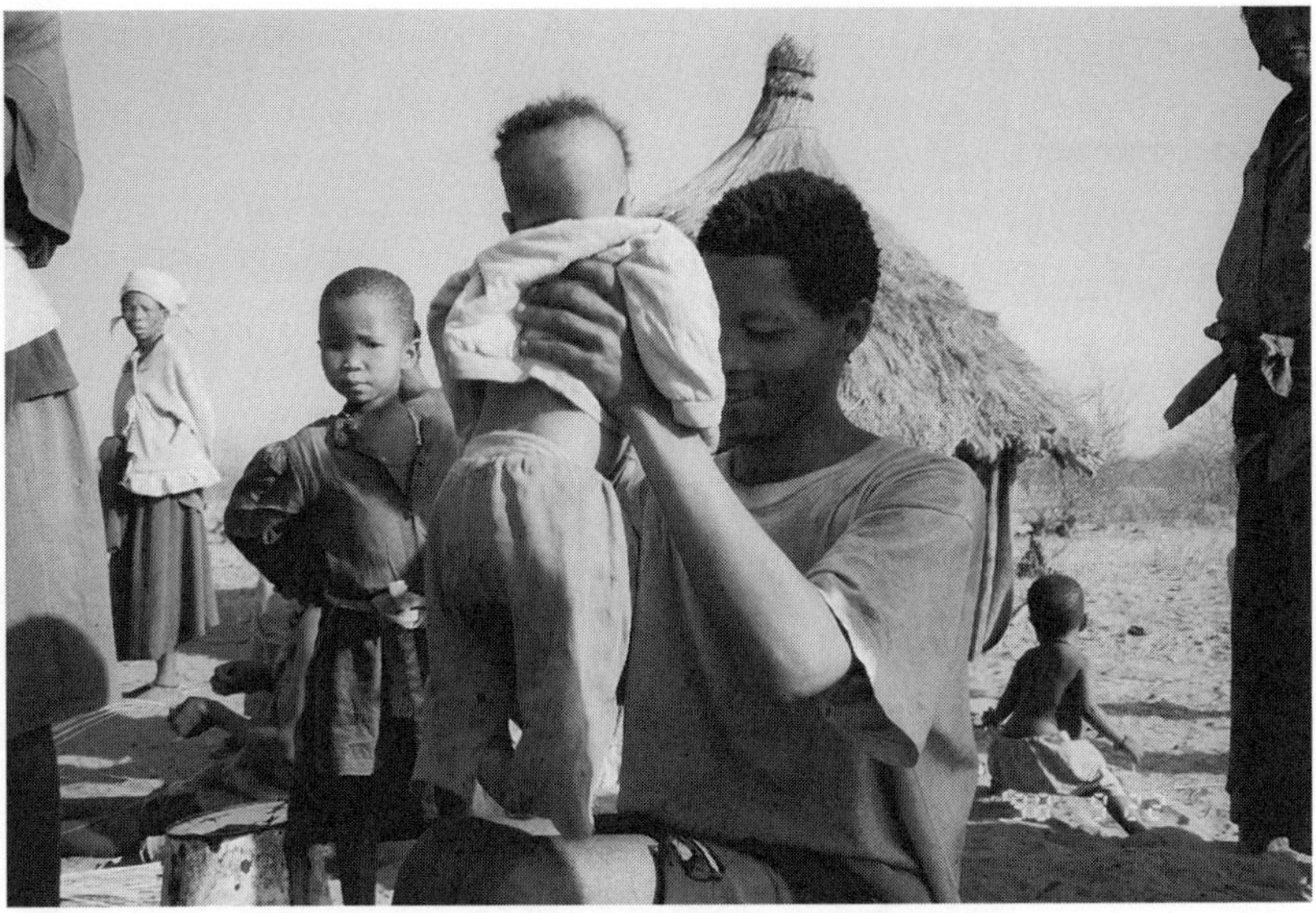

写真4-1　乳児にジムナスティックをおこなうクンの男性（1998年筆者撮影）

赤ちゃん体操ということばを聞いたことがあるだろうか？　これはベイビージムナスティックやベイビービクスとも呼ばれ、その成長や発達にあわせて赤ちゃんがさまざまな運動をすることをうながすものである。赤ちゃんの運動能力の発達を促進したり、パパやママと楽しい時間を過ごしたりする効果があるとされている。私は赤ちゃん体操をまだ発達相談にたずさわっていたころに学んだ。そのずっと後に、親として子どもたちにそれを実践したこともある。慣れてくると、赤ちゃんにとっても自分にとっても、よいリフレッシュの機会になる。体系的な赤ちゃん体操は、二〇世紀の前半にドイツで提唱され（Strassburg 2020）、欧米諸国、さらにはその影響の強い日本など国々にも広まっていった。とりわけ欧米諸国では、赤ちゃんが普段、ベビーベットで寝た姿勢にあることが多い。それによる運動やコミュニケーションの不足を補うためにも、赤ちゃん体操が大いに注目されたようである。

こうした予備知識を持っていた私は、グイやガナ、そしてクンのキャンプをはじめて訪れたとき、目を見張った。あちこちで、いろんな人々が赤ちゃん体操をおこなっているのである！　あるところでは、膝のうえに立たせた小さな赤ちゃんをそっと持ち上げ、少ししてまた膝の上に立たせる運動を繰り返している（写真4―1）。別のところでは、少し大きめの赤ちゃんをぴょんぴょんとリズミカルにジャンプさせ、赤ちゃんもそれをキャッキャと喜んでいる。聞き取りを進めると、サンの赤ちゃん体操は、上に記した欧米や日本での流行とは関係なく、ずっと以前から日常的におこなわれてきたことがわかってきた。私はこれをジムナスティックと呼んで、研究するようになった。ジムナスティックはそれ以来、今日に至るまで私の重要な研究トピックの一つとなっている。

1　ジュホアンの赤ちゃん体操？

ジムナスティックは、養育者が乳児を膝の上で抱え上げ、立位を保持、あるいは上下運動させる一連の行動と定義される。英語のジムナスティックということばは、体操競技をジムナスティックス（Gymnastics）と呼ぶことからもわかるように、より広い行動を含みうる。しかし、本書では議論を明確にするため、上の定義に意味を限定して用いる。また後述するように、サンの諸集団にはジムナスティックに関連した語彙がいくつかあるが、研究では複数の集団でおこなわれているジムナスティックの差異にも注目するため、それらを通してあらわすことのできる概念としてジムナスティックを用いる。

じつは、やや漠然とではあるが、初期のジュホアン研究者もジムナスティックには注目していた。コナー(Konner 1973, 1976, 1977)は一九七〇年前後におこなった観察から、ジュホアンの乳児は生後数週間からひんぱんに直立姿勢におかれること、母親が移動するときにはたいてい直立姿勢の乳児を腰の側面に帯でつり下げていることを報告している。また、母親だけでなく多くの大人が、乳児に早くから歩行訓練をおこなうという。

ジムナスティックは、じっさいに乳児の歩行発達に影響を与えることがわかっている。一般に新生児は、立位の間に前方に傾けられると、よく組織化された相反性の歩行行動を伴って反応する(Saint-Anne Dargassies 1977)。もう少しわかりやすくいうと、赤ちゃんは立った姿勢で持ち上げられると、その両脚で歩くような動きを繰り返す。この反応は歩行反射といわれ、第3章で見た吸てつ反射と同じく、原始反射の一つとされている(Cole & Cole 1993)。歩行反射は、欧米や日本では一般に生後二ヵ月ごろ消失する。その後、歩行行動は生後七ヶ月近くまであらわれない(Bly 1998)。このため、初期の歩行反射と後の歩行行動は関係がないと考えられていた(Bruner & Bruner 1968)。ちなみに、本書では乳児がリズミカルに足を動かす行動をすべて歩行行動とあらわし、このうち同様の行動が適当な刺激に応じて定型的に生じていると考えられる場合は、歩行反射とあらわして区別する。ただし、本書で報告する文献や観察データでは、対象月齢から歩行反射といえるか判断しがたいものもある。その場合は、歩行行動で統一した。

歩行反射の消失は当初、乳児の身体的な成熟によって普遍的に生じると考えられた。しかし、後の研究からそうではないこと、すなわち、ジムナスティックのような刺激が外から与えられれば、歩行反射が生後二ヵ月ごろになっても消失しないことがわかってきた。たとえばゼラゾら(Zelazo et al. 1972)は、ジムナスティックを続けると、生後二ヵ月になっても歩行反射が消失しないばかりか増加することを実験的に示した。また、コーナーとトーマン（Korner & Thoman 1972）は、生後二〜五日の乳児を泣きやませるのに直立姿勢や移動が有効なことを実験的に確認した。さらにゼラゾ（1976）の実験は、ジムナスティック中、八〇％以上の乳児は微笑や笑みをみせることを示した。こうした事実からゼラゾ（1983）は、歩行行動は乳児にとってそれだけで快いため、ジムナスティックと歩行行動の関係は次第に反射からオペラント反応（報酬に応じて、随意的な行動を自発的におこなうこと）へと変化していくと解釈している。さらにゼラゾは、ゼラゾら（1972）の追跡調査やそれとは別の縦断的研究から、乳児にジムナスティックを継続すると、後の独り歩きが早く達成されることを示した。

ジュホアンでの研究は、こうしたゼラゾらの見解を民族誌的に裏付けるものだった。コナー（Konner 1976）によれば、ジュホアンでは乳児の神経運動発達や感覚運動発達、とくに歩行に関連する発達が早い。これは生後すぐからひんぱんに直立姿勢におかれることで、中枢の組織が刺激されるためだと考えられた。コナー（1976）はまた、ジュホアンの乳児の行動の記述に加えて、養育者の運動発達にたいする態度を強調した。コナーによれば、ジュホアンでは、乳児は訓練しないと背中の骨が柔らかくゆるんだままになるため、（三歳ほどになっても）座ったり、立ったり、這ったり、歩いたりできるようにならないと考えられている。このため人々は、これらを日常的に教える。また母親は、起きている乳児をめったに横たわらせない。これは、この姿勢が乳児に悪く、運動発達を遅らせると考えられているためだという。人々がジムナスティックをおこなう背景には、こうした信念があると考えられた。

さらにコナーは、乳児の運動発達を促進させることが、頻繁に移動を繰り返すジュホアンの生活様式においては合理的だったと主張した。リー（Lee 1979）のデータによれば、遊動生活を営んでいたジュホアンの女性は、一年に約二四〇〇キロもの距離を歩いていた。また週に二、三度おこなわれる採集活動では、その度に三〜二〇キロも歩き、帰りには七〜一五キログラムの野性食物を運んでいた。さらに、女性にとって最大の負担は乳幼児だった。授乳と安全のため、女性はたいていどこにでも乳幼児を連れていった。それでも、気まぐれで厳しい自然環境下では、一五歳になるまでの死亡率は五〇%近かった（Howell 2000）。こうした状況で、子どもが早く大人と同様に歩くようになることは、母親の労力を軽減するとともに、その子の生存のためにも重要だったと考えられた（Konner 1973）。

これに加えてコナー（Konner 1976）は、上述のゼラゾら（Zelazo et al. 1972）を参照しながら、乳児を直立姿勢におくことの機能の一つは、泣いている乳児をなだめることだと述べている。したがってコナーは、ジムナスティックが乳児をあやす働きに気がついている。ただしコナーはここで、直立姿勢ということばでジムナスティックと母親に背負われている姿勢の双方を指していたと考えられる。

2　ジムナスティックにかかわるクンの養育者——子ども間相互行為

上記のようなジュホアンの民族誌的な研究や米国における実験室での研究は、筆者がフィールドで目にしたジムナスティックについて、一定の理解をあたえてくれた。いっぽうでそれは、さらなる疑問を抱かせるものでもあった。先に記したように、クンでは赤ちゃんを囲むさまざまな人々が、じつにひんぱんにジムナスティックをおこなっていた。だがそのなかには、先行研究に記されているような、歩行訓練としておこなっているようには見えないケースも多々あったのだ。いつ、誰が、どのタイミングで、どんなふうにジムナスティックをおこなうのかを具体的に調べることで、赤ちゃんの行動とそれをとりまくクンの社会生活について、理解が進むような気がした。

そこで、筆者はエコカのクンや他のサンの集団のもとでおこなわれているジムナスティックに関して、赤ちゃんの日誌的な観察、チェックシートを使った定量的な調査、自ら収録したVTRの詳細な分析、養育者への聞き取りといった、さまざまな手法による調査をおこなってきた。本章では、そのうちおもに第3章と同じ二種類のデータセット、すなわち一九九八年にクンの一六週齢の男児を日の出から日没まで追跡し、その行動を記録したデータ、および二〇〇四年に〇～四歳の乳幼児一七名について自然場面でチェックシートを用いて行動観察をおこない、1—0記録法によって定量化したデータから得られた結果を示す。

第一のデータセットの記録は、すでに図3—1に示してある。総観察時間一二時間二五分（睡眠中を除くと九時間五二分）のうち、一四一分でジムナスティックが観察された。睡眠中を除くとジムナスティックがおこなわれなかった最大の間隔は四四分で、これを含めて三〇分以上間隔があった場合は二度しかなかった。したがって、平均すると、少なくとも五分強に一度（睡眠中を除くと四分強に一度）の間隔でジムナスティックが観察された。つまり、対象児が起きている間中、ひんぱんにジムナスティックがおこなわれたといえる。

続いて、第二のデータセットに基づく分析の結果を図4—1に示した（Takada 2010）。図4—1は、〇歳にたいしては、母親が観察時間のうちの四％でジムナスティックをおこなったことを示している。また、母親以外の養育者（図4—1では、「その他」とまとめてある）も観察時間のうちの四％でジムナスティックをおこなってい

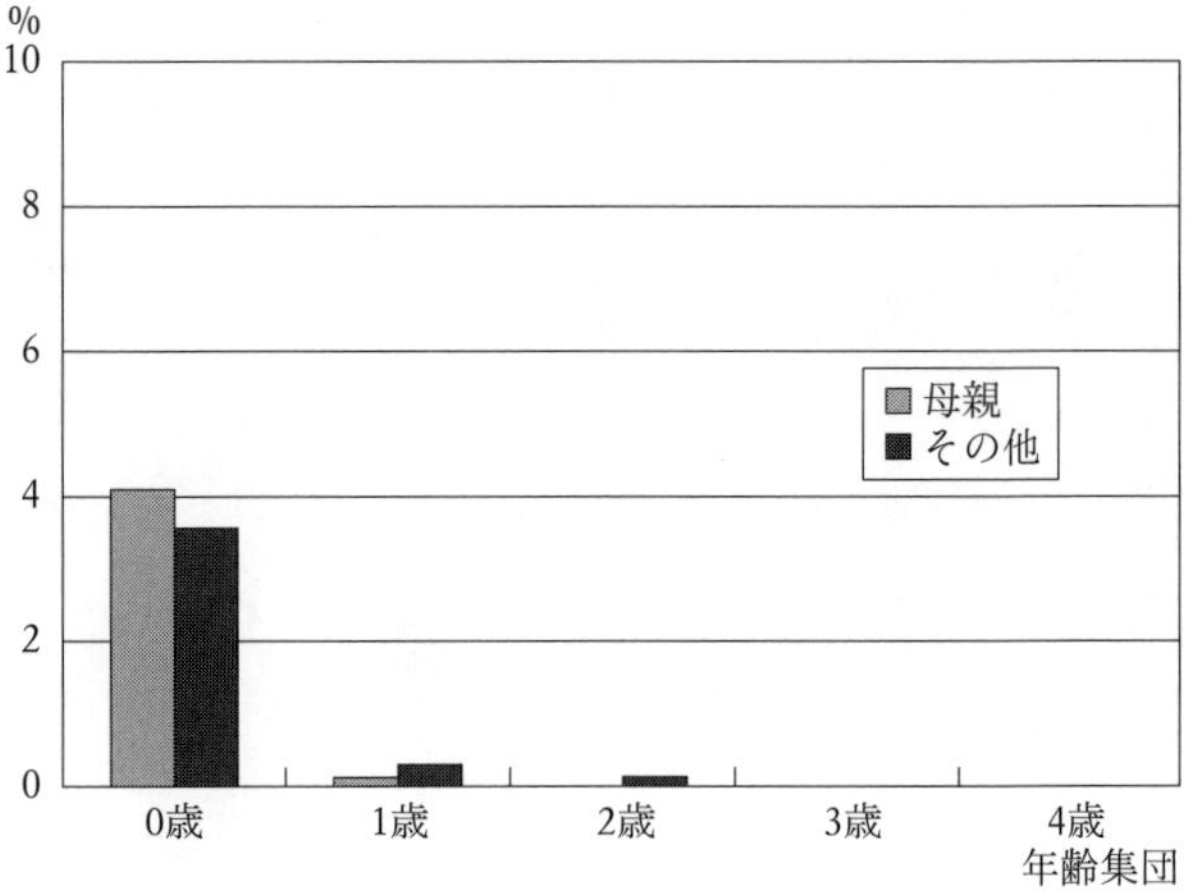

図4-1　母親とその他によるジムナスティック

た。この内訳をさらに分析したところ、母親以外の養育者の4%のうち子ども（女子）が六五%、大人（女性）が二六%、大人（男性）が九%をしめていた。

これらはいずれも、子どもの生後一年目には、母親を含む養育者が、その子どもが起きているときには一時間に数回ほどのジムナスティックをおこなっていたことを示している。ここでは、第一のデータセットなら一分間、第二のデータセットなら三〇秒間を観察単位（バウト）として、複数のバウトで連続してジムナスティックが観察された場合はまとめて一回とカウントしている。じっさいのジムナスティックでは数十秒間連続して赤ちゃんを上下運動させることが多いので、それをまとめた回数が一時間に数回というのは、かなりの高頻度である。

そのいっぽうで、子どもが立ったり歩きはじめたりすると、ジムナスティックをおこなう頻度は劇的に低下していた。一歳児から四歳児ではおしなべて、母親や他の養育者によるジムナスティックは、観察時間のうち一%未満であった。ほとんどの養育者は、子どもが三歳になるまでにジムナスティックを完全にやめていた。

さらに、クンの二～四ヶ月齢の乳児を対象として筆者が収録したビデオ資料を分析したところ、乳児の週齢を問わず、平均四〇秒前後のジムナスティックが一時間あたりに換算して八回から二七回もおこなわれていた（Takada 2005b）。ジュホアンの定量データがないため両者の比較はできないが、定住化したクンで乳児にたいしてずいぶんひんぱんにジムナスティックがおこなわれていることは確かである。既述のように、ジュホアンの研究ではジムナスティックについて、運動発達を促進させようという意味づけが強調されていた。しかし、運動発達をうながすという動機づけから、こんなにもひんぱんにジムナスティックをおこなうものだろうか？

こうした結果を説明するうえでは、ジムナスティックがおこなわれる文脈を分析することが役に立つ。上記のビデオ資料を分析したところ、ジムナスティックが賑やかで楽しい雰囲気でおこなわれること、その直前に乳児がむずかっていることが多いこと、またジムナスティック中は乳児の泣きが少なくなることなどが示された（Takada 2005b）。ここから、少なくともクンのジムナスティックは、日常場面では乳児をあやす効果が大きいと考えられる（写真4―2、4―3、4―4）。これは、ジムナスティックが乳児にとって心地よいという知見（e.g. Zelazo 1983）を裏付け、さらにクンではジムナスティックが乳児をなだめるために広く実践されていることを示す。第3章でも見たように、バーらはジュホアンの乳児は泣いたりむずかったりする場合の持続時間が欧米と比べて短いことを報告し、さらにその違いは文化的に形成されると示唆している（Barr et al. 1991）。ここでバーらはジムナスティックについては直接言及していない。しかし、バーらが注目していた応答的な授乳に加えて、ジムナスティックもまたサンの文化を特徴づける養育行動である。そして、これらはいずれもむずかる乳児をあやすため頻繁に用いられる。したがって、本研究の結果は、上記のバーらの示唆を支持しているといえるだろう。

上述のビデオ資料の分析ではまた、ジムナスティックが二〜四ヶ月齢のいずれの乳児でも歩行行動を引き出していることも示された（写真4―5、4―6、4―7。Takada 2005b）。これは、歩行反射が生得的に「消失する」ようプログラムされているのではなく、周囲のかかわり方によってあらわれたりあらわれなかったりする柔軟な行動だという仮説（Zelazo 1983）を支持する。さらにジュホアンと同様、クンのジムナスティックもじっさいに乳児の感覚・運動発達に影響を与えていることが示唆される。

クンでの聞きとりから、これらの分析を解釈する上で興味深い背景知識がわかってきた。クンでは、乳児を

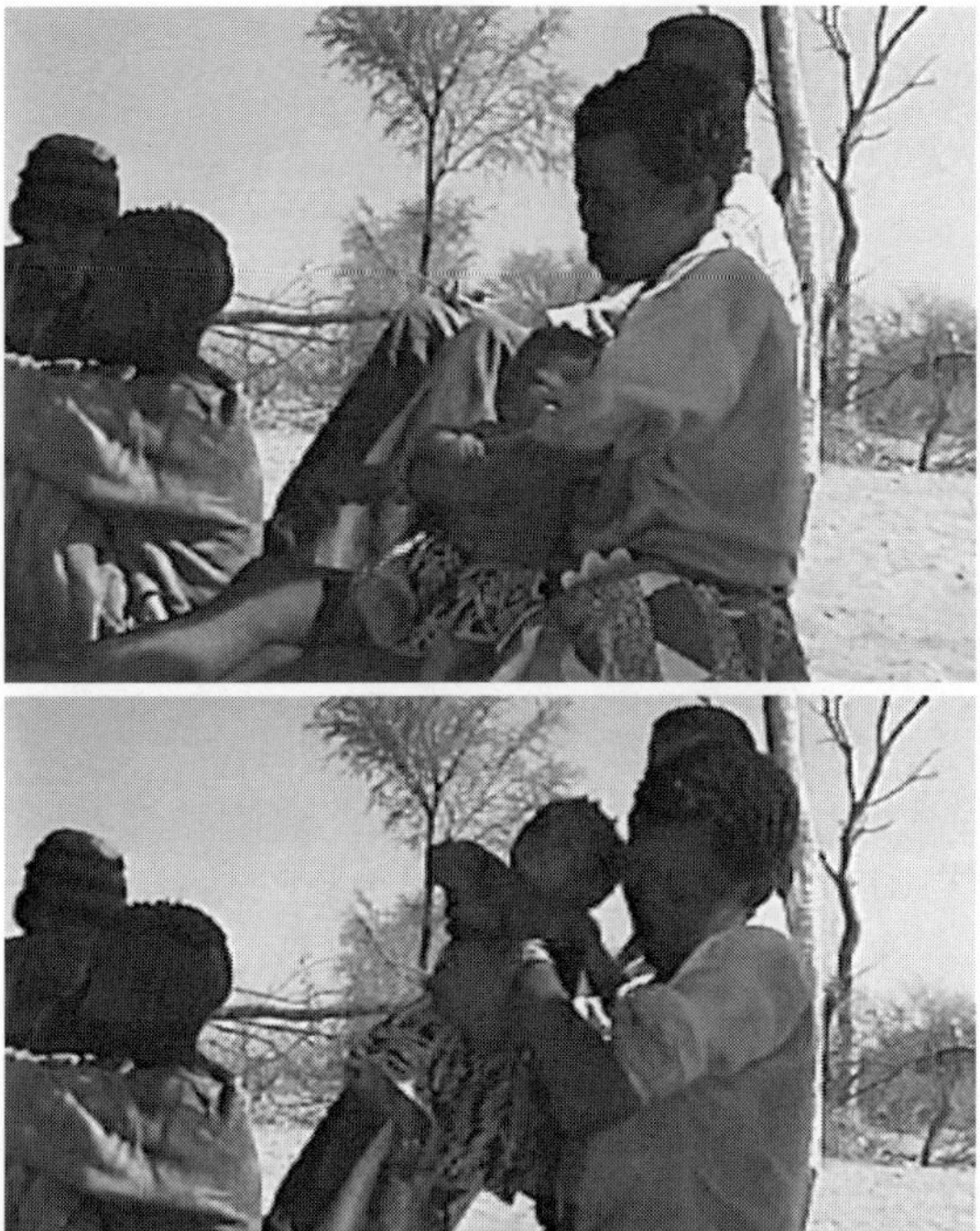

写真4-2～4-4　母親がジムナスティックを行うことによって乳児が泣きやんだ場面の連続写真（1998年筆者撮影）

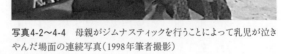

あやす行動を一般に「カイン（*ǃain*）」と呼ぶ。「カイン」は典型的には、乳児をもちあげ、脇のしたに入れた両手で背中を軽くたたく行動を指す。つまり、ジムナスティックである。また、やはりジムナスティックに分類される行動のうち、乳児を上下運動、あるいはジャンプさせる行動は、「オブ（*ǃ'ubu*）」または「カリマ（*khali ma*）」と呼ばれる。「オブ」は、ジャンプ一般を指す。「カリマ」は、何かを空中に放り投げる行動を指す。乳児にこれらをおこなうのは、「ダバ・ジョエ（*daba djoqe*; 乳児を喜ばせる）」ためだという。さらに、クンではほとんどの子どもに「カイン・コア（*ǃain ǃua*）」と呼ばれるあやし名（「カイン（*ǃain*）」は上述のあやす行動、「コア（*ǃua*）」は名前を意味する）がつけられている（Takada 2015）。具体的な「カイン・コア」の例としては、「トトマ（*Tuotuoma*）」「ツェルマ（*Tseluma*）」といったものがある。そして、養育者は「カイン」をおこなっている間、しばしば乳児に向けて、「トトマ、トトマ、トトマ……」「ツェルマ・カム・ダム、ツェルマ・カム・ダム（*Tseluma ǁ'am dam, Tseluma ǁ'am dam*: ツェルマ、お尻が育ってる、ツェルマ、お尻が育ってる）……」といったように繰り返し「カイン・コア」やそれを含むフレーズを発する（第5章も参照）。「カイン・コア」をつけるのは、たいてい子どもの母親や親しい親族の女性である。いっぽう男性は、父親でもその子の「カイン・コア」を知らないことがあるという。子どもが成長すると、「カイン・コア」はたいてい用いられなくなる。子どもにあやし名をつける例はジュホアン、グイ、ガナ、アコエといった他のサンの集団でも確認されるが、いずれもクンほど一般的ではない（Takada 2020）。

さらに調査を進めると、クンでも以下のような、運動発達をうながす「訓練」と関連する背景知識があることがわかってきた。「アリ（*ǁ'ári*）」という語彙は、もみしだく動作を指す（写真4―8）。これは、子どもの足をもみしだく場合にも用いられる。「ノブ（*nǁöbū*）」という語彙は、膝の上や地面に足をつけ、左右にゆらす動作

写真4-5〜4-7　母親がジムナスティックを行うことによって乳児が泣きやんだ場面の連続写真（1998年筆者撮影）

を指す（写真4—9）。クンの人々は、「アリ」や「ノブ」によって子どもに歩くことを教えるという。ただし、これらは日常的にはあまりおこなわれず、子どもが成長してもなかなか歩かない場合に、治療的な意味でおこなわれることが多いようである。そうした場合、普通より速く歩いた子どもをもつ人に治療を頼むこともある。また、ジャンプを意味する「オブ」は、こちらから「訓練」としての意味があるかとたずねた場合に限り、「足の骨を強くする」という回答があった。同様の目的で、冷たい金属を乳児の腰にあてることもあるという（Takada

写真4-8　幼児にアリをおこなうクンの男性（2002年筆者撮影）

2020）。

これらの調査結果は、クンにおけるジムナスティックは、「あやし」行動としての意味づけが強いことを示唆している。コナー（Konner 1972, 1973, 1976, 1977）は、ジュホアンがこうした意味づけをおこなっているとは報告していない。いっぽう、ジュホアンで強調されたような運動発達を促進させる「訓練」にまつわる背景知識は、クンでも確認こそされるものの、日常的にはあまり意識されないようである。以上から、定住化が進んだクンでもひんぱんにジムナスティックがおこなわれているのは、これが日常場面では「あやし」としておこなわれることが多いこと、しかも人々が背景知識としてこの機能を認識していることによると考えられる。リーやコナーらが調査したころのドーベ地域のジュホアンは、それまで他集団と比較的交渉をもたずに狩猟採集生活を続けていた（Lee 1965）。これにたいして、エコカを含むナミビア北中部のクンは、ずっと定住化や農耕牧畜民との接触の歴史が長い。このことから、狩猟採集活動や遊動生活と強く結びついているのは、ジムナスティックの行動そのものというよりは、運動発達を促進させる「訓練」としての意味づけだといえそうである。つまり、狩猟採集に基づく遊動生活との関連で強調されていた「訓練」としての意味づけが、定住化や農耕牧畜民との接触の過程で次第に薄れ、かわって「あやし」としてのそれが強調されてきている可能性がある。

写真4-9　幼児にノブをおこなうクンの男性（2002年筆者撮影）

郵便はがき

料金受取人払郵便

左京局
承認

3174

（差出有効期限
2024年3月31日
まで）

606-8790

（受取人）

京都市左京区吉田近衛町69
京都大学吉田南構内

京都大学学術出版会
読者カード係 行

▶ご購入申込書

書　　名	定　価	冊　数
		冊
		冊

1．下記書店での受け取りを希望する。

都道　　市区　店
府県　　町　　名

2．直接裏面住所へ届けて下さい。

お支払い方法：郵便振替／代引　　公費書類（　　）通　宛名：

送料　ご注文 本体価格合計額　2500円未満:380円／1万円未満:480円／1万円以上:無料
代引でお支払いの場合　税込価格合計額　2500円未満:800円／2500円以上:300円

京都大学学術出版会
TEL 075-761-6182　学内内線2589 / FAX 075-761-6190
URL http://www.kyoto-up.or.jp/　E-MAIL sales@kyoto-up.or.jp

お手数ですがお買い上げいただいた本のタイトルをお書き下さい。

（書名）

■本書についてのご感想・ご質問、その他ご意見など、ご自由にお書き下さい。

■お名前

（　　歳）

■ご住所

〒

TEL

■ご職業

■ご勤務先・学校名

■所属学会・研究団体

■E-MAIL

●ご購入の動機

A.店頭で現物をみて　B.新聞・雑誌広告（雑誌名　　　）

C.メルマガ・ML（　　　）

D.小会図書目録　E.小会からの新刊案内（DM）

F.書評（　　　）

G.人にすすめられた　H.テキスト　I.その他

●日常的に参考にされている専門書（含 欧文書）の情報媒体は何ですか。

●ご購入書店名

都道府県　　市区町　　店名

※ご購読ありがとうございます。このカードは小会の図書およびブックフェア等催事ご案内のお届けのほか、広告・編集上の資料とさせていただきます。お手数ですがご記入の上、切手を貼らずにご投函下さい。

各種案内の受け取りを希望されない方は右に○印をおつけ下さい。　案内不要

3 他の社会におけるジムナスティックに関連する民族誌的研究

1……グイ／ガナのジムナスティックに関する民俗知識

サンでは、ジュホアンやクンだけでなく、他の多くの言語・地域集団でも乳児にたいしてひんぱんにジムナスティックがおこなわれる。そのうち筆者は、ボツワナの中央部に広がるカラハリ砂漠の中央部を生活域としてきたグイやガナのもとでも、ジムナスティックの詳細な分析をおこなっている（Takada 2020）。グイ／ガナは、カラハリ砂漠中央部で長年遊動生活を営んでいた（Tanaka 1980）。一九六六年に田中二郎氏が生態人類学的な調査を開始してからは、ジュホアンでのそれに匹敵する学際的な共同研究体制が整えられ、多面的な民族誌的な資料が蓄積されてきた（Tanaka & Sugawara 2010）。これと並行して、一九七〇年代後半からは植民地政府やボツワナ政府の政策の影響を受け、カデ地域を中心としてグイ／ガナの定住化が進んできた。さらに一九九七年には、ニューカデへの再定住化政策が実施された。この政策によって大きなインパクトを受けながら、グイやガナはその生活を再編しつつある。以下では、グイ／ガナのジムナスティックに関する民俗知識について述べる。こうした民俗知識は、ジュホアンやクンのそれらと合わせて、サンのジムナスティックの生物・文化・生態学的基盤を論じるうえで重要だと考えられるからである。

筆者によるグイ／ガナのジムナスティックに関する調査は、おもに現在もっとも大きなグイ／ガナの定住地となっているニューカデにおいておこなわれた。それらの調査によれば（Takada 2020）、グイ／ガナでもクンと同様に、幅広い養育者がまだ歩いていない乳児にひんぱんにジムナスティックをおこなう。ジムナスティックに乳児をあやす効果があることは、グイ／ガナでも認識されている。グイ／ガナでは、乳児をもち上げてゆらしたり空中に放り投げたりする行動を「ハオ（*ǂháō*）」という。養育者は、しばしばこれを連続的におこなう。すると、いわゆる「高い、高い」に似た行為となる。ただし、このとき養育者はたいてい座っており、乳児の身体は日本の「高い、高い」よりは低い位置、養育者の胸の前あたりにあることが多い。したがって、ハオは「乳児を膝の上で抱え上げ、立位を保持、あるいは上下運動させる」と定義されるジムナスティックと部分的に重なる概念だといえる。グイ／ガナは、乳児を喜ばすためにハオをおこなう。ハオは乳児にとって楽しい踊りのようなものだとみなされており、乳児にハオをするとその子が喜ぶだけでなく、ハオした側もうれしくなるという。

　また、グイやガナはジムナスティックをはっきりと「訓練」としてもとらえている。グイやガナには、立位で乳児の身体を支えたり、乳児に軽く上下運動させながら歩く動作を模倣したり、支え歩きをさせたりする行動をあらわす「ツァンド（*tsàǹdō*）」という語彙がある。こうした行動は、ジムナスティックの定義と重なる。ただし、ツァンドはいくつかの点で前述のハオとは異なる。まず、ツァンドは乳児の身体を空中にもち上げることを必要としない。また、人々の説明も異なる。グイやガナは、ツァンドをおこなうと子どもが早く歩くようになったり、うまく踊れるようになったりすると考えている。ツァンドは、昔からおこなわれていたという。また、“*tsàǹdō |úā̃rī kú kūà khúrí*（ツァンド、子どもたちはもうすぐ歩きはじめる）”という詩句も知られている。この詩句のうち、*|úā̃rī*は「子どもたち（通性、複数、主格）」という意味がある。*kú*は「いく」をあらわす動詞*ùù*（グ

イ語では*ǃùũ*）が圧縮されて発音されていると思われる。*kũà* は「状態」の相をあらわす小詞である。*khùrí* は「終わる」という意味がある。また、動詞に *khùrí* を続けることで、「〜してしまう」の意にもなる。この詩句は、子どもが早く歩きはじめることを願う内容をもち、決まった旋律がついている。また、筆者が収録したビデオ資料を分析したところ、毛布の上に乳児を座らせ、その身体を手で支える光景が多くみられた。乳児の座位が安定してくると、その手を放すようになる。こうして座ることを教えているそうである。このようにグイやガナの養育者は、子どもに座ることや、立つこと、歩くことを積極的に教えようとする。

　訓練と深くかかわるが、異なった文脈でおこなわれる行為に治療目的のものがある。グイ、ガナでは、治療、薬、儀礼などと訳される「ツォー（*tsóò*）」という概念がよく知られている（今村 二〇〇一）。ここで注目する行為は、重要な点でツォーとは異なる。ツォーは、植物の根や血などで作る「薬」が中心的な役割を担う、いわば薬物療法である。これにたいして次に紹介する行為は、そうした薬を使わない、理学療法とでもいうべきものである。ツォーとの違いを意識するために、こうした行為を療育行動と呼ぶことにする。療育行動は、身体を押したりたたいたりする「マッサージ」的なものと伸ばしたり曲げたりする「ストレッチ」的なものに大別される。いずれも、子どもが期待通りの運動発達をみせない場合によくおこなわれる。前者の一つが、両掌ではさむようにして子どもの腕や脚をもみしだく行為で「ギュロギュロ（*ɟúrō ɟùrò*）」という。これは、四肢の血や水分を散らす、あるいは少なくすることによって、ハイハイをしたり、歩いたりすることを教える行為だとみなされている。ギュロギュロの本来の語義は、「両掌ではさむようにしてきりもみする」ことで、火付け棒で火をおこしたり、かき混ぜ棒で粥を練ったりするときの動作もあらわす。子どもの腕や脚をもみしだく行為としてのギュロギュロと類似のものに「カオンカオン（*ǃãũ ǃãũ*）」がある。カオンは、体液の一種で水のようだが少し赤いという。あえて西欧医学の概念を用いていえば、リンパ液に血が混じったものを指しているのであろう。カオンが溜まると、人の身体は腫れた状態になる。カオンカオンは、溜まったカオンを血と混ぜ合わせる、あるいは分散させるために腕や脚をもみしだくことを指す。治療が原義だが、これによって子どもは上手に歩けるようにもなるという。また、握りこぶしの小指側で軽くたたき続ける、「タムタム（*ǂàm̄ ǂàm̀*）」もよく知られている。子どもを横向けに寝かせて踵をタムタムすると、脚が前後によく動くようになるそうである。類似の効果をねらって「カムカム（*ǁqχ'ám̄ ǁqχ'àm̀*）」をおこなうこともある。これは棒で軽くたたき続けることをいう。カムカムは、灰で煎った食物から灰を落とすためにもおこなわれる。

ストレッチ的な療育行動には、「コラハ（*ǁᵇórāhā*）」、「コエク（*ǁóēkū*）」、「コバシ（*ǁùbāsī*）」といったものがある。コラハは、腕や脚をのばすという意味をもつコラ（*ǁᵇórà*）の完了形で、仰向けにした乳児の両足を握って前後に動かす行為を指す。これによって脚をまっすぐにするのだという。また、大きくなっても座ったままの子どもにもコラハをして歩くことを教える。コエクは、仰向けにした乳児の脚を交叉させる行為である。コバシという語は、うつぶせにするという意味のコバ（*ǁùbā*）に再帰を表す文法的小辞シ（*sī*）がついたもので、乳児を腹這いにして、足を背中側に曲げたり伸ばしたりする行為を指す。これらは骨を強くするためにおこなうという。こうしたストレッチ的な療育行動は、ツァンドの一種だという人もいる。ツァンドを特徴づけるのは歩行を教えるという目的であり、乳児の姿勢は立位でなくてもよいということであろう。この意見を採用するならば、ツァンドはジムナスティック以外の行動も含むことになる。これらは乳児を臥位にしておこなうので、本書での定義上はジムナスティックとはいえないからである。

2……養育行動による乳児の動きの促進と制限

さらに、他地域にも目を広げてみよう。じつはジムナスティックは、南部アフリカの狩猟採集社会だけではなく、東アフリカや西アフリカの牧畜社会や農耕社会でもおこなわれている。たとえばスーパー（Super 1976）は、東アフリカのケニアで牧畜を営むキプシギスでは、母親が乳児を生後1ヶ月ごろからジャンプさせ「遊びはじめる」と報告している。すなわち、キプシギスでは乳児にたいしてひんぱんにジムナスティックがおこなわれるのだ。そして、乳児のほとんどは歩行行動が生後一年を通じて消えないという。その後、母親は乳児がちゃんと座り、歩くように教える。スーパー（1976）は、同様の「訓練」を東アフリカに住む他の一二の集団でも確認している。ルバインら（LeVine et al. 1994）も、ケニアに住む農耕民のグシイでは、乳児が泣いたときに「ゆすって」応じると報告している。さらにスーパー（Super 1981）は、さまざまな文化における養育行動と乳児発達に関する調査をレビューし、新生児の能力には民族による違いはほとんど認められず、後に生じる乳児発達の集団差は、上記のような養育行動を含む環境の違いによると主張した。

西アフリカのコンゴ共和国に住むバコンゴやマリに暮らすバンバラでも、乳児にジムナスティックを含むさまざまな運動（e.g. ストレッチをおこなう、ゆらす、立位を維持する）をさせる。ブリルら（Bril et al. 1989）がバンバラの女性にその理由を尋ねたところ、四肢を柔らかくする、骨を強くする、間接の成長を促進させる、子どもをポジティブな性格にする、けがを発見する、といった回答が得られた。またティムヤン（Tinyan 1988）によれば、西アフリカの多くの社会では、子どもが歩き出すと母親の性的禁忌が解かれる。つまり、再びセックスをしてもよいと見なされる。ティムヤンは、この慣習が子どもの歩行を促進させる養育行動の動機づけになると主張している。興味深いことに、慣習は必ずしも子どもの歩行発達を促進させることを望むとは限らない。ゴットリーブが調査をおこなったベンでは、赤ちゃんが歩きはじめるのには「最適な」時期があるという。ほとんどの親の見解では、通常それは一歳前後である。そして、人々が共有している文化的な枠組みに照らして、歩きはじめるのが早すぎても、遅すぎても、それは災いをもたらすと考えられている。そこでベンの養育者は、まだ〇歳なのにひとり歩きをはじめそうな子どもには、その子のお尻をたたいて歩く気をそいだり、その子を年上のキョウダイの背中にくくりつけておいたり、歩くことを思いとどまらせる不思議な力があるビーズ細工をその子の腰の周りにつけたりして、その子がひとり歩きをはじめる時期を意図的に遅らせることがある。いっぽう、一歳を過ぎても歩き出さない子どもには、祈祷師・呪医（diviner）に相談して特定の薬用植物を処方したり、歩くことをうながす不思議な力がある銀のアンクレットを乳児の足首に巻いたり、早く歩きはじめるために特定の薬用成分を調合した浣腸をおこなったり、歩くことをうながすハーブ・バスでその子を洗ったりして、その子に早くひとり歩きを達成させようとするのだという（Gottlieb 2004: 229-232）。

さらに、ホプキンスとウェストラ（Hopkins & Westra 1988）によれば、歴史的に西アフリカの文化的な影響が強い西インド諸島の人々、さらには西インド諸島から英国へ移り住んだ人々も、乳児に同様の運動をさせることがある。ホプキンスとウェストラは、英国のジャマイカ出身の母親では、そうした運動をおこなうことが彼女らの出自にかかわる民族アイデンティティを強めている可能性を示唆している。このように、文化的に特徴的な行為とそれにたいする意味づけの間には、それぞれの集団の歴史を反映して、循環的な相互作用がみられるのである。また、アフリカの文化的な影響が薄い地域でも、組織的にジムナスティックをおこなう文化は見られる。たとえば、ベイトソンとミード（二〇〇一：七六―七七）では、インドネシアのバリで乳母が乳児に歩き方を教えているようすが収められている。

いっぽう、いくつかの文化的文脈では、ジムナスティックのような乳児の運動を積極的に促進する養育行動とは対照的な、乳児の動きを制限するような養育行動が広く実践されている。たとえば、北米と南米の先住民の間、および中国西部、モンゴル、ロシアの山岳地帯で暮らす人々の間では伝統的に、スウォドリング、あるいは日本式にいえば「おくるみ」の慣習が広く実践されてきた。デニスとデニス（Dennis & Dennis 1940）によれば、北米の先住民であるホピでは、一日につき最大五時間も布にくるまれた状態でおかれていた。それにもかかわらず、ホピの乳児がひとり歩きをはじめる時期は、米国での標準から遅れているとはいえなかった。ここからデニスとデニスは、乳児期のスウォドリングは、通常の運動発達を妨げることはないと主張している。

その後ずいぶん経って正高（一九九六）は、ボリビアの辺境に暮らすアイマラの間で実践されているスウォドリングについて、民族誌的な研究をおこなっている。正高によれば、スウォドリングには、ある種の養育者の育児放棄であるというネガティブな見方がある。しかし、正高がスウォドリングを実践した二四家族と実践しなかった一八家族の養育行動を比較したところ、スウォドリングを実践した養育者は、実践しなかった養育者と同じくらい乳児に関心を示していた。また、前者は乳児のケアをする際、下着により多くのお金をかけていた。さらに、スウォドリングを実践している家族の母親はそうでない家族の母親よりも乳児のケアに費やす時間が少なかったのに対して、スウォドリングを実践している家族の母親以外のメンバーはそうでない家族の母親以外のメンバーよりも乳児のケアに多くの時間を費やしていた。これらから正高は、スウォドリングは、乳児の覚醒レベルを低下させ、乳児を危険や不衛生な状態から保護するなど、乳児の福祉に関して有益な働きを持っていることに加えて、母親以外の家族メンバーが乳児のケアをすることを効果的にうながすと主張している。

スウォドリングは、ヨーロッパのいくつかの地域でもおこなわれてきたことが知られている。バダンテール（一九九八）によると、一八世紀のフランスでは、親たちは赤ちゃんをゆかいな玩具のようにみなしていた。多くの子どもが非常に幼いころから乳母に預けられ、平均して四年ほどもの間、乳母のもとで暮らしていた。里子に出した子どもにたいする母親の無関心は珍しいことではなかった。乳母は、子どもの身体を下着でしっかりと固定する、つまりスウォドリングをおこなうのが通例であった。

しかしながら、フランスでは一八世紀後半から一種の意識革命が起こり、母性愛が称えられるようになっていった。よく知られているように、ルソーはこの革命的思想の先駆者である（e.g. ルソー 二〇〇七。本書第1章も参照）。こうした新しい思想は、長い時間をかけて母親たちの行動にまで変化をもたらしていった。一九世紀には、フランスでは乳児にスウォドリングをおこなう慣習は減退した。多くの母親は再び自分の乳児にたいして授乳をおこなうようになり、乳児との身体的接触は増加した。一般の人々も、そのような母親の任務の偉大さや高尚さを称えるようになった。いっぽうで、それをこなすことのできない女性には厳しい視線が向けられるようになった。こうした見方は、二〇世紀になるとますます西欧の社会に浸透していった。社会にたいする影響力の大きい、精神分析家などの知識人のなかにも、こうした見方を支持するものが少なからずあらわれた。第3章で取りあげた愛着理論（Bowlby 1953, 1969）の提唱と幅広い受容は、こうした見方の浸透によって準備されていたともいえるだろう（ホームズ 一九九六。本書第3章も参照）。これらの見方にたいして、バダンテール（一九九八：九―一二二、四四八―四五二）は、子どもを慈しむ母性愛が女の本性だという主張は、父権社会によって仕組まれたイデオロギーであり、子どもにたいするかかわり方のすべては、じっさいには母親の行動、母親の個人史、およびその社会の歴史によって構築されるものだと主張している。その後にあらわれてきた、「母親であること」を論じる人類学的・社会学的研究の多く（e.g. Strathern 1992; 田間 二〇〇一）も、母性愛についての言説や実践が近代の家族や社会のあり方と密接に結びついていると考える点ではバダンテールと軌を一にする。

4 ジムナスティックによる責任の形成

ここまで紹介してきたジムナスティック、およびそれと関連する養育行動の事例に基づいて、まず、子どもたちの個体発生的発達におけるその意義について考えてみよう。ひんぱんなジムナスティックは、まず乳児の歩行反射の仕組みに働きかけ、さらにそれが繰り返されて自発的な歩行行動へとつながることで、乳児の身体の組織化や感覚運動にかかわる個体発生的発達に大きな影響を与えていくと考えられる。さらにジムナスティックは、社会システムが形成される過程についての個体発生的発達のモデル（ケイ 一九九三）にとっても、重要なトピックとなる。既述のように、ケイ（一九九三）が仮定したモデルでは、リズムと調節の共有（誕生〜）―親がいっぽう的に子どもの意図を読み込む（二ヶ月ごろ〜）―子どもによる意図の理解によって共有が両方向の過程になる（八ヶ月ごろ〜）―言語に代表されるシンボルが共有される（一四ヶ月ごろ〜）という段階が設定されており、なかでも第一段階の授乳場面で見られる乳児の吸てつ反射と母親のジグリングの交替のパターンは、第四段階のシンボルの共有における会話を秩序立てているターン・テイキングへとつながっていく、もっとも基本的で普遍的な現象だと主張されている。しかしながら、クンや他のサンの集団ではそうした吸てつ反射とジグリングの交替パターンは形成されない。その代わり、さまざまな養育者がひんぱんにジムナスティックをおこなうことで、これと歩行反射との間に交替パターンがかたちづくられる。また母親は、そして母親のみが、むずかった乳児に即座に応答して短時間の授乳をひんぱんに繰り返すことによって、吸てつとジグリングを繰り返す欧米とは異なった授乳パターンを形成していく。こうしたクンの事例は、吸てつとジグリングの交替パターンが見られないという点ではそれをもっとも基本的で普遍的と考えたケイのモデルへの反例となるが、乳児のもって生まれた規則性を利用した随伴的な行動を乳児と養育者が相互に調整していく、という一段抽象度をあげたレベルでは、ケイのモデルの第一段階の特徴を備えていると考えられる。したがってケイのモデルは、より多様な子どもの身体的な特徴と文化的な慣習のかかわりを考慮に入れることで、さらに洗練・発展させていくことが可能であろう。

筆者はこうした観点から、初期の養育者—子ども間相互行為を責任が文化的に形成されていく過程としてとらえ直そうとしてきた（Takada 2020）。ここでの「責任」の意味は、この語彙の語源、つまり「*re* = back」、「*spondere* = 自分自身に関与する、あるいは約束する」、「*ibilis* = 能力」に由来するものである。ここで筆者は、責任を相互行為の過程における相互の関与を示す関係論的な用語として用いている。クンにおける歩行反射とジムナスティック、欧米における吸てつ反射とジグリングの相互調整は、そうした責任のもっとも初期のかたちだと考えられる。そうした相互調整を繰り返すことで、前者ではより随意的な歩行行動とジムナスティック、後者では前者より随意的な吸てつとジグリングの交替のパターンがかたちづくられていく。この責任の概念は、分析の中心に時間性を置くことによって、養育者と乳児の間主観的なかかわりを経験的に探求することを可能にする。時間性は、身体性と同じく、養育者—乳児間相互行為の実践においてはたいてい暗黙裏に働いている次元である。それでも、相互行為においてタイミング、リズム、連鎖、予期、記憶がどのように構築されているのかを分析することによって、時間性のあり方は経験論的に示すことができる（Duranti & Black 2012）。そうした乳児期における身体の組織化、感覚運動的な発達、責任の形式は、その子どもが後の人生で遭遇するであろう、より複雑な相互行為における連鎖の組織に参加する道を開くものである。いいかえれば、養育者—乳児間相互行為のパターンは、乳児が成長しながら周囲の養育者と共有された活動へ相互に関与していくことを通じて、出生後に徐々に創発していく。

この点でとくに注目されるのは、サンの諸集団においては、母親だけでなく他のさまざまな養育者も、しばしば乳児を非常に幼いころからジムナスティックに関与させようとすることである。こうした活動は、乳児が母親以外の人々とも愛着関係を育み、集団内で徐々に人間関係を築いていく過程を考えると非常に重要である。なぜならジムナスティックは、乳児が言語などの認知な道具を用いてその状況を理解し、それに関与しはじめるよりもはるかに前から周囲の人々の関係のネットワーク内に乳児を位置づけていることになるからである。この点でジムナスティックは、母子関係が強調されてきたサンの愛着関係（Draper 1976; Konner 1976）を、より多くの人々を巻き込んだ、親密な応答性を基軸とするよりダイナミックなシステムとしてとらえ直すことを可能にする。ジムナスティックを通じてひんぱんに生じる身体接触は、養育者と乳児が行動の同期性や音楽性を体感する機会に満ちており、それに基づく帰属感・一体感の源となる。そのような身体接触を母親だけでなくまわりの複数の人たちともつことは、母子間を超えた社会的ネットワークを形成・維持するための重要な基盤となる（根ヶ山二〇一二：一二五）。これと関連してエムデら（Emde et al. 1991）は、養育者—乳児間相互行為に関する規則は、子どもが後の発達段階において道徳性を発達させていく基盤になると主張している。エムデらによると、そうした道徳性の核心には、手続き的な知識が内面化されていく過程で育まれる互酬的な感覚がある。ここでの手続き的な知識は、乳児が養育者との相互行為に積極的に関与することを通じてもたらされると考えられる。またトレヴァーセン（Trevarthen 2001）は、長年にわたる養育者―子ども間相互行為の綿密な観察に基づいて、子どもとその周囲の人々には、相互的な愛着と仲間性（companionship）を形成するという、根本的な動機があると主張している。こうした動機は、乳児が養育者との相互行為に関与することをうながし、間主観性を発達させていくための重要な条件となっているのであろう。

5　身体化された乳児のケアの文化的構築

次に、文化―歴史的発達というアプローチからジムナスティック、およびそれと関連する養育行動の意義について考えよう。第3章の冒頭で述べたように、むずかる乳児をなだめる養育行動には、おもに二つのタイプ、すなわち乳児のむずかる活動をより短くリズミカルな刺激によって減退あるいは中断させるタイプ、および乳児に連続的で単調な刺激を与えることで乳児の覚醒レベルを低下させるタイプが認められる（Korner & Thoman 1972）。ジムナスティックは第一のタイプ、授乳やスウォドリングは第二のタイプの代表例であろう。ただし、じっさいの子育てでは、これら二つのアプローチは必ずしも相互排他的ではないことにも注意が必要である。たとえば、布で強くくるんだ状態（スウォドリングをおこなっている状態）の赤ちゃんを上下にゆらす（ジムナスティックをおこなう）ことで、養育者は二つのアプローチを同時に進めることができる。むずかる乳児に何とか対処しようとして苦労することは、ほとんどすべての社会において養育者が直面する共通の悩みだと思われる。しかしながら、じっさいにどういったアプローチをとるかは、その悩みの生物・文化・生態学的な特徴、その養育者の社会的な役割や個性などによってしばしば大きく異なるようだ。ホワイティング（Whiting 1971）は、このうち生態学的な特徴、とくに気候と子育てのパターンとの関連について論じている。ホワイティングによると、北緯二〇度から南緯二〇度の熱帯域に分布している四八の文化のうち四〇の文化では、日常的にサンの抱っこひものような乳児を運搬するための道具を使って、乳児と密接かつひんぱんに身体的接触をおこなう傾向があった。いっぽう、熱帯域の外に分布する三七の文化のうち二九の文化では、スウォドリングをおこなったり、頑丈な木枠を使ったりして乳児をじっとさせておく傾向が幅広く認められた。この点では、南北に広く広がる日本列島で「高い、高い」のような第一のタイプの養育行動と「えじこ（乳幼児を収納するための筒状の容器で、藁や竹を編んで作られる。日本では、東北地方など寒い地方の農村でよく用いられてきた）」のような第二のタイプの養育のための装置の双方が認められることは、筋が通っている。人間の文化は、世界規模で東西方向、すなわち緯度があまりかわらず、気候が似ている地域に伝わりやすかったといわれる（ダイアモンド 二〇一二）。ひんぱんな身体的接触をともなうジムナスティックが、温かくて子どもが動きやすい環境でおこないやすいのにたいして、スウォドリングには防寒の効果もある。これらの実践と伝播が、その地域の気候やそれとかかわりが深い気温や湿度と関連してうながされるというのはもっともらしい。いっぽうで人間は、高緯度から低緯度にわたる多様な自然環境に応じて、狩猟採集活動にかかわるさまざまな技術や知識を生み出してきた。こうしたデータと分析に基づいて、コナーは、狩猟採集活動に基づく生活は乳児との密接な接触が生じるための十分条件は提供するが、必要条件を提供するとまではいえないだろうと論じている（Konner 2005: 33-34）。狩猟採集活動の様式と子育ての特徴の関連については、まずはその地域特有の環境への適応、すなわち特殊進化の次元で語るべきだといえるかもしれない。

また、前節でも述べたように、サンをはじめとする諸集団のジムナスティックは、母親以外のさまざまな人々にも乳児のケアをうながす。これによってそれらの養育者は、乳児との親族関係をはじめとするさまざまな社会文化的に組織化された活動の参与枠組みに乳児を巻き込んでいる（Takada 2021a）。母親以外による身体的な乳児のあやしにかかわる活動は、多くの狩猟採集社会において、活発な研究の焦点となってきた（第3章も参照）。このうちジムナスティックは、年長児でも積極的におこなうことができる。第2節で示した結果は、クンでは居住集団の定住化と集中化が進んだことにより、年長児たちが年少児のケアにより深く関与するようになっていることを示唆している。同様の傾向は、他の狩猟採集社会でも確認されている。たとえば平澤（Hirasawa 2005: 370-371）によると、バカでは定住化が進むにつれて、キョウダイによるケアがより盛んになっていた。バカでは年長児、興味深いことに女児だけでなく男児の年長児も、乳児のケアにおいて重要な役割を果たしていた。平澤は、この変化は、生業活動としての農耕が進展したことに伴う、生産と消費の単位の縮小によるものだと考えた。つまり、社会的関係の人々の数と範囲が減少したことにより、大人が自らの家族に含まれない乳児にたいしてケアを提供することが困難になっているというのである。同様の傾向は、熱帯林もしくはその付近で暮らしている他の狩猟採集社会でも観察される可能性がある。より最近になってバカのもとで子育ての調査をおこなっている田中文菜も、バカの男子・青年はケアにかかわり、ケアの担い手の一人として周囲に認められているという印象を語っている（田中文菜 私信）。

こうした社会関係のネットワークに関与することで、子どもは生後すぐから、特定の文化・歴史的に形成されてきた社会のなかに位置づけられ、その文化の最新バージョンにあわせて社会化されていく。そして養育者だけでなく乳児も、そうした社会化の過程では積極的なエージェントとして振る舞うことができる。人間はお互いから学び、コミュニケーションを通じて、獲得した特性を伝達、修正、結合する能力をもっている（Bloch 2005: 7）。そうした文化的に構築された行動や知識の伝達、修正、結合に関する過程について、私たちはまだ多くを知らない。しかしながら、系統的な関係が想定される複数の集団の間でインテンシヴな地域構造比較（Barnard 1992）をおこなうことにより、徐々にこうした過程についての理解を深めていくことができるだろう。

本章での分析は、ジムナスティックについての信念体系におけるジュホアン、クン、グイやガナの間の類似点と相違点の双方を示唆している。グイやガナがジムナスティックに付与する「訓練」としての意味づけは、クンよりはジュホアンと似ている。さらに、そうした強調点の違いは、クンとグイやガナの間のジムナスティックの行動パターンのわずかな違い（e.g. 発声の頻度と仕方、リズミカルなパッティング、笑顔の発生の程度）にも反映されている（Takada 2020）。既述のように、ジュホアン、グイとガナは比較的最近まで狩猟採集に基づく遊動生活を続けていた。これにたいして、クンは定住化や農耕牧畜民との接触の歴史がずっと長い。こうした民族誌的事実に基づいて筆者は、狩猟採集活動や移動生活と強く結びついているのは、ジムナスティックの行動そのものというよりは運動発達を促進させる「訓練」としての意味づけであると考えている。ただし、この結びつきを直接的な因果関係とみなすことは早計である。いいかえれば、狩猟採集に基づく遊動生活における必要性が「訓練」に関する信念を生みだした、と早急に結論づけることはできない。ある文化的な特徴は、物理環境による必要性以外にも、その文化における他の特徴との関係、歴史を反映したその文化の内的な変化、他文化からの借用といったさまざまなメカニズムによっても説明されうる。したがって、ある側面について類似や差異が確認されても、それを説明するためには他の側面についても周到に資料を収集したうえで、それらを矛盾なく結びつける構成力が求められる。そこで以下では、ジムナスティックを規定する文化的構造についてもう少し丁寧に考えてみたい。

ジムナスティックをめぐる行為実践は、生理学的な基盤をもつ乳児の行動パターンに支えられている。たとえば、ジムナスティックが乳児の歩行反射を引き出すことや乳児に快刺激を提供することは、いずれの集団でも、ジムナスティックを通じた養育者―乳児間の相互行為の契機となっている。これにたいして集団間の違いは、養育者がそうした乳児の行動パターンに介入する前提となっている信念体系を反映している。本章で見てきた「あやしや遊び」「訓練」「療育行動」にかかわる民俗概念は、その目的や行動への反映のされ方に関してそれぞれ部分的な重なりをもっている。いずれもジムナスティックと関連するが、完全に同義のものはない。これは、ジムナスティックのような特徴的な養育行動を論じるうえでは、その機能に着目するだけではなく、それと関連する信念体系がどう組織化され、文化的に共有されているのかを明らかにすることが重要であることを示している。こうした視点からの考察は、遊動生活と養育行動の直接的な関係を追い求めてきた従来の議論では不足していたといえよう。また、信念体系は静的なものではない。養育者や子どもの経験の文脈は刻々と変化している。それに応じて、どの信念体系にもその発展や衰退の歴史があると考えられる。信念体系の集団差の分析は、その変遷を明らかにすることにもつながる。本章でみてきたジュホアン、クン、グイやガナの間のジムナスティックに関する意味づけの違いは、各集団がそれぞれ異なる解釈をおこなっているというよりは、複数の解釈についての精緻化や重みづけの違いとみるべきであろう。そして、信念体系の通文化的なバリエーションを定めたり、語彙の意味拡張や意味変化の過程を調べたりすることは、そうした違いの成り立ちを考察することでもあろう。サンを対象としたものではないが、すでにいくつかの研究は、子どもの生活スタイルに関係する「伝統的な」文化のうちのどの要素が社会経済的な変化に直面して修正されるか、あるいはそのまま残るかを論じてきている。ガスキンス（Gaskins 2003: 248-249）によれば、そのような研究でひんぱんに観察される若い世代の柔軟性は、文化の変化をうながしたり、新しい文化を創造したりしていくための重要な原動力となっている。こうした方向でさらに研究を展開していくためには、社会的な交渉をもってきた複数のグループを網羅的に対象とした言語人類学的な調査が必要である。それによって、物理環境、信念体系、行為実践のかかわり（Super & Harkness 1997）について、もう一歩踏みこんで論じることができるようになるだろう。

6 身体的相互行為の進化と遊び

最後に、人類の系統発生的発達、すなわち種としての進化の過程におけるジムナスティックの意義について考えてみよう。ヒトの乳児期にみられる原始反射やその後の姿勢反応の発達は、樹上生活に適応した霊長類に広く見られる。原始反射のうち歩行反射、モロー反射（大きな物音などの外部刺激にたいして乳児が両手を広げてしがみつくような動作を示す）、バビンスキー反射（足裏をかかとから指先にむけてゆっくりこすると足の親指が足の甲の方にゆっくりと曲がる）などは、樹上をひんぱんに移動する母親に赤ちゃんがしがみつくための手や足の動きと関連していると考えられる。そこで竹下（一九九九ａｂ）は、霊長類の赤ちゃんが母親との「しがみつき―抱く」関係に支えられて生育することに焦点をあてて、ヒトを含む大型類人猿四種（ヒト、チンパンジー、ボノボ、オランウータン）とマカクザル六種（ニホンザル、ヤクニホンザル、アカゲザル、カニクイザル、タイワンザル、ボンネットモンキー）の赤ちゃんの行動発達をさまざまな面から比較している。その結果、生まれた直後の未熟さや、うつぶせから直立位、ハイハイから二足移動といった発達の方向性、その過程でみられる各行動型の出現の順序性などはこれらの種間で基本的に共通していた。ただしヒトでは、あおむけやおすわりといった胴体を接地させる姿勢やものを操作するための手のはたらきの発達が相対的に早かった。ヒトにおけるこれらの特徴は、進化の過程で生活の主要な場を樹上から地上へと移し、音声など、接触によらないコミュニケーションのモードを活発にもちいるようになったこととも関連しているのであろう（第5章も参照）。

ただし、ヒト以外の哺乳動物では、歩行訓練に代表されるような、乳児を教育する活動に従事することは、ないとはいわないまでもまれである。そのいっぽうで、子どもとの身体的相互行為における遊びは、ヒト以外の幅広い哺乳類の種でも観察されている。グレイの観察によれば、

霊長類のなかで、ヒト、チンパンジー、ボノボ（チンパンジーとヒトに非常に近縁な類人猿の一種）はもっとも学ぶことが多く、もっとも遊び心のある種である。また、哺乳類のなかで、肉食動物（犬や猫のような種を含む）は一般に草食動物よりも遊び心がある。これはおそらく、狩猟を成功させるには草を食むよりも多くの学習が必要なためである。（Gray 2013: 121）

この章で見てきたように、ジムナスティックには、「あやしや遊び」「訓練」「療育行動」といったさまざまな働きがある。同時に、人々はこれらの働きに関連するさまざまな信念を生み出してきており、異なるコミュニティの人々はしばしば異なる信念を強調する。こうした強調点の違いは、ジムナスティックの行動パターンのわずかな違いにもしばしば反映される。したがって、遠大な種の進化の過程で生じてきたジムナスティックの行動パターンが、それよりはずっと短いとはいえ、かなりの時間を経ているそれぞれのコミュニティの歴史のなかでかたちづくられてきた信念体系といまや共進化しつつある、と考えることにはそれなりの妥当性がある。ボギンらはこれに関して、以下のように述べている。「人間のきわだった能力は、ローカルな生態学的現実と文化的規範の両方によってかたちづくられる、資源のフローを社会的に構造化するさいにみられる条件的適応(facultative adaptation)を可能にしている。この能力は、私たちがユニークであると考える人間の繁殖システムの本質をなす生物・文化的な性質にとって不可欠である」(Bogin et al. 2016: 61)。社会文化的に構築された信念体系、それと関連した規約や慣習のシステムは、その変化を蓄積しながら「超社会的」な動物種としてのヒト(Tomasello 1999)の行動システムと相互作用しているのであろう。次章では、そうしたヒトを特徴づけている複数のシステム間の相互作用についてさらに検討を進めるために、初期の音声コミュニケーションについて分析する。

第5章

初期音声コミュニケーション

ある日のまだ日差しがやわらかなお昼前、コカショップを訪問した私は、エコカではありふれた以下の光景を目にした。コカショップのわきにある大きな木のしたで、クンの女性が地べたに座って一四週齢の女児ハレを抱っこしている。その周りでは、ハレの姉にあたる女児やイトコにあたる男児を含む、たくさんのクンの人々がくつろいでいる。ヤシの葉柄で、ポリッジを盛るために使うお皿を編んでいる女性もいる。和やかな雰囲気のなか、ハレがむずかるような気配を示した。お母さんがそれにすぐに応じてジムナスティックを開始した。立位にした途端、ハレはじっさいに“*n gee*”というむずかり声をあげた（一行目。図5—1）。二—四行目はそれに続く母親の声かけで、原語とその日本語訳が示してある。括弧のなかの文章は、読者に状況がわかりやすいよう、筆者が補ったものである（Takada 2021a）。

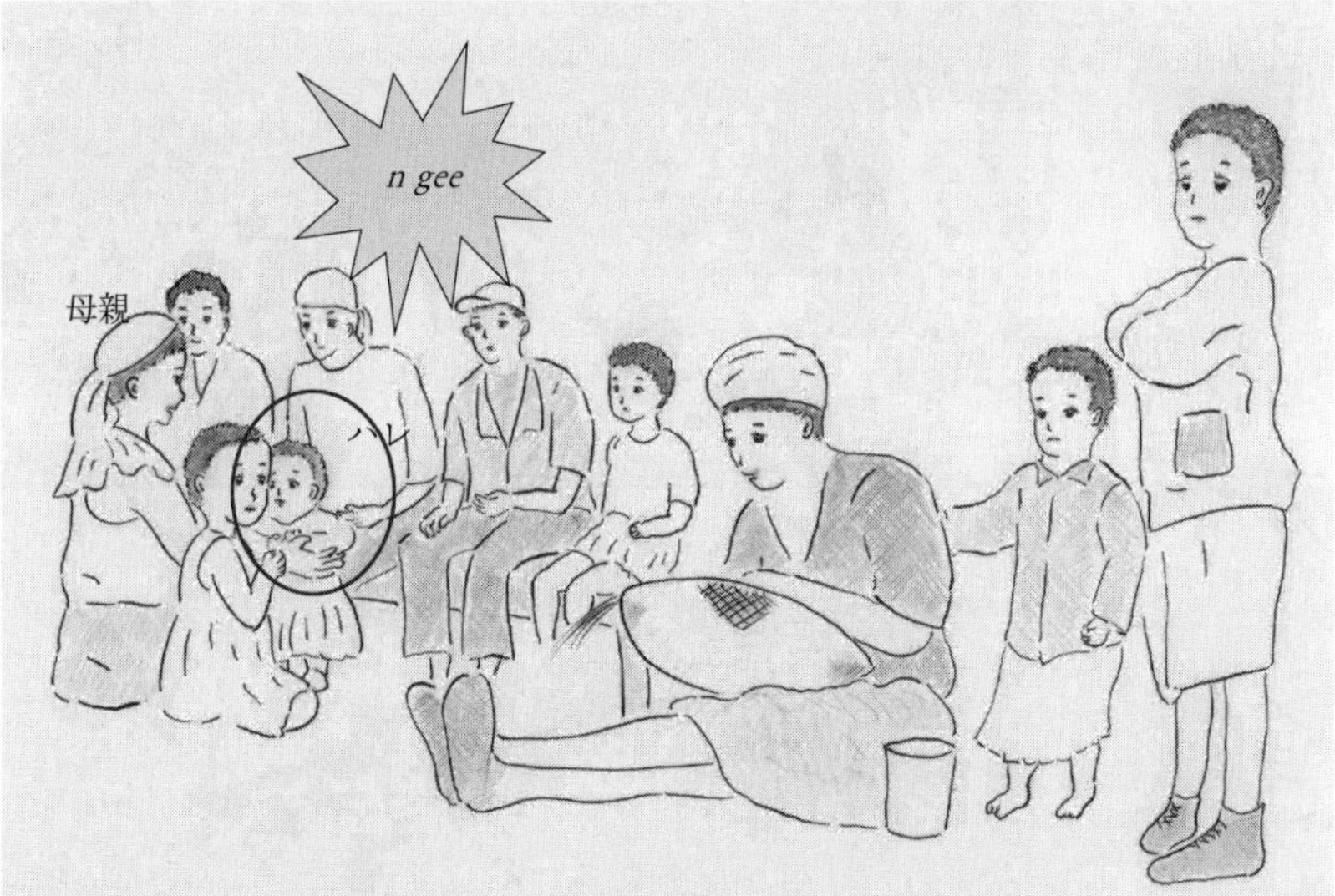

図5-1　母親がハレを立位にした途端、ハレはむずかり声をあげる（1行）（筆者が収録したビデオ画像に基づいて筆者作成；Takada 2021a）

1　ハレ：（むずかり声）*n gee*
2　母親：*aa ge ge　aa gu　ge ge　aa　daba daba*
お前さんは、お前さんは、お前さんは、赤ちゃん、赤ちゃん
（母親はハレを立位にしながらその身体を繰り返し軽くたたく）
（二・〇秒の間）
3　母親：*daba daba*
赤ちゃん、赤ちゃん
（母親は、ハレに立位をとらせながら、軽く上下運動をさせる）
4　母親：*daba daba*
赤ちゃん、赤ちゃん

ここで母親は、ハレのむずかり声にすぐに応答し、ジムナスティックをおこないながら、ハレに繰り返し声かけをおこなっている。“*aa ge ge*”は語彙的には二人称単数の代名詞“*aa*”と「いる」という意味の動詞“*ge*”からなり、「あなたがいる」と訳せる。うえのやりとりでは、このフレーズが先行するハレの“*n gee*”というむずかり声を発音の面でパラフレーズしており、より協力的なニュアンスのある発話に言い直していると考えられるところが面白い。“*daba*”は「赤ちゃん」を意味する一般名詞だが、この場面では第4章でも紹介した「カイン・コア」の一種として、リズムやメロディをともなってハレへの呼びかけに用いられている。このように、赤ちゃんへの声かけは、身体的な接触や視線のやりとり、リズミカルな動作をともなうジムナスティックと渾

然一体となって子育て場面の楽しい雰囲気を醸し出すだけではなく、さまざまな文化的な意味を（再）創造することができる。本章では、子育てと深く関連する重要なテーマとして、こうした初期の音声コミュニケーションにおける音楽性と言語のかかわりについて考えてみたい。

音声によるコミュニケーションは、さまざまな動物種においてみられるが、ヒトではとりわけ複雑な体系を備えるに至っている。そうしたヒトの音声コミュニケーションにおける特徴が進化史的にどういった意義を持っているのかという問題は、言語の起源についてのそれとあわせて、古くから多くの研究者の大きな関心の的となってきた。こうした関心は、現代の狩猟採集社会における子育て研究にも陰に陽に反映している。そこでまず、少し時計を巻き戻して、一八世紀半ばに起こった音楽の起源に関する議論を覗いてみよう。

宮廷文化が最後の円熟期を迎えていた一八世紀半ばのパリ。当時すでに大作曲家として一世を風靡していたジャン＝フィリップ・ラモー（Jean-Philippe Rameau）が、まだ若手の音楽理論化として売り出し中だったジャン＝ジャック・ルソー（Jean-Jacques Rousseau）と、音楽の起源について激論を交わした。ラモーはそこで、音楽の源泉を西欧クラシック音楽の根幹をなす和声の構成原理に求めた（ダランベール 二〇一二）。このラモーの音楽理論は、自然神学の影響下にあった。すなわち、人々を魅了する美しい和音やメロディに、この世ならぬ神の御業を見ようとしたのである。これにたいしてルソーは、いま生きている人間同士の原初的コミュニケーションこそが音楽の起源だと主張した（ルソー 二〇一六a）。ルソーによれば、原初的コミュニケーションでは歌とことばが融合しており、したがって言語の起源もまた音楽性に帰せられる。百科全書の編纂者として知られ、優れた数学者・物理学者でもあったジャン・ル・ロン・ダランベール（Jean Le Rond d'Alembert）は、はじめラモーの音楽理論を高く評価し、それをわかりやすく説明することで、世の中に広めることに大きく貢献していた。しかし、ダランベールは次第に、より直接的な観察と明確な論理によって貫かれたルソーの考え方を支持するようになった（村山 二〇一八）。ルソーの思想は、神学的な発想から音楽理論を解き放っただけではなく、現代の言語科学やコミュニケーション論、発達心理学などの基盤をも形成することになる（高田 近刊）。

1 ジュホアンにおける音声コミュニケーション

そのルソーが描いた「自然人」を追い求め、本書の出発点ともなった初期のジュホアンの研究でも、音声コミュニケーションにはかなりの関心が払われている。たとえば、遊動時代のジュホアンがおしゃべりや音楽を大いに楽しんでいたことに焦点があたった。ジュホアンが狩猟採集活動に費やす時間は一日につき三時間前後、家事を含めても一日につきせいぜい六時間前後で（Lee 1979: 277-280）、残りの大半の時間はゆったりとしたおしゃべりや楽しい歌・踊り、楽器の演奏に費やされていた。おしゃべりや音楽は日々の楽しみのためだけではなく、社会的なコンフリクトの解消のためにも重要な働きをしていた。さらに、身体的・精神的な不調にたいして治癒の効果をもつ儀礼的な歌・踊りもしばしばおこなわれていた。カッツ（二〇一二）が「癒やしのダンス」と呼ぶ、そうした歌・踊りでは、女たちは輪になって座り、手拍子を打ちながらうたう。その歌に合わせて、男の踊り手たちが女たちの輪の外側を踊りながら何度もまわる。そのうちに、「キア（*kia*）」というトランスのような状態に入った踊り手は、うなり声をあげたり、身体をけいれんさせて砂の上に倒れ込んだりする。病人や女たちからのり移った悪い精霊が、踊り手にこれらをもたらすのだ。しばらくして踊り手が正常な意識を回復したときには、そうした悪い精霊はすでに去っているという。興味深いことにジュホアンの癒やしのダンスは、近代のパラダイムに染まった私たちが浪漫主義的に思い描きがちな、少数の求道者だけが会得し、語ることを許された秘技ではない。それは、キャンプの誰しもが参加でき、その知恵は誰に語ってもよいものなのである。さらには、近隣の農牧民もそうした癒やしのダンスの力を認めており、深刻な精神的・身体的不調を訴えた人を治癒するために、しばしばジュホアンのもとを訪れていた。カッツ（二〇一二：三二）は、癒しのダンスはジュホアンの生活のもっとも重要な出来事であり、その環境への適応と文化のありかたを決定し、またそれを表現するものでもある、とまとめている（Lee 1979や Marshall 1976も参照）。やはり遊動生活を送っていたグイ／ガナでも、同様の報告がみられる（田中 一九九〇：一五九―一六五）。デスコラ（二〇一九：一九四）によれば、アニミズム的な存在論はしばしば、同じ主体性をもつ者が形態を相互に交換することができるという特徴を示す。そうした存在論では、動物から人間への移行は動物が人間的人格という内面性をさらけ出すのにたいして、人間から動物への移行は儀礼の専門家に認められている力であることが多い。ジュホアンやグイ／ガナといったサンの諸集団における「癒やしのダンス」の踊り手は後者の例であり、それらの諸集団の人々の間で広く語り継がれている、さまざまな動物が登場する民話（e.g. Schmidt 2011; 田中 二〇二〇）は前者の例だといえるだろう。

また、ジュホアンの養育者―子ども間相互行為における音声コミュニケーションについては、マーシャル（Marshall 1976）が豊富な民族誌的資料を提供している。マーシャル（1976: 318）によると、ジュホアンの養育者はしばしば、乳児が立ったり、養育者が乳児の身体を支えている間に最初の一歩を踏み出したり（つまり、ジムナスティックをおこなったり）、一緒にゲームをしたりするのを手伝う。たとえば、「赤ちゃんダイカー」というゲームでは、養育者と幼児が近くに座っているときに、養育者が子どもの手の甲の皮膚を少しつまんで放す。続いて、今度は子どもが養育者の手で同じことをおこなう。次に、両者は手のひらを向かい合わせにして、それぞれが手を真っ直ぐ上下に動かす。この一連の行為を繰り返しながら、彼女らは次のようにうたう。「赤ちゃんダイカーが、"*za za*" と泣くよ。赤ちゃんダイカーが走ってきたよ」。また、「赤ちゃんダイカー」に似た「フンコロガシ」と呼ばれるゲームでは、養育者は飛んでいるフンコロガシの羽音をまねた声を出す。「鳥さんの名前」というゲームでは、養育者は幼い子どもの前でリズミカルにおじぎをし、人差し指で子どもの掌を指さしながら、次のようにいろいろな鳥の名前を含んだフレーズをくりかえす。「あそこにパートリッジの卵があるよ、あそこにクロープの卵があるよ、あそこにホロホロチョウの卵があるよ」

このように、養育者が幼い子どもと遊ぶゲームは、遊び心と音楽性によって特徴づけられる。それだけにとどまらず、音楽性はジュホアンの生活において欠かすことのできない大切な要素である。オリビエ（Olivier 2001: 14）もまた、「音楽性は多くの儀礼、たとえば狩猟、癒し、出産、男の子と女の子のイニシエーションなどに関する儀礼を下支えし、子守唄、ゲーム、娯楽、料理などのありふれた活動をリズミカルなものにする」と述べている。ここでオリビエが言及しているように、ジュホアンではいくつかの歌が、子守唄として用いられるそうである。たとえば、「雨の歌（*g!a tzi*）」は、基本的には儀礼の文脈でうたわれる「超自然的なエネルギーの歌（*nom tzisi*）」というジャンルのレパートリーの一つである。人々はときどき楽しみのため、あるいは子守唄としてこの雨の歌をうたうのだという（Olivier 2007: 82）。ただし、本章のこのあとの議論とも関係するが、ジュホアンでは子守りや寝かしつけの意図を明示するような歌は報告されていない。

上記のような民族誌的な報告に加えて、コナー（Konner 1977）は赤ちゃん向け発話の定量的な分析を提示している。コナーは、五秒間隔の1―0記録法（乳児を連続的に観察し、一分ごとに上記の焦点行動が一度でも見られれば1、一度も見られなければ0とコーディングする手法。第3章も参照）を用いて、ジュホアンの母親が三二～五三週齢の乳児に向けておこなった発声を定量化した。そのデータを分析したところ、母親は総観察時間（各乳児につき九〇分間）の一〇％ほどで乳児に向けた発話をおこなっていた。これは、同様の方法で測定したグァテマラの先住民のそれよりも多く、米国の労働者階層とほぼ同じ程度、米国の中流階層よりは少なかった。この調査結果については次節で、筆者によるクンの初期音声コミュニケーションに関する調査の結果とあわせてさらに考察する。

2 クンの初期音声コミュニケーション

1……言語的発話

筆者は、初期の音声コミュニケーションにかかわる養育行動についても、エコカのクンや他のサンの集団のもとで調査をおこなってきた。ここではまず、第3、4章でも用いた第二のデータセット、すなわち二〇〇四年に〇～四歳の乳幼児一七名について自然場面でチェックシートを用いて行動観察をおこない、1―0記録法によって定量化したデータから得られた結果を見ていこう。

まず母親は、〇歳児、一歳児、二歳児、三歳児、四歳児に向けて、それぞれ日中の六％、二％、六％、七％、一%で言語的発話をおこなっていた（図5—2、写真5—1）。同じ手法で定量化した、母親が〇歳児にジムナスティックをおこなう割合は四%だったことを思い出そう（第4章参照）。言語的発話は、ジムナスティックと組み合わされることも多い。ジムナスティックがひんぱんにおこなわれているという印象を考慮すると、言語的発話の産出量（発話が観察された時間）は少なくないと思えるが、いかがだろう？　このデータ（八時間にわたる三〇秒間隔の1—0記録法）と上記のコナー（Konner 1977）のデータは、調査の対象や方法が異なるため、直接の比較は難しい。しかし、〇歳児に向けた発話に限っていえば、クンの母親の方がジュホアンの母親よりもやや産出量が少ないようである。

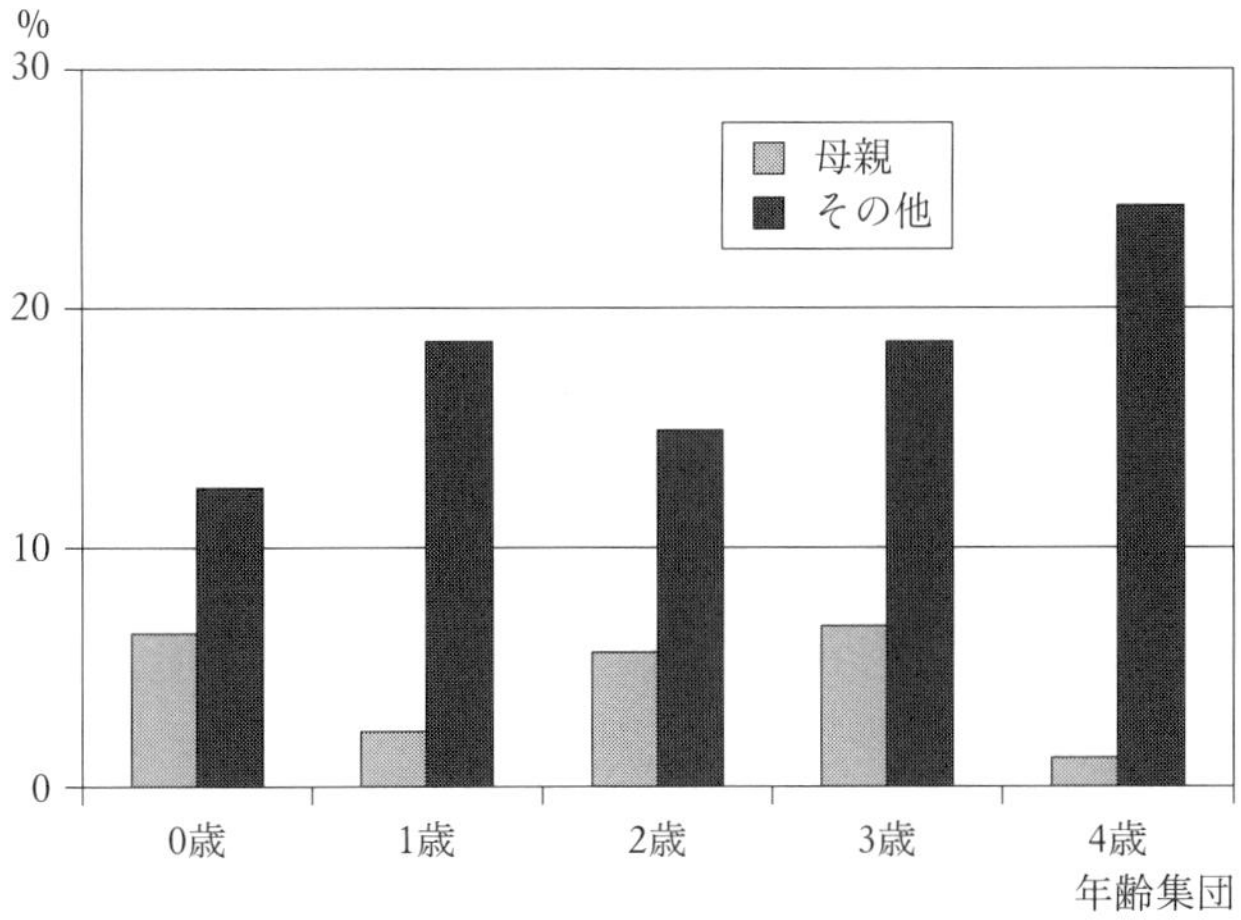

図5-2　母親とその他による音声的働きかけ

　また、母親以外が〇歳児、一歳児、二歳児、三歳児、四歳児に向けておこなった言語的発話は、それぞれ日中の一三%、一九%、一五%、一九%、二四%でみられた（図5—2）。したがって、乳幼児に向けた言語的発話は、母親よりもそれ以外の人々を合わせた方がずっと多い。母親以外の養育者が〇歳児にジムナスティックをおこなう割合は四%だったので（第4章参照）、言語的発話はそれよりかなり多い割合でおこなわれていることがわかる。

写真5-1　乳児に言語的発話をおこなっていたクンの母親（2004年筆者撮影）

母親以外で乳幼児に向けて言語的発話をおこなった人々の内訳をみると、さらに興味深いことがわかる。まず〇歳児では、子ども（女子）が五九％ともっとも多く、それに大人（女性）が二二％で続く。身体的接触（第3章参照）と比べると、子ども（女子）の割合が少なく、大人（女性）がやや多い。

一歳児でもやはり子ども（女子）が二七％でもっとも多いが、それ以外に大人（女性）二四％、青年（女子）二三％、子ども（男子）一九％などが拮抗している。身体的接触と比べると、青年（女子）の割合が少なく、大人（女性）が多くなっている。

二歳児では子ども（女子）が六〇％と過半数をしめ、それに大人（女性）が一九％で続く。〇歳児とほぼ同様の傾向である。身体的接触と比べると、子ども（女子）の割合がやや少なく、それ以外の大人（女性）などのカテゴリーが少しずつ多くなっている。

三歳児では子ども（男子）が三七％ともっとも多く、これに大人（男性）が二九％と続く。前述のように、

写真5-2　クンでは子どもから乳幼児に向けた言語的発話もしばしば見られる（2004年筆者撮影）

子ども（男子）が多かったのは、三歳児の調査対象がすべて男児であることを反映していると考えられる。ただし身体的接触と比べると、子ども（男子）の割合が相対的に少なく、大人（男性）や青年（女子）の割合が大きくなっている。

四歳児では、子ども（女子）が四八％、子ども（男子）が四六％でほぼ並び、両者を合わせると全体の九割を越える。これは身体的接触とほぼ同様の傾向である。

これらの結果をまとめると、クンでは乳幼児に向けた言語的発話においても、子ども（女子、男子）や青年（女子）が多くをしめているといえる（写真5―2）。ただし身体的接触と比べると、これらのカテゴリーに分類される人々の割合は相対的に小さく、そのいっぽうで大人（女性、男性）の割合が大きくなっている。したがって、乳幼児にたいする身体的なケアと言語的働きかけではそれをおこなう養育者の傾向が多少異なり、大人はことばによる働きかけを子どもや青年よりもよく用いる傾向があるようである。

ジュホアンでは、母親以外による乳幼児に向けた言語的な働きかけについての報告はない。したがって、これに関してクンとジュホアンを直接比較することはできない。もっとも、以下の先行研究はクンで認められる特徴を考えるうえで面白い。

一般に、母親を中心とする養育者が乳幼児に向けた発話には、声の調子（ピッチ）を高くあげ、抑揚を誇張し、発話時間は短くなるといった傾向があるといわれている。こうした特徴をもったことばは、しばしば母親語という意味で「マザリーズ（motherese）」と呼ばれる。マザリーズは当初、どんな文化でも普遍的にみられると主張された。たとえばグリーサーとクール（Grieser & Kuhl 1988）は、トーンの区別がある北京語ではトーン情報を犠牲にしてもマザリーズの特徴が認められたことから、マザリーズは文化にかかわらず人間が生得的にもっている普遍的な行動パターンだと論じている。

しかしながら、上述のように、クンの母親による乳幼児向けの言語的発話は、日中の五%前後の時間帯でみられた。ただし、母親よりもそれ以外の人々を合わせた言語的発話の方がずっと多く観察された。これらの結果は、母親を中心とする養育者が乳幼児に向けて特殊な発話をおこなうという、マザリーズに関する研究のおおもとの主張を再考する必要性を示唆している。従来のマザリーズに関する研究の多くは、研究室に関係者を呼んでおこなう「心理学的実験」、あるいは屋外でおこなうにしても一定の条件を設定してそれを観察する「実験的観察法」を用いて、母親を中心とする養育者と乳幼児との二者関係や発話の音響的・文法的な特徴に分析の焦点を合わせてきた。しかし、本章の冒頭でも示したように、赤ちゃんに向けた発話は文化的な文脈や慣習を反映した創造的な営みで、さまざまな人々が混在するなかでおこなわれることも少なくない。これにたいして、本章で紹介するような参与観察に基づく人類学的な研究は、乳幼児と母親やそれ以外の養育者との関係、乳幼児に向けた言語的発話の総産出量、その動機付けなどには考察に値する文化差があり、心理学的な研究の背景となっている前提そのものが問われるべきであることを示している。

2……子守唄、睡眠、授乳

そこで改めて、第3章の図3―1を見直してみよう。乳児にたいしては、日中を通じて母親による授乳、および母親とそれ以外も含む養育者によるジムナスティックがひんぱんにおこなわれている。さらに、図3―1では合計七回の睡眠が確認できるが、そのいずれについても睡眠の直前には母親による授乳がおこなわれている。すなわち、乳児は母親による授乳から睡眠に移行することが多いことがわかる（写真5―3）。

ここで少し、第3章で見たクンの授乳についての特徴を振り返っておこう。クンの母親は、ジュホアンの母親（Konner & Worthman 1980）と同様、乳児にひんぱんに持続時間の短い授乳をおこなう。そのいっぽうでクンの母親は、離乳をジュホアンの母親よりも早く、多くの場合、生後二年目（一歳児の間）におこなっていた（図3―4）。図3―4によれば、クンでは日中に乳児による吸てつが観察された割合は、〇歳児、一歳児、二歳児でそれぞれ九%、七%、一%であった。三歳児以降では、吸てつはまったく観察されなかった。

興味深いことに、こうした授乳中のクンの母親が乳児にたいして（子守唄を含む）音声的働きかけをおこなう例は、ほとんど観察されなかった。授乳は静かにおこなわれるのである。そのいっぽうで、授乳中の母親が周囲の大人とのおしゃべりをおこなったり、年長児への行為指示をおこなったりする例はよくみられた（写真5―

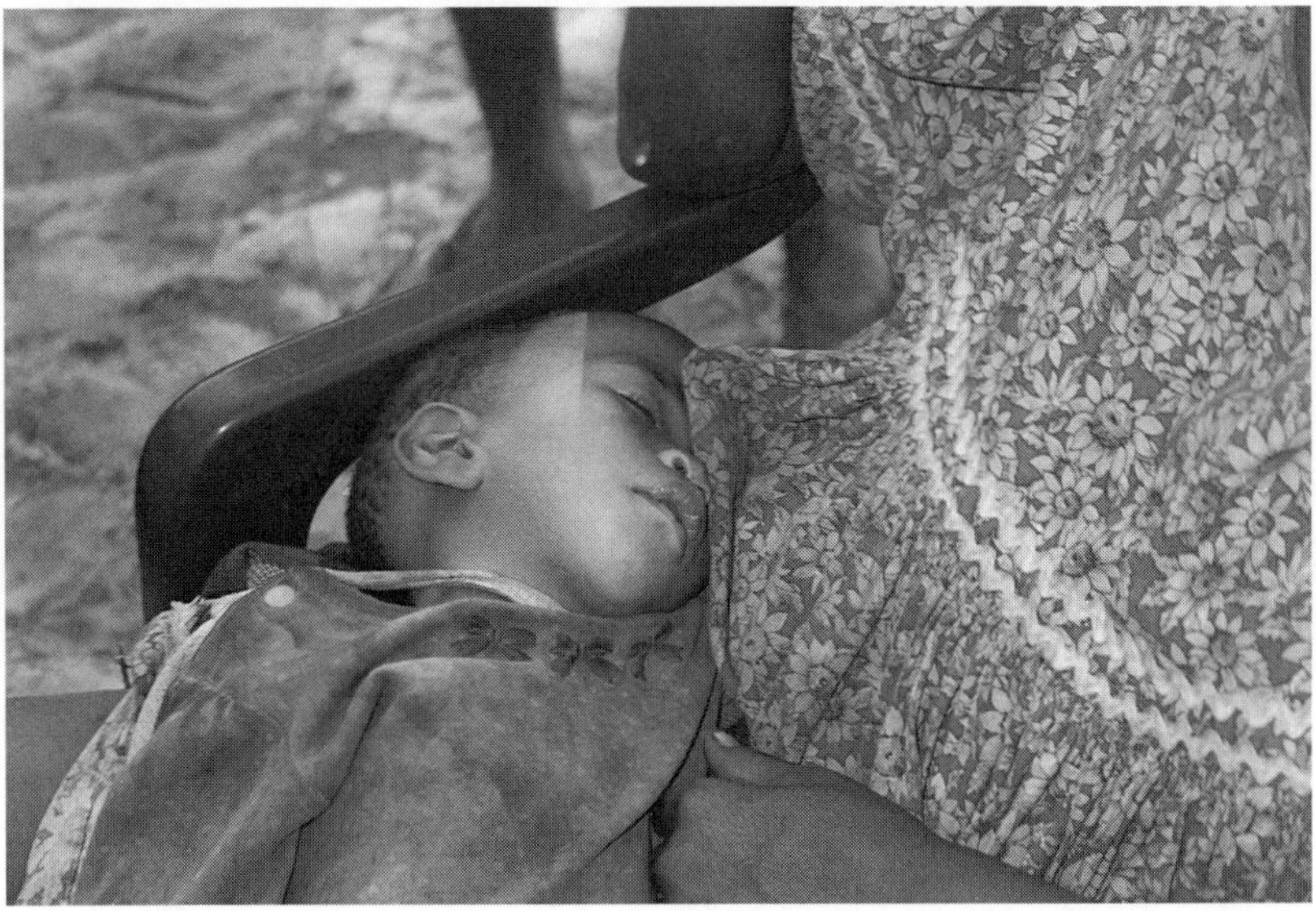

写真5-3　授乳から睡眠に移行した乳児（2004年筆者撮影）

4）。これまでのクンの観察例では、乳児の睡眠はほとんどの場合、授乳に続いてはじまっている。また、乳児にたいする子守唄は、ほとんど確認されなかった（これについては、第5節でも改めて考察する）。例外的に、子ども集団活動では、子守唄の特徴（e.g. 赤ちゃんをなだめ、睡眠をうながす。赤ちゃんを讃え、愛情をあらわす。単純なリズム、遅いテンポ。Trehub & Trainor 1998; Trehub et al. 2015）を備えた歌がみられた。高田（二〇一二）では、その数少ない例が報告されている。これは、“*ge mama mi taqe, ombiliko n|e sha g|e yami*”といった基本的なフレーズの繰り返しと変奏からなる歌である（第6章も参照）。ここでの“*ge*”、“*mama*”、“*mi*”、“*taqe*”は、それぞれ「うたう」「背中に赤ん坊を抱える」「私の」「お母さん」と訳すことができるクン語の単語である。これにたいして、“*ombiliko*”は「平和」あるいは「安心して」を意味するオバンボ語のフレーズである。“*n|e sha g|e ya mi*”はクン語のフレーズで、「ちょうど、私の方に向かってきてい

る」という意味である。したがって、歌の基本フレーズは全体として次のように翻訳できる。「ママは赤ちゃんをおぶって優しく歌っている。そして、こっちにやってくる」。クンの歌についてはまだ調査があまり進んでおらず、今後さらに多面的な検討を進めていく必要がある。当面のところ筆者は、こうした子守唄の特徴を備えた歌は、定住化の影響を受けて、年長児が乳幼児の子守りに積極的にかかわるようになるなかで徐々に増えつつあるのではないか、と考えている。

写真5-4　授乳中に年長児に話しかけるクンの母親(2002年筆者撮影)

3……遊戯的な歌とジムナスティック

第4章で示したように、クンではまだ歩きはじめていない乳児にたいして、母親による授乳、および母親も含むさまざまな養育者によるジムナスティックが日中を通じてひんぱんにおこなわれる。このジムナスティックに関しては、さまざまな民俗知識が認められる。なかでも本章と関連の深いものとして、養育者がジムナスティック中に乳児に向けて発する「カイン・コア（*lain lua*）」、すなわち「トトマ（*Tuotuoma*）」や「ツェルマ（*Tseluma*）」といったあやし名やそれを含むフレーズがあげられる（写真5—5。第4章も参照）。このカイン・コアでは、しばしばリズムやメロディにのせて、感嘆詞的なことばと語彙的なことばのいずれもが用いられる。いいかえれば、音楽的な特徴と言語的な特徴の双方が認められる。本章の冒頭で紹介した事例は、じっさいにジムナスティックとともにカイン・コアが発せられた例の一つである（詳細はTakada 2021a）。この事例では、はじめの部分でハレがむずかるような気配を示している。母親はそれを相互行為上の「トラブル」と見て、ハレに立位をとらせた。その直後、ハレはじっさいに“*n gee*”というむずかり声をあげた。すると母親はさらに、“*aa ge ge aa gu ge ge aa daba daba*”という発声をおこなった。ここでは、乳児—養育者間相互行為においてしばしば起こり得る「トラブル」に直面して、母親が即座にジムナスティック、カイン・コア、それ以外の発話、微笑、授乳を交響させながら一四週齢の女児ハレに働きかけている。これに後続するやりとりを少し見てみよう。冒頭の事例の終了部分から約三〇秒後のものである。

写真5-5　乳児にカイン・コアをおこなうクンの少女(2004年筆者撮影)

図5-3　母親は、ハレに向かって“*ndema kalowe*”という声かけをおこなった（2、4行）

1 ハレ：（ハレがやや後方にのけぞる）
2 母親：*ndema*
　　お兄ちゃん
3 ハレ：（後方にのけぞったハレの視線の先に、兄と姉がいる）
4 母親：*kalowe*
　　お姉ちゃん
5 母親：（笑い声）*hhh*
　　（母親は、両手の親指と人差し指で抱っこしているハレの身体を軽く上下運動させながら、それ以外の指で軽くハレの身体をたたいている）
6 母親：*ndema　kalowa ka　wena kalowa*
　　お兄ちゃん、お姉ちゃん、私のお姉ちゃん
7 ハレ：（むずかり声）
　　（ハレは両脚を交互に動かす）
8 母親：*obe tchaka　obe tchaka*
　　あんたは踊っている、あんたは踊っている

一行目でハレは後方にのけぞっている。というのも、三ヶ月齢の彼女はまだ、立位で頭の重さを支えることができないからである。これもまた、相互行為上の「トラブル」となりうる。それを見た母親は、ハレに向かって*"ndema kalowe"*という声かけをおこなった。この発話は「ここにあなたのお兄ちゃんとお姉ちゃんがいるよ」といった意味で、ハレが彼女の視線の先に座っていた彼女の分類上の兄（イトコだが、クンの親族分類では両親を同じくする兄〔ǁo〕と同じ親族名称で参照される）と姉の方を振り向いたかのように見なすものである。このように乳児への声かけでは、しばしば乳児と周囲の人々との親族関係が言及される。それによって乳児は、言語内容を理解できるようになるよりずっと前から、親族関係を基盤とするクンの社会関係の網の目に参加している。

続いて、母親が笑いながらジムナスティックをおこなっている間に、ハレは両脚を交互に動かしながら、短いむずかり声をあげた。すぐさま母親は、*"obe tchaka"*という発声を繰り返した。これはオバンボ語の二人称代名詞*"obe"*と歌・踊りの場面でかけ声としてよく用いられる間投詞*"tchaka"*からなる慣習的なフレーズで、「あんたは踊っている、あんたは踊っている」と訳せる。ここで母親は、またしても相互行為上の「トラブル」の兆しとなるハレのむずかり声にすぐさま応答し、ハレのむずかり声と歩行行動を楽しく踊っている行為として枠付け直したのである。このやりとりは、その様子を見ていた人々の笑顔を引き出した。

3 他の社会における初期音声コミュニケーションに関する民族誌的研究

1……グイ／ガナの初期音声コミュニケーションに関する民俗知識

乳児をあやすためにその名前を変形するサンの集団は、クンだけではない。グイ／ガナでも、養育者はしばしば愉快なやり方で、乳児に繰り返し変形された名前を使って呼びかける。グイ／ガナでは、このような実践は「サオ・カム（*sáó qx'àm*）」と呼ばれる。その文字どおりの意味は、「あやしことば」あるいは「あやす方法」である。先に見たクンのカイン・コアと似て、サオ・カムも、通常は乳児の近しい女性親族がおこなうことが多い。その実践は、しばしば乳児との対話を志向する。また、特定の音楽的パターンの反復と変奏が相互行為を快くする。筆者はこれまでも、サオ・カムの詳細な事例分析を提示してきた（e.g. 高田 二〇一九）。たとえば以下は、高齢の男性Gが彼の成人した娘Mの小屋を訪ねたときの事例である。当時Mは、生後九週齢の乳児Eと小屋の前に座っていた。Eは顔をうえにして、Mによって抱かれていた。GはやおらMの前に座り、話しはじめた。少しして、Eは四肢を動かしながら泣きはじめた。するとGは、Eに向かってさまざまな呼びかけをおこなった。Mは、自らはEに話しかけることなく、GのEに向けた呼びかけを見守っていた。以下は、その発話の一部をテクストとして抽出したものである（詳細は高田 二〇一九を参照）。

1 E：（Eは、四肢を動かしながら泣き続けている）

2 G：*éèe bāba è*

えぇ、じいじよ

3 G：*ée qx'ȍu qx'ȍu è*

えぇ、腰よ

4 G：*aá sò bāba è*

ああ、じいじよ

5 G：*ée bāba è*

えぇ、じいじよ

6 G：*ée māma è*

えぇ、ママよ

7 E：（Eが泣き止む）

8 G：*ée yeè ǁgǎe ko kx'ai?o è*

えぇ、いや、女の顔よ

一見してわかるように、テクストの内容や文法的な構成はごく単純である。まず、何度も繰り返されているフレーズ、"*ée bāba è*"は、呼びかけに用いられる間投詞"*ée*"、「祖父」の呼称として用いられる名詞"*bāba*"、呼格として振る舞う文法的小詞"*è*"という三つの単語からなる。ここでは、このフレーズが変奏をともなって繰

図5-4　GはEに向かって「ええ、いや、娘の顔よ」と呼びかけをおこなった（9行）

り返されることで、呼びかけの発話にリズムが生み出されている。この例のように、グイ／ガナでは年上の世代が年下の世代に呼びかける際、「アドレス逆転（address inversion）」が生じる、すなわち通常は年下世代が年上世代に用いる呼称（e.g. *bāba*）が、年上世代が年下世代に呼びかけるための呼称として用いられることがある（Ono 2001: 1063）。これは、親族用語によって示される関係が、日本語や英語のそれよりも強い双方向性を持つことを示唆している。上の例では、Gがこの文化的慣習にしたがって、彼の孫であるEに向かって“*bāba*”という呼称を用いたと解釈できる。また、“*ēé bāba ē*”というフレーズの変奏にあたってGは、Eにたいして複数の呼称を用いている。すなわち、三行目では“*qx’ǒù qx’ǒù*”（腰）、六行目では“*māma*”（周辺の農耕牧畜民の言語に由来する親族用語で、冗談関係にある親族一般に対する呼称として用いられる）、八行目では“*ǁgǎè ko kx’àiʔo*”（女の顔）が、“*bāba*”に代わるものとして用いられている。このうち“*qx’ǒù qx’ǒù*”は、Eの立派な腰つきを称える呼称とされている。また、グイ／ガナでは孫は冗談関係に分類されるため（Ono 2001: 1074）、Gが孫であるEの呼称として“*māma*”を用いたことは適切である。“*ǁgǎè ko kx’àiʔo*”は、Eの顔がEの母親であり、Gの娘でもあるMを思い起こさせたので、Eに対する好ましい呼称として用いられたのであろう。こうした変奏や繰り返しは、その場の状況にも応じて生み出される。たとえば、Eは七行目で泣き止んだ。この直後、“*jèè*”という間投詞が非常に低いピッチの声で発せられた（八行目）。グイ／ガナでは、乳児をなだめるためにこのような声をよく用いる。低いピッチの声は、次の名詞句である“*‖gǎe ko kx'ài?o*”まで継続している。

この事例とその分析からも示されるように、グイやガナの乳児向けの発話にはマザリーズにあてはまらない特徴がいくつかみとめられる。まず、グイ／ガナの乳児向けの発話は母親がおこなうとは限らない。むしろ、うえの事例のように、赤ちゃんを抱えた母親のもとを訪れた親族がおこなうことが多い。また、このテクストを構成する単語は、グイ語／ガナ語では一般に用いられる語彙であり、そのトーン情報も保持されている（グイ語／ガナ語は、ジュホアン語やクン語と同様、トーンの違いが単語の意味の区別に用いられるトーン言語である）。さらに、うえの事例ではピッチが相対的に高くなるというマザリーズの特徴は認められず、八行目ではむしろ通常より低いピッチの声が用いられている。こうした特徴の意義については、本節第3項であらためて論じる。

また、グイ／ガナでもサオ・カムなどを用いた音声コミュニケーションがジムナスティックの実践にともなっておこなわれることがある。さらに筆者の研究（高田二〇〇四）によれば、グイ／ガナでは、ジムナスティック中の養育者は、しばしば乳児を見つめながら微笑みかけたり、さまざまな非言語的な音で働きかけたり、キスをしたりしている。じつは、このうち非言語音には多くのバリエーションがあり、しかもそれらを表す豊かな語彙がある。たとえば「ゴネ（*gǂúnè*）」は、手首を振りながら人差し指をあてた中指と親指とを強くすり合わせてパチンと鳴らす行為を指す。男女とも乳児の注意をひくためにゴネをおこなうという。ゴネはまた、猟犬に合図をするときにもおこなわれる。「ガバ（*ǂGàbà*）」は、閉じ合わせた両唇を呼気でふるわせ、「ブルブルル」というように連続的に有声のふるえ音をだす行為をさす。ガバもやはり男女を問わず、乳児の注意をひくためにおこなわれる。さらには、ヤギにたいしてもおこなわれるという。また、養育者はしばしば前歯を下唇につけて息を吸い込むときに生じる高い音、つまり唇歯破擦タイプのクリックを乳児に向けて発する。乳児はこの音を聞くと、よく音の方を向いて笑うのだという。この音を発するのは女性だけである。この音はもっぱら女性がおこなう虱とりの場面でもよく発せられるので、それが赤ちゃんとのやりとりにも援用されるようになったのではないかと推察される。

加えて、クンほどひんぱんにではないが、グイやガナでもジムナスティックを実践する養育者は、乳児の身体をやさしくたたく（タップする）ことがある。先述のように、クンではこうした行動がカインと語彙化されている。いっぽう、グイやガナでは、これに完全に対応する語彙は認められない。だが、いくつかの関連する語彙はある。たとえば「ゴビ・ゴビ（*gǁúbi gǁūbi*）」は、泣いている子どもに聴かせるために、養育者が自分の胸を掌で軽くたたく行為であるゴビ（*gǁúbi*）を続けることを指す。“*θìi θìi θìi θìi*”という発声とともにゴビ・ゴビをおこなうと、子どもは早く眠るという。ゴビ・ゴビは、ハゲワシが降りてくるときに羽根を羽ばたかせることも指す。

また第4章第3節で見たように、グイやガナでは運動発達をうながすツァンド（*tsàndō*）とともに詠唱する、“*tsàndō ǀúārī kù kùà khùrí*”（ツァンド、子どもたちはもうすぐ歩きはじめる。第4章も参照）という詩句も知られている。人々は、楽しげな雰囲気でこの詩句を唱えながら、乳児にツァンドをおこなうのである。歩行訓練と関連する音声としては、さらに以下がある。あるグイの老女は、咽頭化音を使って“*mẽ mẽ*”という発声を繰り返していた。これは、レッド・ハーテビースト（*Alcelaphus caama caama*）の幼獣の鳴き声の擬音語だそうである。レッド・

ハーテビーストの幼獣は、このように鳴きながら跳びはねるように歩くという。またゲムズボック（*Oryx gazella*）の幼獣は、“*gui gui*”と鳴くそうである。グイやガナは、これらの発声をしつつ乳児にジムナスティックをおこなうことがある。これはその子に、これら二種類の大型アンテロープのように上手に歩いたり、走ったりすることを教えているのだという。

2……赤ちゃんに向けた音楽・言語的働きかけの普遍的特徴

赤ちゃんに声かけをおこなうのは、もちろんサンだけではない。そこで、もう少し広い世界における養育者—乳児間の音声コミュニケーションに目を向けてみよう。これに関する初期の研究は、乳児に向けた母親の発話に共通する特徴を見いだすことに注力した。なかでも人類学的言語学者であるチャールズA.ファーガソン（Charles A. Ferguson）は、幼い子どもにたいする話しかけについての通言語的な研究のパイオニアである。ファーガソン（Ferguson 1964）は、六つの言語における赤ちゃんに向けて話しかけ（彼は、これを赤ちゃん語（baby talk）と呼んだ）を比較した。その結果、単純な構音、繰り返しの優位性、形態素の基本形式の存在（たとえばCVC、CVCV）、屈折接辞（inflectional affixes）の不在、特別な接辞の存在、および通常とは異なる文法機能での単語使用といった特性が、赤ちゃん語には一般的にみられることを確認した。さらに、多くの言語において赤ちゃん語に共通したいくつかのイントネーションの特徴、すなわち全体的に高いピッチ、特定の音調曲線（contour）の選好、および特殊な音韻論的高音が認められることを指摘した。ただし、ファーガソン自身は、赤ちゃん語の特徴は普遍的なものではなく、その他の言語現象と同じように、文化的に慣習化されて伝えられるものだと考えていた。

しかしながら、彼の研究から示唆を得た多くの心理学者は、先述のように、これを「マザリーズ」と呼んでその普遍的な特徴を見いだそうとした。たとえば、ファナルドとサイモン（Fernald & Simon 1984）は、ドイツ人の母親が生後三日から五日目の乳児におこなう発話は、成人にたいする発話と比べると、高いピッチ、広いピッチの振れ幅、長い休止、短い発話、多くの韻律的な反復、および広がったイントネーション曲線といった特徴があることを示した。

その後、マザリーズの特徴がみられるのは、母親による話しかけに限らないことがわかってきた。さまざまな文化的状況における子ども向け発話の研究をレビューしたスノウ（Snow 1986）によれば、母親だけでなく、その他の成人や子どもでさえ、年少児に話しかけるときは、文法的に単純化され、繰り返しの多い話し方をする。そしてこのような話し方は、言語を学習中のすべての子どもたち、すなわち、北米の中流家庭で母親によって養育され、成長している子どもだけでなく、拡大家族のなかで暮らし、年上のキョウダイやイトコによって養育され、母親との二者間の相互行為をもつ機会の少ない子どもにたいしても用いられる。こうした知見から、これらの特徴をもつ発話は、母親語にかわって乳児向け発話（Infant-Directed Speech, IDS）と呼ばれるようになっていった（e.g. Werker & McLeod 1989）。ちなみにこうした研究の文脈では、マザリーズやＩＤＳに加えて、親語（parentese）、子ども向け発話（child-directed speech）、乳児向けトーク（infant-directed talk, IDT）といった用語も用いられてきた。しかし、本書の以下の部分では次の理由からIDSpeechやIDSongを採用する。まず、「マザリーズ」と「親語」という用語を用いないのは、母親または親だけが特別な方法で乳児と話すという誤解を招く印象を与えるからである。また、とくに本章では、筆者はおもに養育者と乳児の間のコミュニケーションに関心があるので、より広い年齢範囲の子どもに向けた発話を指すCDSpeechという用語は用いないことにする。IDSとIDTという概念の間には、少なくともこれらを用いてきた研究者の間では、重要な違いはないようである。筆者が本書でIDTという用語を使用しないのは、たんにこれがIDSほど研究者の間で普及していないからである。

上述のように、IDSの特徴の多くはその韻律面にある。そこで、単語の韻律が文法に組み込まれている声調言語においてIDSがどのように表現されるのか、という問題意識が生じた。こうした観点からグリーサーとクール（Grieser & Kuhl 1988）は、音韻的に異なる四つの声調を使い分ける北京語におけるIDSの特徴を検討した。その結果、二ヶ月児に向けた母親の発話には、成人に向けた発話と比べて、有意に高いピッチ、大きい周波数幅、短い発話、およびゆっくりとしたテンポといった特徴が認められた。北京語におけるこれらの特徴は、英語やドイツ語などの非声調言語で報告されているIDSの特徴とよく似たものであった。そこでグリーサーとクールは、このような特徴は、IDSの普遍的なパターンを反映していると論じた。

さらにファナルドら（Fernald 1989）は、英語および米語、イタリア語、フランス語、ドイツ語、および日本語におけるIDSの比較研究をおこなった。その結果、いずれの言語でも、母親および父親は一〇ヶ月から一四ヶ月齢の乳児に話しかける場合、成人に話しかける場合と比べて、高いピッチ（F０）、大きい周波数幅、短い発話、および長い休止を用いていた。ここからファナルドらは、IDSにおける韻律的な変奏は、ある程度普遍的であると主張した。

より最近では、養育者と乳児の相互行為を音楽的対話としてとらえるアプローチに注目が集まっている（e.g. マロックとトレヴァーセン 二〇一八）。さらに、初期の母親語あるいはIDSの研究では混在していた言語的な特徴と音楽的な特徴を、乳児向け発話（Infant-Directed Speech, IDSpeech）と乳児向け歌（Infant-Directed Song, IDSong）にわけて概念化するようになってきている。本書でも、以下ではこれらをわけて記述する。トレハブらは、IDSpeechよりもIDSongの方が乳児の注意を引くのに効果的であること（Nakata & Trehub 2004）、IDSongは乳児の友好的な行動を誘発する傾向があること（Cirelli & Trehub 2018）、IDSongの基本的なジャンルとして、子守唄（lullaby）と遊戯的な歌（play song）をあげることができること（Trehub & Trainor 1998）などを精力的に主張してきている。ただし、IDSpeechやIDSongについての研究はまだ歴史が浅い。とくに、その文化的多様性、社会的機能、発達的過程、生業様式との関連などに関しては、さらなる検討をおこなっていく必要と意義があるだろう。以下で見るような人類学的アプローチは、こうした検討を進めていくのにたいへん有効だと思われる。

3……赤ちゃんに向けた音楽・言語的働きかけの文化的多様性

IDSpeechの普遍性についての主張は、多くの研究者の関心を惹いた。それとともに、それに対する反証と反論が提示されるようになった。たとえば、IDSpeechが大人向け発話（ADSpeech）よりも高いピッチを普遍的に採用しているという主張にたいしては、以下のような反論がある。ラトナーとパイ（Ratner & Pye 1984）によれば、キチェ・マヤ（Quiche-Mayan）の大人は、しばしば成人の受け手に敬意を示すために高い音域を使用する。そのため、キチェ・マヤのADSpeechは相対的に高い平均F０によって特徴付けられ、IDSpeechとADSpeechの差が減少する可能性がある。このように、いくつかの社会における慣習や規範は、ADSpeechやIDSpeechの用い方に影響を与えることが示されている。同様の指摘は、IDSpeechの内容についてもおこなわれている。ゴットリーブ（Gottlieb 2004: 119）によると、米国の中産階級の母親がしばしば赤ちゃんの成長を讃えておこなう「私の、なんて大きな赤ちゃん！」「彼はなんてふっくらしているの！」といった発話は、西アフリカのベンの母親では、決してよいこととは見なされない。それどころか、そのような発話は非常に危険だと考えられている。こうした発話は、その表面的な意味の反対の含意をもち、赤ちゃんの成長を止めたり、体重を減らしたりするおそれがあると信じられている。このため、それを発する人は愚か者、場合によっては魔女だとみなされるのである。

乳幼児向けの発声の量についても、真剣な検討を進めることが求められている。欧米の中産階級の社会では、子どもはたいてい家庭での相互行為の中心に位置づけられており、養育者が子どもとの音声コミュニケーションを促進することを熱望している。これとは対照的に、キチェ・マヤでは、「乳児と親たちの間の音声コミュニケーションは、最小限にしか生じない」。そして「キチェの両親は、子どもが話すことを学んだ後になってやっと、その子を会話のパートナーとしてあつかうようになる」のである（Pye 1992: 242-243）。またカメルーンの定住化したバカの間では、採集キャンプにいるか村にいるか、乾季か雨季かといった状況には関係なく、母親が乳児（一～一三か月齢）と話したり、うたったりしていたのは、観察された時間のうち一〇％弱の間にすぎなかった（Hirasawa 2005: 379）。この割合は、上述のクンの母親が使用していた発話の量とほぼ同様である。またジャワでは、農村部であるか都市部であるかにかかわらず、幼児はまだ言語を理解できないと考えられている。そのため、大人が幼児と話すことはめったにない（Smith-Hefner 1988: 172-173）。オーストラリアの先住民の一集団であるワルピリのあいだでも、二歳未満の子どもによる発話は言語とはみなされておらず、欧米でしばしばみられるように子どもの初期のことばを拡張して理解したり、それをより適切なものに修正したりするようなことはない（Bavin 1992: 327）。そのようなコミュニティでは、大人は一般に幼い子どもに意図を伝えようとはしない。すなわち大人は、彼らが理解可能な語彙を子どもが使用するようになるまでは、子どもを発話の宛先とはみなさないのである（Ochs & Schieffelin 1995: 172）。

さらにいくつかのコミュニティでは、子どもたちが文法を習得するためには、単純化された発話ではなく、より言語学的に複雑な発話を聞く必要があると信じられている。パプア・ニューギニアのカルリのあいだでは、大人は「米国の親たちが幼い子どもの前で赤ちゃん語を発することに驚き、そんなことをしていて子どもがどうやって適切な言語を話すことを学ぶことができるのか、いぶかしがっていた」（Schieffelin 1990: 173）。興味深いことに、カルリの養育者はしばしば、乳児に直接話しかけるのではなく、乳児「に代わって」話していた（乳児の発話を代弁していた）。すなわち、カルリの養育者はしばしば乳児を抱っこしながら、発話を文法的に単純化することなく、あたかも日本の腹話術のように、甲高い鼻音化された音域で第三者と話していた。そしてこれらの発話では、乳児は話者（speaker）としては提示されているものの、それらの発話の作者（author）であるとは考えられていなかった。

スコロン（Scollon 1982）が報告しているように、北米のアサバスカ諸語などの多くのコミュニティでは、子どもの不明瞭な発話に大人が文化的な注釈（gloss）を与えることは珍しくない。しかし、これは欧米の中産階級でのように子どもがじっさいに言いたいことを大人が理解したり、理解しようとしたりしている、ということは意味しない。むしろ、彼らはしばしば、子どもの不明瞭な発話に文化的に適切な注釈を与えているのである（Ochs & Schieffelin 1995: 178）。同様に、日本の中産階級の養育者もしばしば、子どものジェスチャーや発話を文化的に許容可能な様式に再定式化または再構成する（e.g. Cook 1996）。これにより養育者は、子どもの発話において意図された意味を拡張し、子どもを文化的に適切な言語の使用に向けて導くことができる、と考えている。さらに、使用する言語の適切性は、ある文化のなかでも異なった形式化が進んでいる可能性がある。たとえばミード（二〇〇一：一六一―二〇）によれば、仏教やヒンドゥー教の影響が強いインドネシアのバリでは、自分よりも高いカーストの人に話しかけるときには「上品な」ことばを使わなければならず、一つの文をまわりくどく伸ばしながら表現を飾り、前置詞や副詞にいたるまで、「不作法な」話し方とはまったく異なる単語を使う。また、新生児は異界と近い存在なので、大人が普通につきあうことはできず、上品なことばで話しかけられる。そして、アメリカ人の母親であれば子どもに簡単で丁寧なことばを復唱させようとするような場面で、バリの母親は一人称でよどみなく朗々と話すという。

4　音響刺激の組織化と子どもの社会化

初期の音声を用いたコミュニケーションは、音楽性に彩られているとともに言語的な意味のやりとりの前駆ともいえる特徴を備えている。本章の以下の部分では、これまで見てきたサンをはじめとする人々の民族誌的な資料に立脚しつつ、第1章で導入した個体発生的発達、文化―歴史的発達、系統発生的発達という三つの枠組みに沿って、初期音声コミュニケーションの発達について再考する。

初期音声コミュニケーション、とりわけIDSpeechやIDSongに注目した多くの研究者にとって、その特徴がじっさいの子どもの個体発生的発達にどのような影響を及ぼすのか、という問いは大きな関心ごととなってきた。これに関してファナルドら（Fernald & Simon 1984; Fernald et al. 1989）は、次の三つの仮説を提案している。（1）IDSpeechやIDSongの強調されたピッチ曲線は、乳児の注意を惹き、それを維持するための顕著な音響刺激を提供する（以降、注意喚起仮説）。（2）IDSpeechやIDSongの韻律的特徴は、乳児の覚醒レベルを調節し、乳児にたいする感情を伝達するために用いられる（以降、感情コミュニケーション仮説）。（3）IDSpeechやIDSongにおける韻律的な変形は、言語理解および発話過程を促進する（以降、言語習得仮説）。

IDSpeechやIDSongの普遍的な特徴を見いだそうとして実験的研究をおこなった研究者は、さまざまな子どもの発達段階で（1）の注意喚起仮説が正しいことも示してきた。たとえばこうした研究は、新生児でさえその聴覚のいくつかの領域で有能であることを実証している。生後わずか数日の乳児でさえ、母親の声を別の女性の声と区別でき、実験において聴かされた声に応じて適切な感情的反応を示すことができるのである（DeCasper & Fifer 1980）。デキャスパーとファイファー（DeCasper & Fifer 1980）は、そのような能力は、胎児期の経験によって影響を受ける可能性があると主張している。またスペンスとデキャスパー（Spence & DeCasper 1987）によると、妊娠中の母親による語りかけは、彼女の子宮内では高周波ノイズを含む人工的な声のように聞こえる。こうした聴覚刺激は、妊娠中の乳児にとっては効果的な刺激であり、学習の強化子として機能する。そして、胎児期にこうした聴覚刺激に多くふれた子どもたちは、出生後もその胎内での聴覚印象に似た高周波ノイズを含む音声を好むようになるのだという。したがって、母親をはじめとする主要な養育者の声、またIDSpeechやIDSongの大きな特徴の一つである高いF０パターンが、生後すぐでさえ赤ちゃんの注意を惹きつけることは確からしい。さらに、ファナルドとクール（Fernald & Kuhl 1987）は、IDSpeechにたいする乳児の好みの音響的決定要因を調査している。この研究は、生後四か月の乳児が、ADSpeechと比べた場合にIDSpeechを特徴付けている、基本周波数（F０。ピッチと相関する）、振幅（音の大きさと相関する）、持続時間（発話のリズムに関連する）という三つの音響特性のそれぞれを区別できるかどうかを調べた。すると対象児たちは、IDSpeechの高いF０パターンに有意な選好を示した。いっぽう、IDSpeechの振幅および持続時間にたいしてはそうした選好を示さなかった。したがって、四ヶ月児はIDSpeechやIDSongのF０特性にたいしてとくに敏感らしい。さらに、生後六か月ごろになると、乳児は母国語に特有の音声に反応し、自らの発声を制御できるようになる（Kuhl et al. 1992）。また、乳児は遅くともこのころまでに、音楽的な形式で養育者の発声を繰り返し聞くことを楽しむようになる。これは、IDSpeechやIDSongのより詳細なパターンを乳児が聞き分け、選好するようになることを示している。

注意喚起仮説が正しいことは、本章で紹介してきた民族誌的な資料によっても裏付けられている。たとえば、冒頭のクンの事例では、母親が一四週齢の乳児のむずかり声に応じてIDSpeechやIDSongの特性を備えたカイン・コアを含む声かけをおこない、注意を惹こうとしていた。この声かけは、身体的な接触や視線のやりとり、リズミカルな動作をともなうジムナスティックと合わさって、乳児の泣きをはじめとした相互行為上のトラブルを回避していた。またグイ／ガナでは、乳児の注意をひきやすいさまざまな非言語音や言語音（含、サオ・カム）が用いられており、養育者もその特性を意識していた。マーシャル（Marshall 1976）が報告している、ジュホアンの乳児向けの歌も赤ちゃんの興味を惹くIDSongの特性を備えていたようである。

上述の注意喚起仮説について検討した研究の多さとは対照的に、感情コミュニケーション仮説や言語習得仮説は、おそらく方法論的な制約のために、これまで実験的研究ではあまり注目されてこなかった。これにたいして、本章で紹介してきた民族誌的な資料は、これらの仮説を検討するうえで重要な知見を多く含んでいる。まず、感情コミュニケーション仮説については、クンのカイン・コアやグイ／ガナのサオ・カムが、乳児との身体的な接触や視線のやりとり、リズミカルな動作をともなうジムナスティックと渾然一体となって子育て場面の楽しい雰囲気を醸し出す様子をよく伝えてくれる。またマーシャル（1976）やオリビエ（Olivier 2001）がジュホアンについておこなったような、子どものための歌・踊りの音楽学的な記述は、文化的に特徴的な感情の機微と多様性を理解するための貴重な資料となる（第6章も参照）。

民族誌的資料はまた、ケイ（一九九三）のそれぞれの段階でどういった感情コミュニケーションが生じているのかを示すための重要な資料となる。赤ちゃんをおもてだって讃えることを危険と見なすベンの事例は、愛情にあふれた赤ちゃん向けの感情表出が、必ずしも文化的な価値観や望ましさとは合致しないことを教えてくれる。また、本章で提示したようなクンのカイン・コアやグイ／ガナのサオ・カムの分析は、乳児の随意的な応答が可能になる第二段階（生後二ヶ月ごろから見られる、親がいっぽう的に子どもに意図を読み込む段階）における、養育者と子どものかかわりの文化的な多様性を経験論的に明らかにしてくれる。また、クンでは母親よりもそれ以外の人々を合わせた言語的発話の方がずっと多く観察された。これは、母親だけではなく、それ以外の養育者も巻き込んだ言語的発話による感情コミュニケーションが社会化のために重要な働きを担っていることを示している。そうしたクンの言語的発話では、母親以外の人々のなかでは子ども（女子、男子）や青年（女子）が多くをしめていたが、身体的接触と比べると相対的に大人（女性、男性）の割合も大きくなっていた。乳幼児に向けた発話は、文化的な文脈や慣習を反映した創造的な営みであり、しばしばさまざまな人々が混在するなかでおこなわれる。さらに、子どもが歩きはじめるとおこなわれなくなるジムナスティックとは異なり、乳幼児期を通じて観察することができる。また、クンにおける子どもたち自身による言語的発話の年齢による傾向としては、たとえば四歳児になると、子ども同士でのやりとりが全体の九割を越えるようになることが注目される。この年齢では、子ども同士の言語的なやりとりが社会化にとって重要な働きをしているのであろう。こうしたやりとりを分析していくことは、第3、4章で論じた愛着形成の多様な型とそれが形成されていくプロセスを見いだすためにも重要である。

言語習得仮説については、民族誌的資料はさまざまな反例を提供するだけでなく、この仮説を提起する背景となった欧米や日本の文化的な特殊性を示唆する。上述のように、サンをはじめとする伝統的社会に生きている人々が、乳児期初期に言語習得を促進させようとする動機付けを示すことはほとんどない。そうした社会では、適切な時期まで子どもと話すことを待つことが望ましいとされている（キチェ・マヤ、ジャワ、ワルピリ）ばかりか、そうした動機に駆り立てられて子どもを中心とした生活を送っている米国の養育者たちを見てあきれる（カルリ）ことさえあるのだ。

こうした態度は、養育者がIDSpeechやIDSongを効果的に使用して、ヴィゴツキー（1962）が子どもの発達の「最近接領域」と呼んだものに働きかけ、スムーズな相互行為をうながそうとすることとは矛盾しない。しかしながらそうした相互行為は、「今ここ」で子どもとかかわることの楽しさを重視した遊びに動機づけられている。結果的に言語習得が促進されたとしても、それはスムーズな相互行為を積み重ねた副産物といったほうがよさそうである。こうした民族誌的資料は、言語習得仮説が西欧社会あるいは産業社会において暗黙裏に前提とされてきた信念体系としての民俗教育学または民俗発達理論を反映していることを示唆している。いいかえれば、この点ではむしろ西欧社会や産業社会における子育ての方が、子どもの将来を見すえて言語習得を促進させようとする教育的なイデオロギーに動機づけられているといえそうである。

ただし、冒頭のクンの事例のように、むずかり声を発音の面でパラフレーズしてより協力的なニュアンスのある発話に言い直したり、頭の重さを支えられずに後方にのけぞった姿勢をキョウダイの方を向いたと見なしたりして、社会・文化的により望ましい行為として再枠付け（reframing）するようなシーンは、伝統的社会においてもしばしば見られる。こうした再枠付けは、子どもの不明瞭な発話に大人が文化的に適切な注釈を与える（アサバスカ諸語、日本）ような活動にもつながっていると考えられる。

通常の社会的状況では、乳児はたいてい複雑で動的な刺激にさらされている。さらに、養育者と乳児の間のじっさいのコミュニケーションは、基本的に間主観的であり、対人的な交流として相互に価値づけられている。いいかえれば、養育者と乳児の相互行為は、つねに特定の社会文化的な場面で実践されている（Ochs 1988）。感情によるコミュニケーションや言語習得は、そうした文脈で生じるのである。本章で紹介したカルリにおける乳児の発話を代弁する慣習やバリにおける社会関係に応じた話し方の複雑な使い分けが示唆するように、感情によるコミュニケーションや言語習得は、必ずしも子どもが大人との単純化されたコミュニケーションに直接参加することによって達成されるとは限らない。子どもたちとの相互行為を組織する方法は、コミュニティごとに大きく異なる。そしてこれらの違いは、子どもたちの文化的知覚、言語習得の道筋、そして子どもたちに向けた養育者の感情表現と関連し合っている。

5 初期音声コミュニケーションの文化的構造

初期音声コミュニケーションに関する民族誌的資料にみとめられる文化的な多様性は、もちろん、その文化―歴史的発達についてもさらなる議論をうながす。本章で示してきた知見のなかではまず、先行研究ではIDSongの二大ジャンルの一つを構成すると考えられてきた、母親による乳児の睡眠をうながす子守唄が、サンではほとんどみられないことがとくに注目される。その理由としては、クンでは母親が長期間にわたって乳児と接触し、ひんぱんに授乳をおこなうこと、母親は授乳中の乳児にはほとんど音声的な働きかけをおこなわないこと、乳児は授乳から睡眠に移行することが多いことなどがあげられる。つまり、ひんぱんに授乳をおこなうクンのお母さんたちは、赤ちゃんを寝かしつけるためにわざわざ子守唄を用いる必要がほとんどないのである。いっぽう、労働歌の一ジャンルだと考えられる守子歌（子守りを担当する子どもが労働のつらさやたいくつさを紛らわすためにうたう歌）の事例は、例外的かつ遊びの文脈と関連してではあるが、ジュホアンやクンでも観察される。クラシック音楽の三大子守唄、すなわちモーツァルト（ただし、現在はフリースによるものだという見解が有力である）、シューベルト、ブラームスによる子守唄に代表されるような西欧の子守唄は、たいてい男性の作曲家・作詞家の手によるものである。それもあって、そうした子守唄は、歴史的・文化的に形成されてきた母親の理念型（第4章も参照）、つまり母親はこうあって欲しいという彼らの側のイメージを反映しているのであろう。先行研究におけるIDSongに関する議論も、そうした理念型に影響を受けている可能性が高い。しかし、そうした理念型が子育ての実践とどのようなかかわりをもっているかはよくわかっていないし、文化の違いを超えて普遍的に分けもたれている保証もない。IDSongに関する議論やその前提については、今後さまざまな社会的状況における文化的実践についての経験的な資料、とりわけ民族誌的な資料を収集・分析することを通じて再考していくことが必要となるだろう。

いっぽう、クンのカイン・コアやグイ／ガナのサオ・カムは、IDSongの二大ジャンルのうちのもう一つのジャンルである遊戯的な歌としての特徴をふんだんに備えている。カイン・コアやサオ・カムは、しばしばジムナスティックとあわせておこなわれ、相互行為の文脈に応じてむずかる乳児をなだめたり、楽しませたりする。これは、モーショニーズ（Brand et al. 2002）と呼ばれる、動作や接触をともなったIDSongの好例でもある。こうした相互行為は、養育者と乳児の双方による感情経験や情動的スタンスの提示（Goodwin et al. 2012）と結びついている。またカイン・コアを含む相互行為には、マルチ・モーダルな共同的音楽性（マロックとトレヴァーセン二〇一八）があふれている。共同的音楽性は、初期音声コミュニケーションのさまざまな様式に認められるとともに、より広範なコミュニケーションの基礎的動機に光をあてる概念であり、相互行為の参与者が間主観性（Trevarthen 1979, 1999）を達成するための強力な道具でもある。いいかえれば、間主観性の発達は、共同的音楽性に支えられている。

ある社会における初期音声コミュニケーションの形式は、その社会の歴史、慣習、制度とも関連している。ルソーの思想にその着想をさかのぼる、赤ちゃん向け発話を音楽的対話とみなすアプローチは、人間の原初的コミュニケーションの普遍的な側面を明らかにしようとしてきた。その過程で、養育者—乳児間相互行為を秩序づけるためには、赤ちゃん向け発話における儀礼的な側面、すなわち特定の形式をめぐるやりとりが養育者と乳児の双方に義務的に要求されること（マーカー二〇一八）が、とりわけ重要であることがわかってきた。そうした儀礼的な側面は、多くの他の言語ジャンルと同様に、その社会ごとの歴史、慣習、制度を反映している。ベンの母親たちが赤ちゃんをおもてだって讃えるのを避けることは、赤ちゃんをあの世とこの世の中間的な存在だと見なすベンの人間観や宗教観と深くかかわっている（Gottlieb 2004）。バリでは、仏教やヒンドゥー教の影響が強いさまざまな儀礼的なかかわりやそれにふさわしい言語ジャンルが発展しており、子どもは物心つく前からそうしたかかわりの網の目に組み込まれている。音楽的対話における儀礼的な側面の分析・理解を進めることは、古くはピュタゴラスの時代にさかのぼり、ラモーの音楽理論をも支えていた、人間は音楽によって自己を超越した存在と結び付けるという視座を現代に蘇らせることにもつながる。そうした存在は、古くは神と呼ばれ、現代では社会がそれに相当するといえるかもしれない。そして、初期音声コミュニケーションに関する文化的多様性について適切に説明するためには、それがうめ込まれた社会の歴史、慣習、制度、いいかえればその社会文化的な環境についての真剣な分析が不可欠であろう。

6　進化と初期音声コミュニケーションの構造化

近年になって加速度的に増えてきた初期音声コミュニケーションに関する研究は、ヒトの系統発生的な発達についての理解にも、新たな光をあてつつある。本章の冒頭で記したように、一八世紀後半にルソーは、それまで主張されていた神の摂理ではなく、人間同士の原初的なコミュニケーションこそが音楽の起源であると主張した。ルソー（二〇一六a）によると、原始的なコミュニケーションでは歌と発語が融合しているため、言語の起源は音楽性にも起因している可能性がある。こうしたルソーの考えに沿って、一八七一年、ダーウィンは「声（oratory）のリズムや韻律は、より原初的に発達した音楽の力に由来している……音楽的な音響は、言語の発達の基盤の一つとなっている」と主張した（Darwin 1871: 336）。

現在の進化生物学や行動生態学における議論は、上記のようなルソーやダーウィンの主張を追究し続けている。たとえば、第4章でも論じたように、人間のコミュニケーションの特徴はその乳児期における姿勢反応の進化とかかわっていると考えられる。竹下（一九九九a）によれば、ヒト以外の大型類人猿やマカクザルの赤ちゃんは、母親に抱かれていてこそ安定した姿勢を保っていられる。母親から引き離して他に何もしがみつく物がない状態であおむけにされると、じっとはしていられず、四肢をばたつかせる。これに対してヒトの赤ちゃんは、霊長類の赤ちゃんのなかでは例外的に、あおむけにされても安定した姿勢を保つことができる。そして、このあおむけの姿勢はしばしば、本章のガナの九週齢児にたいするサオ・カムの事例でもとりあげたような、表情や視線、発声を通じた赤ちゃんと養育者の交流をうながす。赤ちゃんが一人で座れるころになっても、そうした赤ちゃんと養育者との交流はより複雑なかたちをとって続いていく。本章でとりあげたクンの一四週齢児にたいするカイン・コアの事例は、その好例である。その後、赤ちゃんがハイハイや歩行によって移動能力を向上させても、赤ちゃんはしばしばその場にとどまって養育者とかかわることに興味を示す。やまだ（一九八七）は、こうした赤ちゃんの相互行為にたいする構えを静観的認識と呼んで、人間の音声によるコミュニケーションの発達におけるその重要性を指摘している。本章のクンのデータでは、ひとり歩きが可能になる一歳以降も、音楽・言語的なやりとりを通じて大人の養育者と活発にかかわっていること、子ども同士の音楽・言語的なやりとりは次第に増え、四歳児になるとほとんどの音楽・言語的なやりとりが子ども同士のものになることが明らかになった。

これと関連してディッサナヤケ（Dissanayake 2009）は、人間の母子間相互行為が音楽の進化に関連しているという仮説を立て、この仮説を検証するためには、次の相互に関連する三つのテーマについてさらに研究を進めていく必要があると主張している。（1）母親によって子どもに提示される信号の特質。（2）そうした信号にたいする乳児の強い、そして教えられなくてもみられる（いいかえれば、生得的な）受容性。（3）コミュニケーションにたいする乳児の積極的な貢献。これらについては、先述のIDSpeechやIDSongについての研究だけではなく、霊長類学や古人類学における知見に基づいた検討が進んでいる。たとえばフォーク（Falk 2004）は、チンパンジーとヒトの間で母子間のジェスチャーと発声による相互作用を比較考察し、初期人類におけるそれに対応する仕組みのモデル化を試みている。チンパンジーとヒトのデータ、および古人類学の証拠を考え合わせると、後期のアウストラロピテクスや初期のホモ族において見られた脳の肥大化傾向は、現代人において観察されるIDSpeechと同様の韻律的特徴を備えた原言語（proto-language）をもたらしたこと、そのいっぽうで女性の分娩を困難にし、彼女たちが相対的に未発達な新生児を出産するような選択圧を生じさせたことを示唆する。その結果、初期人類の母親は、現生人類の乳児と同じく、母親の身体にしがみつくことすらできない乳児を安心させ、その行動を制御するための新しい方略、すなわち音声によるコミュニケーションを採用した、とフォークは考える。これと関連して、ジュホアンなどの研究に基づくHGCモデルが提示した特徴のうち、たとえば母親が赤ちゃんと密着して採集活動等をおこなうことや授乳期間が三〜四年もの間にわたることについては、チンパンジーにも類似の特徴が認められる。そこでフォーク（2004: 499）は、こうした特徴の起源はヒトとチンパンジーが分化する前にさかのぼることができるかもしれないと述べている。母親は、ワカモノが自分の後をついてくることをうながすために韻律やジェスチャーを多く使用した。その過程で、ある種の発話（単語）の意味が慣習化されていった。このフォークによる仮説は、上記のように乳児に注意深く付きそっていた初期人類の母親には強い選択圧が働いた、またそのような母親は、乳児の行動を制御するためその発声や身ぶりを意識的に変化させる遺伝的な能力をもっていた、という前提に基づいている。そして先行研究は、これら二つの前提の双方を支持しているのだという。

さらに、本章で紹介したような、さまざまな感情コミュニケーションを通じて子どもが発達させる発話に関する能力は、その子どもが養育者の関心をよりひきつけるために進化してきた可能性がある。ハーディは、乳児の喃語は、言語よりも前に、そして言語とは別の理由で進化したと推測している。ハーディによれば、私たちの祖先は、養育者の関心をひく必要があったがゆえに養育者に向けて喃語を発するようになった賢い類人猿であった。そして、もっともうまく喃語を発した子どもがもっとも手厚い養育を受けて、話すことを学び、進化史におけるまったく新しい可能性の世界、すなわちことばによってかたどられた世界に入っていった（Hrdy 2005: 88）。この仮説についての理解は、これからさらにヒトやその近縁な動物種の進化史やさまざまな言語の文法化（語彙をあらわす単語が文法的な機能を帯びるようになる、あるいは機能的な単語がさらに機能的に変化していくような言語変化）に関する資料の収集、およびそれについての経験論的な議論を積み重ねることによって、さらに深まっていくであろう。ハイネとクテヴァ（Heine & Kuteva 2002）によれば、人類史における最初期の言語は主語や動詞を備えていたいっぽうで接辞や文法的な機能語はもたなかった可能性が高い。最近では、こうした研究から再構成された原言語と身ぶりや道具使用との関係を明らかにしようとする野心的な研究も進められつつある（e.g. Bickerton 2002; Falk 2004）。いっぽう、本章のクンの子どもに向けた言語的発話に関する民族誌的なデータは、母親をはじめとする主要な養育者による世話に依存していた乳児は、その後、次第に仲間同士の相互行為への関与を高めていくことを示している。次章では、これについてさらに論じる。

第6章

子ども集団活動

ゴベは二歳、女の子だ。エコカの朝は、思いのほか寒い。今は八月だから雨は降らないが、朝の澄んだ空気は水分を多く含んで冷たい。ゴベの家は、村のほかの家と同じようにお父さんたちの手作りだ。近くの林から切り出した木を地面に直接円い形に埋め込み、そのうえに束にした長い草がしっかりとしばりつけてある。放射状に木を組んで作った屋根には、雨季でも水が漏らないようにとくに念入りに草が葺いてある。この家には今、お父さんのマルティンとお母さんのチチニ、そしてゴベが住んでいる。隣の同じかたちをした少し大きめの小屋にはおじいちゃんのノメとおばあちゃんのリネア、そしてゴベがいつも一緒に遊んでいるお母さんのキョウダイたちが住んでいる。キョウダイのなかでは、お母さんが一番年上だ。お父さんは、おじさんのゴイと一緒に遠くに働きに行った。しばらくは家に帰ってこない。

乾いた砂地に陽が射しはじめたころ、砂のうえにポリタンクを中心とした子どもたちの輪ができた。いつものダンスがはじまる。中心にいるのはコエ、一三歳でお母さんの妹、そして太鼓と歌の名手だ。タタタタタタタン、タタタタタタタン。斜に構えて、コエを真似るように腕組みをしていたコエの妹ヒルマが、ポリタンクを鳴らす小刻みな音と一緒に軽やかなステップを踏みはじめる。

「エンゴベ・イマヌエラ、エンゴベ・イマヌエラ」、コエは耳慣れたメロディを高いピッチで口ずさむ。「エンゴベ・イマヌエラ (*engobe Immanuela*)」というのは「牛」と人の名前の「イマヌエル」という意味だ。ポリタンクにたたきつける手の動きが速くなる。太鼓のリズムを聞きつけて近くにやってきたゴベは、ちらちらそちらを見ながら砂をいじっている。「ゴベ、こっちに来て踊んな。こっちに来て踊んなよ!」、コエが呼びかけた。待ってました、とばかりにゴベは立ち上がった。そしてたどたどしい足どりで、ダンスの輪の中心に飛び込んだ。ヒルマの声で「エンゴベ・イマヌエラ」という歌詞が響く。ゴベが振り向くと、ヒルマはリズミカルな手拍子

図6-1　オア・コロ・オニャンガ（1）（筆者が収録したビデオ画像に基づいて筆者作成；Takada 2020）

図6-2　オア・コロ・オニャンガ（2）（筆者が収録したビデオ画像に基づいて筆者作成；Takada 2020）

を繰り返している。ゴベはヒルマの方を見て、自分も少し遅れ気味に手拍子をはじめる。コエはポリタンクをたたき続けている。リズムが変わった。タン、タタタタータン、タン、タタタタータン。それとともに、新しいフレーズが繰り返される。「オムディ・パイフィ・モ・ナミビア・イマヌエラ（*omdi paifi mo Namibia Immanuela*）」、「誰かがイマヌエルをナミビアで殺す」という意味だ。でもゴベには、なんで殺すのかよく分からない。

ゴベは手拍子を休めることなく、軽快なリズムに合わせて、小刻みに足を動かしつつゆっくりと回転しはじめる。前にキョウダイたちがやっていた動きを思い出しているようだ。メロディの切れ目に近づいたとき、ちょうどコエに背中を向ける恰好になったゴベは、手拍子したまま前進してダンスの輪から出て行った。やった、うまくできた。

すぐにコエは、また新しいリズムで太鼓を打ち始める。タタタタータタータ、タタタタータタ一。「オア・コロ・オニャンガ（*oa kolo onyanga*）」だ。「まちがいを犯す」という意味で、ムディポという人についての歌。コエは「オア・コロ・オニャンガ・ムディポ」というフレーズを高らかに繰り返し唱えながら、ポリタンクをリズムよくたたいている。その側でヒルマがまた手拍子をはじめ、少女たちは軽やかなステップを披露しはじめる。すぐにヒルマもステップに加わる。少し遅れて、幼いゴベも両手をぎこちなく合わせ、ステップを踏みはじめる。

ダダダダーダダーダ、ダダダダーダダ一。強い太鼓の響きとともに、ダンスは次のフェイズに入る。コエが繰り返す「オア・コロ・オニャンガ・ムディポ、オア・コロ・オニャンガ」という歌詞とともに、少女たちはダンス・ステップを踏むのをやめて、めいめいが「決め」のポーズをとる（図6―1）。ヒルマは上体を大きく反らし、両足を踏ん張り、左の人差し指を天にかざしている。ゴベは、みながポーズを取り始めてからもステップを踏んでいたが、少し遅れて動きを止め、控えめに右腕をうえにかざした（図6―2）。タン、タン、タン、と太鼓の音がリズムをとる。ふいに恍惚とした気分が訪れ、時間が一瞬止まった気がする。

このエピソードは高田（二〇一〇）の一部を改編したもので、物語り調に若干のアレンジはしてあるが、じっさいにおこなわれた子どもたちの歌・踊り活動についての参与観察に基づいている。歌われているのはいずれも、ナミビアが独立を主導したあと与党となった南西アフリカ人民機構（ＳＷＡＰＯ）が広めた歌だ。「エンゴベ・イマヌエラ（*engobe Immanuela*）」は、南アフリカ軍にたいするＳＷＡＰＯのレジスタンスをうたった歌である。もう一つの歌は、ハイディポ・ハムテニャ（Hidipo Hamutenya）という政治的リーダーに向けた歌である。タイトルの「オア・コロ・オニャンガ（*oa kolo onyanga*）」は、オバンボ語で「まちがいを犯す」という意味の慣用句である。ムディポはこの地域では絶大な支持を誇るＳＷＡＰＯの幹部だった。しかしこの歌・踊りを収録したころ、ムディポは彼自身を党首とする新しい政党を立ちあげていた（後に、彼はＳＷＡＰＯに復員した）。ＳＷＡＰＯの支持者の多くはこれを悪い動き、つまり「まちがい」と見なした。そこでオア・コロ・オニャンガの歌・踊りを作り、さまざまなメディアを通じて広めたのである。もっとも、子どもたちはそうした政治的なメッセージに頓着しているようにはみえない。筆者もここでは、そういった政治的な文脈よりも、広大な砂地に咲きほこる花々のような、クンの子どもたちの活力に満ちた日常の雰囲気を少しでも読者と共有できれば、と思う。

このエピソードのなかの最年少児ゴベのように、授乳期間を終えたクンの子どもは、幼児から一〇代半ばまで幅広い年齢層からなる子ども集団に参加するようになる。遊動生活を送っていたころのジュホアンと同様、クンの子どもたちも、体力的にも精神的にも多様な子どもたちからなる集団で、このエピソードのような歌・踊り活動をはじめとするさまざまな活動をおこない、それを通じて社会化されていく。そうした社会化の過程は、学校という制度化された組織における教育に重きがおかれた産業社会のそれとは大きく異なり、それゆえに初期のジュホアン研究でも大いに注目された。本章では、そうした子ども集団における社会化に焦点をあてる。以下ではまず、こうした議論の出発点となったジュホアンでの研究を見ていくことにしよう。

1 ジュホアンの多年齢子ども集団活動

第1章や第3章でも見たように、遊動生活を送っていたころのジュホアンでは、母親と乳児の間の密着度が非常に高かった。三～四年にわたる長い授乳期間、母親は子どもに、エインズワース (Ainsworth 1982) が安全基地 (secure base) という用語で表現したような、愛着に満ちた雰囲気を提供していた (Konner 1976)。またコナー (1976) やドレイパー (Draper 1976) によると、ジュホアンの養育者は乳児にたいして非常に寛容であった。乳児にたいする寛容さの程度は、母子間の密着度やともに居住する大人の数とおおまかには比例するとされる (Whiting 1971)。これらによって、乳児の依存的な要求が受け入れられやすくなるからである。ジュホアンの生活は集団居住によっているから、乳児にたいして非常に寛容であることは、こうしたホワイティング (1971) の主張に一致する。そして長い授乳期間を終え、文字通り母親の手を離れると、ジュホアンの子どもはさまざまな年齢からなる子ども集団に愛着と社会的交流の場を移すようになっていった（Draper 1976）。愛着理論（Bowlby 1953, 1969）によれば、十分に依存的な要求を満たされた乳児は、逆説的に、年長児になってからの密接な関係や他の依存的な要求を低減させることになる。こうした過程で、ジュホアンでは母親から子ども集団へと愛着対象の移行と拡大が起こっていると考えられた。

ジュホアンでは、他のアフリカ社会ではしばしばみられるような年長児による乳児の子守り（e.g. 顔を拭う、食事の世話をする、あやす、危険から守る、衣服を着脱させる、喜ばす）はほとんどみられなかった（Draper 1976: 214）。シヨスタック（一九九四：一七八）も、ジュホアンの子どもたちには学校はないし、暮らしに貢献することも年下の子どものケアをすることも求められてはいない、と述べている。またブラートン＝ジョーンズら（Blurton-Jones 1996）は、東アフリカの狩猟採集民であるハッザの子どもたちと比べても、ジュホアンの子どもたちは、自分たちの食料を調達する活動がぐっと少ないことを定量的に示している。つまり、ジュホアンの多年齢子ども集団は、まだ授乳期にある乳幼児の子守りやキャンプでおこなわれている生業活動には実質的な貢献をおこなうことを求められず、一日の大半を遊びに費やしていた。

狩猟採集社会での生活は、さまざまな自然のリズムに合わせて調整されている（スコット 二〇一九：八二）。ジュホアンの多年齢子ども集団は、生業活動に実質的な貢献を求められないにもかかわらず、子どもたちがそうした調整を協力的・協調的におこなえるようになるために、以下に見るような、重要な社会化の場を提供していた。たとえばドレイパー（1976）は、ジュホアンの子どもはこうした多年齢子ども集団でくり広げられる多様な遊びを通じて、周囲の自然環境を熟知し、有能な狩猟採集民になっていくと論じた。同様の状況は、グイ／ガナでも見られた（Takada 1991: 130）。また、ジュホアンの多年齢子ども集団では、大人たちの管理や監視を受けないにもかかわらず、さまざまな活動がよく組織化されておこなわれていた。なかでも、子どもたちがおこなう歌や踊りについては、マーシャル（Marshall 1976）が豊富な民族誌的記述を提供している。たとえば、女の子たちはしばしばツァマ・メロンをボールとして使い、以下のようなゲームをしていた。

ゲームをはじめるとき、女の子たちはゆるい列をなして立ち、みなで歌ったり手拍子をうったりする。列のいちばん前では、ボールをもっている女の子（A）が、その歌のリズムに合わせて五〜六歩前に進む。彼女はいったん立ち止まり、音楽の流れのうちの特定のポイントが訪れるのを待つ。待っている間、彼女は軽快にダンス・ステップを踏む。すなわち、彼女は素早くいっぽうを向いて、次にはその反対側に向きを変え、さらに片方の足で後ろに大きなステップで踏み出し、ちょんと飛び上がり、その同じ足で次には大きなステップで前方に踏み出す、あるいはちょこちょこと小刻みなステップを踏む。

音楽の流れのなかで適切な瞬間がくると、女の子（A）はボールを次の女の子（B）に向かってトスする。女の子（B）は、そのボールをキャッチするためにもう前の方に走り出している……出番を終えた女の子（A）はその後、自分の出番が来るまで歌ったり拍手をしたりしている女の子たちの列の最後尾まで走っていき、そこでまたその列に加わる。女の子（B）は前後にいったりきたりする、軽快なダンス・ステップを踏む。適当なタイミングが訪れたら彼女もボールを次の女の子（C）に向かってトスし、自分は女の子たちの列の最後尾に向けて走る。彼女たちはこうして時間を忘れたようにゲームを続け、その間にはすべての女の子に何度も何度も出番が回ってくる（Marshall 1976: 323-324）。

このメロン・ダンスでは、女の子はボールをトスするとき、その四肢の動作や姿勢の変化によって、即興でユニークかつおもしろいやりかたを編み出すのがつねであった。また、メロン・ダンスのために歌われる、一二曲以上の歌が知られていた。さらに参加者は、その都度のゲームにかかわる人、場所、物、出来事などに触発されて、新しい曲を作ることもあった。メロン・ダンスには大人の女性も参加することがあり、そんなとき、彼女たちは子どものように楽しそうだった。そうしたボールを使ったゲーム以外には、さまざまな劇仕立ての音楽がみられた。たとえば、木や毛虫を模した音楽劇、また英国の子どもたちがよくおこなう「ロンドン橋」に似たものもあった。そうした音楽劇をじつに楽しんでおこなううちに、ジュホアンの女の子たちは、複雑な音楽にあわせて歌ったり、拍手したり、絶妙な精度でダンス・ステップを踏んだりする能力を身につけていくのだった。

こうした多年齢子ども集団でおこなわれる音楽劇で主要な役割を果たしていたのはたいてい女の子たちだったが、ときには男の子たちも参加した。そうした場合、男の子たちはより構造化された方法で参加していた。たとえばマーシャル（1976: 358-362）は、女の子たちと男の子たちが演じる三つの小さな音楽劇を以下のように記述している。これは、それぞれ「ダチョウ」「牛」「パイソン」と呼ばれるもので、いずれも子どもが演じる複数の役割があり、音楽劇の展開に沿って歌・踊りが繰り広げられる。興味深いことに、これら三つの音楽劇すべてが社会的なコンフリクトを題材としている。「ダチョウ」では、親と子の間のコンフリクトがあつかわれる。「牛」では、牛を所有している人と所有していない人の間のコンフリクトが題材となっている。そして「パイソン」は、人間とパイソンの間のコンフリクトをあつかっている。これらの三つの組み合わせ、すなわち親子、遊牧民―狩猟民、および人間―動物は、ジュホアンの民話でも顕著にあらわれるもので、ジュホアンの生活全般における三つの基本的な極性を構成していると考えられる。したがって、これらの音楽劇は、子どもたちに娯楽を提供するだけでなく、それを通じてジュホアンの世界観と道徳を提示している（Marshall 1976: 356）。

また男の子たちは、多年齢子ども集団での活動を通して、狩猟についても学んでいく。これに関して、リー（Lee 1979）は以下のようにまとめている。

男の子たちは12歳ごろになるまで、大人から狩猟について正式に指導を受けることはほとんどない。いっぽう遊びとしての狩猟は、すでに三歳ごろからはじまっている。年長児たちは、しばしばブッシュの木の枝と草の茎で小さな弓と矢を作り、幼児とそれを使って遊ぶ。そうした遊びでは、最初はごく近くの止まっている的をねらい、だんだんと遠くの動く的、たとえばフンコロガシ、をねらうようになっていく。こうした遊びには、小さな女の子たちが参加することもある。そうしたとき女の子たちは、想像上の狩猟活動で仕留めた獲物を調理して、一緒に遊んでいる子どもたちに振る舞うこともある。男の子たちが成長していくにつれて、その「獲物」は、フンコロガシやバッタからオナガカエデ、スズメ、フィンチなどの小鳥へとかわっていく。これらの小鳥は、体重が数グラムしかないものである。それでも子どもたちは、しばしばこれらの小鳥を狩った後、じっさいに調理して舌鼓をうっていた。男の子たちは、九歳から一二歳ぐらいになると、さらに本格的な狩猟の技術を磨くようになる。こうした活動には女の子は含まれないが、より年長の男性青年が参加することもあった（Lee 1979: 236）。

さらにジュホアンの男の子たちは、上記のような過程を経てじっさいに狩りに参加するようになるのと並行して、キャンプでたき火を囲んで夜な夜な繰り返される物語りを通じて、大人たちの豊富な狩猟の経験を微に細にわたって聴いていた。こうした物語りは狩り場の生態環境や動物の習性についての情報の宝庫であり、男の子たちはそれに熱心に耳を傾けていた。こうした物語りは、狩猟活動への社会化において大きな役割を果たしていると考えられた（Lee 1979: 236）。

2 クンの多年齢子ども集団活動

1……子ども集団相互行為

冒頭のエピソードでも見たように、ジュホアンと同様、クンも幅広い年齢からなる子ども集団を形成する。こうした多年齢子ども集団の活動は、たいてい大人の監視や管理を受けない。大人は子どもたちの活動に、ほとんど干渉しないのだ。そうした活動は、子どもが自分たちで積極的にさまざまな経験を積み重ね、「子ども文化」（Kamei 2005）を形成していくことをうながす。ここではまず、先行する三つの章と同じデータセット（第二のデータセット）、すなわち二〇〇四年に〇～四歳の乳幼児一七名について自然場面でチェックシートを用いて計一七〇時間の行動観察をおこない、1―0記録法によって定量化したデータから得られた結果を示すことにしよう。まず、観察対象とした子どもが、大人を含まない子ども集団の活動に参加した場合に「子ども集団相互行為」と定義して、これが見られた割合を調べた（図6―3）。

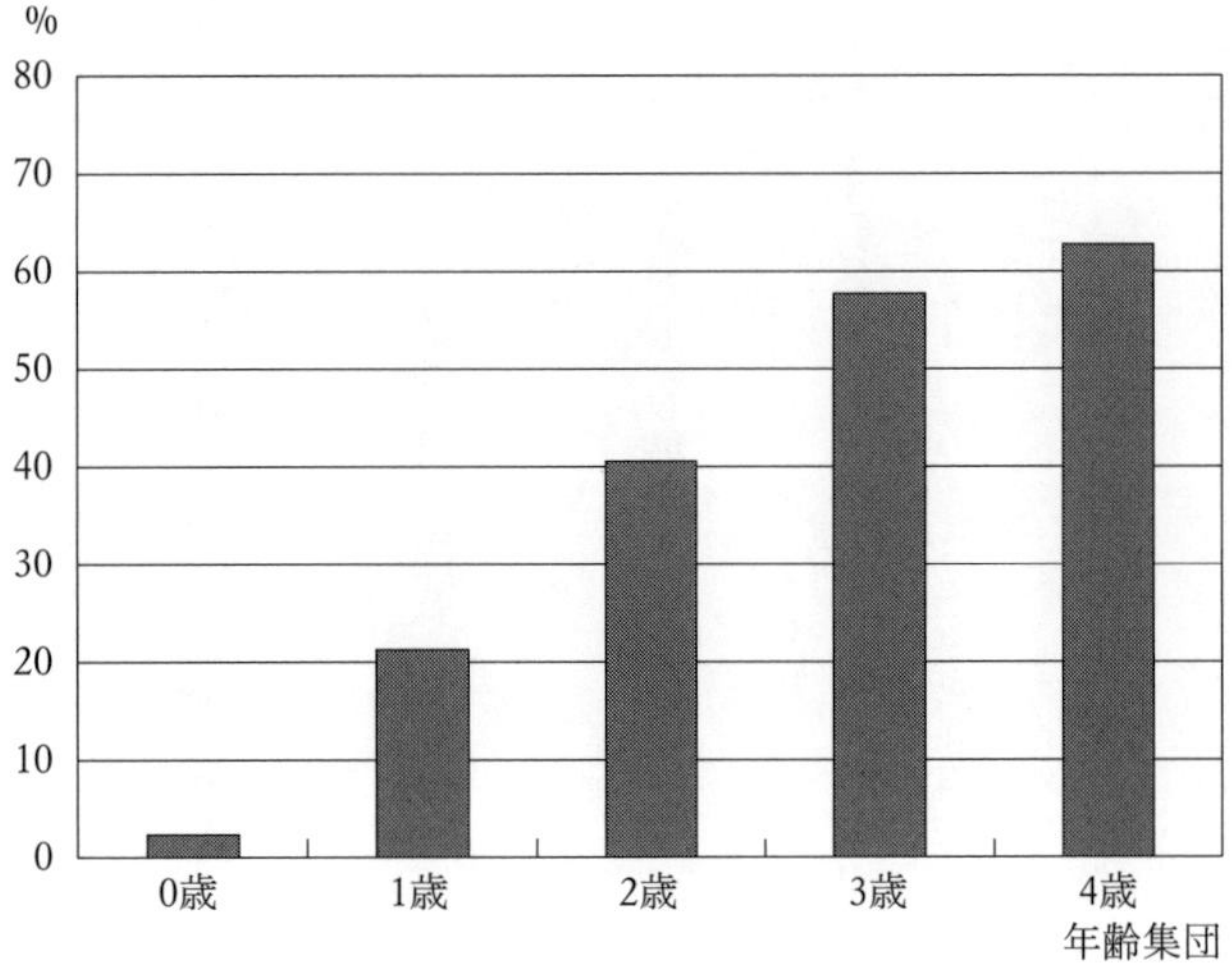

図6-3　日中に子ども集団活動が観察された割合

図6―3は、子ども集団相互行為が子どもの年齢とともに右肩あがりに増加していくことを示している。観察対象とした子どものうち、〇歳児では子ども集団相互行為はほとんど観察されず、総観察時間のうちわずか二％をしめるにすぎなかった。〇歳児では圧倒的に母親と接触している時間が長い（第3章参照）ことを考えると、さもあらんという結果である。

しかし、一歳児になると総観察時間のうち二一％で子ども集団相互行為が観察された。つまり、すでに生後二年目になると、子どもたちは多年齢子ども集団の活動に参加しはじめている。子ども集団相互行為の割合はさらに、二歳児で四一％、三歳児で五八％、四歳児で六三％へと増加していった。つまり、三歳以降の年長児たちは、日中の半分以上の時間を多年齢子ども集団で過ごしていたのである。

前述のように、ジュホアンの多年齢子ども集団は、生業活動や家事の手伝いに貢献することをほとんど求められていなかった。この点では、クンの多年齢子ども集団がおこなう活動は、ジュホアンのそれとはかなり異なるようである。クンでは離乳が早期、たいていの場合は子どもの生後二年目、に起こるため（第3章参照）、一

写真6-1　乳幼児を含む、多年齢子ども集団の活動（歌・踊り活動）（2004年筆者撮影）

～二歳の幼児でさえも、しばしば多年齢子ども集団の活動に参加していた（写真６―１）。そうしたときには、その子の年上のキョウダイやイトコがそうした幼い親族をケアすることが多かった。いいかえれば、クンでは多くの場合、はじめはたいていそうした年上のキョウダイやイトコが、年少児を多年齢子ども集団のところに連れていくようだった。根ヶ山（二〇一二：一一二）によれば、こうしたアロマザリングは母子の遠心性によってできるすき間に他者が入り、子どもとの求心性を実現することである。そのことばの通り、年少児たちは、多年齢子ども集団の活動に参加しはじめたころは、そうした年上のキョウダイやイトコにずっとくっついていることが多かったが、徐々にその社会的な活動の範囲を広げていくようだった。そうした年少児を含む子どもたちにたいして、多年齢子ども集団は社交の場と機会を提供していた。さらに、年長児たち（通常は五歳以上）はしばしば、木製の臼と杵でトウジンビエ（*mabangu*）

の粒をついて粉にするなど、日常的な家事の手伝いにも従事していた（写真6—2）。

写真6-2　トウジンビエの製粉をおこなっているクンの年長児たち（2002年筆者撮影）

2……教室活動

さらに分析を進めたところ、子ども集団相互行為は、午前中により多くおこなわれる傾向があることがわかった。また、村の中心部に設けられた幼稚園の周辺でおこなわれることが多かった（Takada 2010）。この幼稚園については、その背景について少し解説しておくべきだろう。じつはこの調査を実施したところ、国連の「世界の先住民の国際一〇年一九九五―二〇〇四」を受けて、ナミビアでも国連を中心とする各種の国際・国内組織が先住民の文化的な権利にたいして特別な注意を払うようになっていた。なかでもＵＮＥＳＣＯは、サンをナミビアでも「もっとも疎外され、無視されてきた集団」とみなしていた。そこでＵＮＥＳＣＯは、ナミビア北中部のオハングウェナ州に住むサン（この地域では、おもにクンやアコエ）を主たる対象とした「貧困削減のためのプロジェクト・モービライゼーションとエンパワーメント」プログラムを立ちあげ、手工芸品の生産と販売、農業、リーダーシップ開発などの活動を支援していた（Berger & Zimprich-Mazive 2002: 5-7）。これらの活動の一環で、ＵＮＥＳＣＯと政府は二〇〇一年にサンの幼い子どもたちの教育を奨励するプロジェクトに着手した。その後、米国国際開発庁（ＵＳＡＩＤ）の財政的支援を受けて、このプロジェクトは幼稚園プロジェクトへと発展した。ＵＮＥＳＣＯは、地元のＮＧＯとも協力して、エコカを含む複数のプロジェクト・サイトに幼稚園を設立した。そしてサ

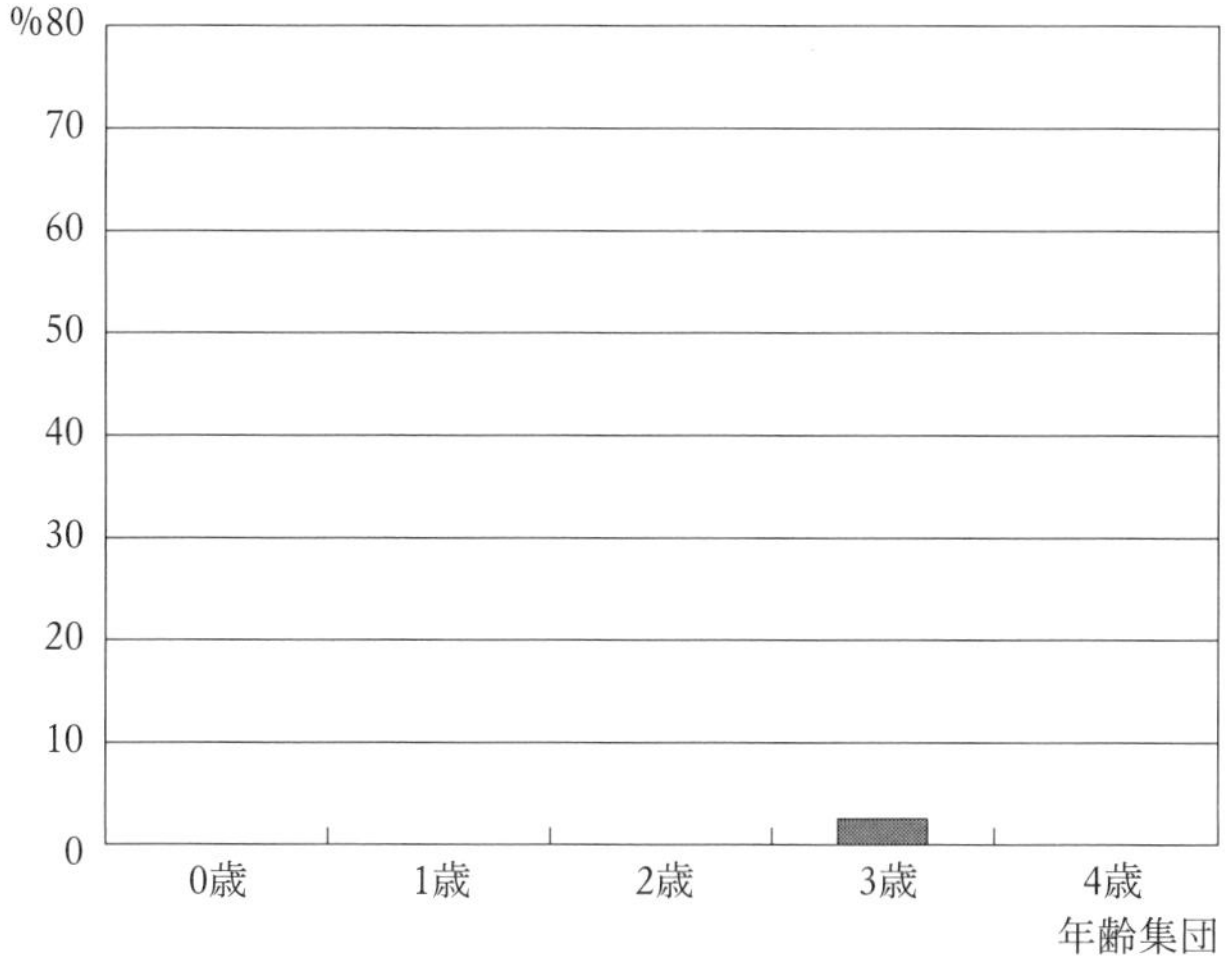

図6-4　教室活動

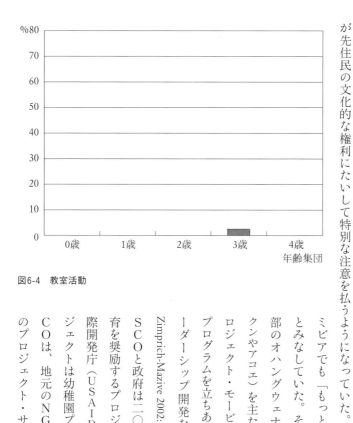

写真6-3　幼稚園で提供される給食を食べるクンの子どもたち（2004年筆者撮影）

ンとオバンボの子どもたちが、同じ幼稚園に通うための環境が整えられた。この幼稚園プロジェクトは、子どもたちが幼いころから民族の垣根を超えた個人的な友情を育むことで、特定の少数民族（この地域では、おもにクンやアコエ）の排除や差別を減じることができると想定していた。幼稚園プロジェクトの担当者は、そうした目的を地元住民に説明することで、幼稚園プロジェクトにたいする地元の人々の支持と理解を得ようとしていた。そして、幼稚園ごとに地元のサンから二人の教師と二人の世話人を雇用することにした。

しかし、エコカの幼稚園で雇用された教師たちは予定されたクラスを開くことにあまり熱心ではなかった。もう少し正確にいえば、どうすれば子どもたちの興味をひき続けることができるのか、よくわからなかったのだ。その一因は、教師たちが十分な教育や訓練を受けずに採用されたことにあったように思える。図6―4は、教室での活動が観察された割合を示したものである。観察対象となった子どもたち、とくに三歳児と四歳児は、午前中に開かれるこの幼稚園のクラスに参加することが期待されていた。だがじっさいには、三歳児が総観察時間のうちわずか三%で教室での活動に参加しただけで、他の年齢集団の子どもたちでは、まったく教室活動は観察されなかった。それでも、二〇〇四年の私の調査期間中、子どもたちはよく、この幼稚園の建物の近くにある広場で遊んだり、給食を食べたりしていた（写真6―3）。そうやって、幼稚園プロジェクトはたしかに地域の複数の民族集団にまたがる子どもたちの間の接触の機会を増やしはした。ただし、子どもたちは依然としてその居住集団ごとに集まって遊ぶ傾向があった。また、就学期にある年長児たちのうちかなりの子どもは、ほとんど学校にいっていなかった。そうした年長児たちは、しばしば年少児たちと一緒に子ども集団を構成してさまざまな活動をおこなっていた。つまるところ、幼稚園プロジェクトは、子どもたちをめぐる以前からの社会的相互行為のパターンを大きくは変えていなかったのである。

3……歌・踊り活動

続いて、子ども集団活動のなかでも年少児の社会化にとってとくに重要な歌・踊り活動に注目する。クンの多年齢子ども集団は、日常的に歌・踊り活動を熱心におこなう。子どもたちにとっても、日々どんな歌・踊りをおこなうかは大きな関心ごととなっている。他の多くのサンの集団（e.g. Takada 2005a）と同じく、クンでも歌うことと踊ることは切り離せない。クン語では、"*ge'e*" と "*txae*" という単語が、それぞれ「歌」と「踊り」を意味する。歌と踊りはクンの子どもたち、さらには大人たちにとっても大きな喜びの源泉である（写真6―4）。

写真6-4　歌・踊りに興じるクンの子どもたち（2004年筆者撮影）

エコカのサン（クンやアコエ）でも、大人たちは必要に応じてサンの特徴としてよく知られている治療ダンスをおこなう。だが、カッツ（二〇一二）が「癒しのダンス」と呼んだ、この治療ダンスに子どもが参加することはほとんどない。現在のクンの子どもたちが楽しんでいる歌・踊りは、たいていオバンボ由来のものである。子どもたちは何人かで集まると、よく輪になって色々な歌や踊りを披露する。歌・踊り活動は、第2節第1項で示した子ども集団活動のうちのかなりの部分をしめている。筆者のフィールドワーク中は、一日のうちの時間帯を問わず、村のどこかしこで歌・踊り活動の音色が響き渡っているのをよく耳にした。子どもたちは、他の人たちが歌ったり踊ったりしているのを聴いたりみたりすると、しばしば次々とその輪に加わってきた。ただし、年少児がより年長の子どもたちが熱心に披露している歌・踊りの輪に参加することは、それほど簡単ではない。それには、しばしば年長児たちからの援助を必要とするのだ。それを示すため、以下に三つの具体的な歌・踊りについて、その概略を記す。

トゥエヤ・トゥエヤ（*tueya tueya*）

この歌・踊りは、ナミビアの独立を喜ぶオバンボの行進曲である。オバンボ語の歌詞がついており、「トゥエヤ・トゥエヤ」は「我らは来たれり」という意味である。歌・踊りの中心には一人の少女が座って、水を入れるポリタンクを太鼓のようにたたき、歌・踊りのリズムを刻む。他のほとんどの子どもたちは、これに合わせてみなで歌いながら、ダンスのステップを踏む。

筆者が子どもたちの歌・踊りを撮影したVTRの分析（高田 二〇一二）では、「トゥエヤ・トゥエヤ」の歌・踊りの最中、ポリタンクをたたいていた少女Cのイトコ（クンの親族名称では分類上のイモウトで、タフン（*tahn*）と呼ばれる）にあたる二四ヶ月児のHが輪の中に突然入ってきた。Hは両親を同じくするアネで一一歳のAをみながら、大声をあげて泣いていた。Aが少し踊りの手足を休めると、Hは泣きながらAに近づく。だがこの間も全体の歌・踊りは続いており、Aもすぐに左足でステップを踏み、右足をスウィングさせ、両手を振りはじめた。

曲が一つの楽節の終わりに近づくと、子どもたちは“*ya li chi chi li choo choa li chi chi li choa*”というかけ声とともに、激しくステップを踏みはじめる。このかけ声が発せられている間、歌・踊りに参加する子どもたちは各々が自由なステップを踏むことが期待されている。Hは依然として大声で泣いている。かけ声のシークェンスがはじまるタイミングを見計らって、Hと両親を同じくするアネで七歳のBがHのもとに近づ

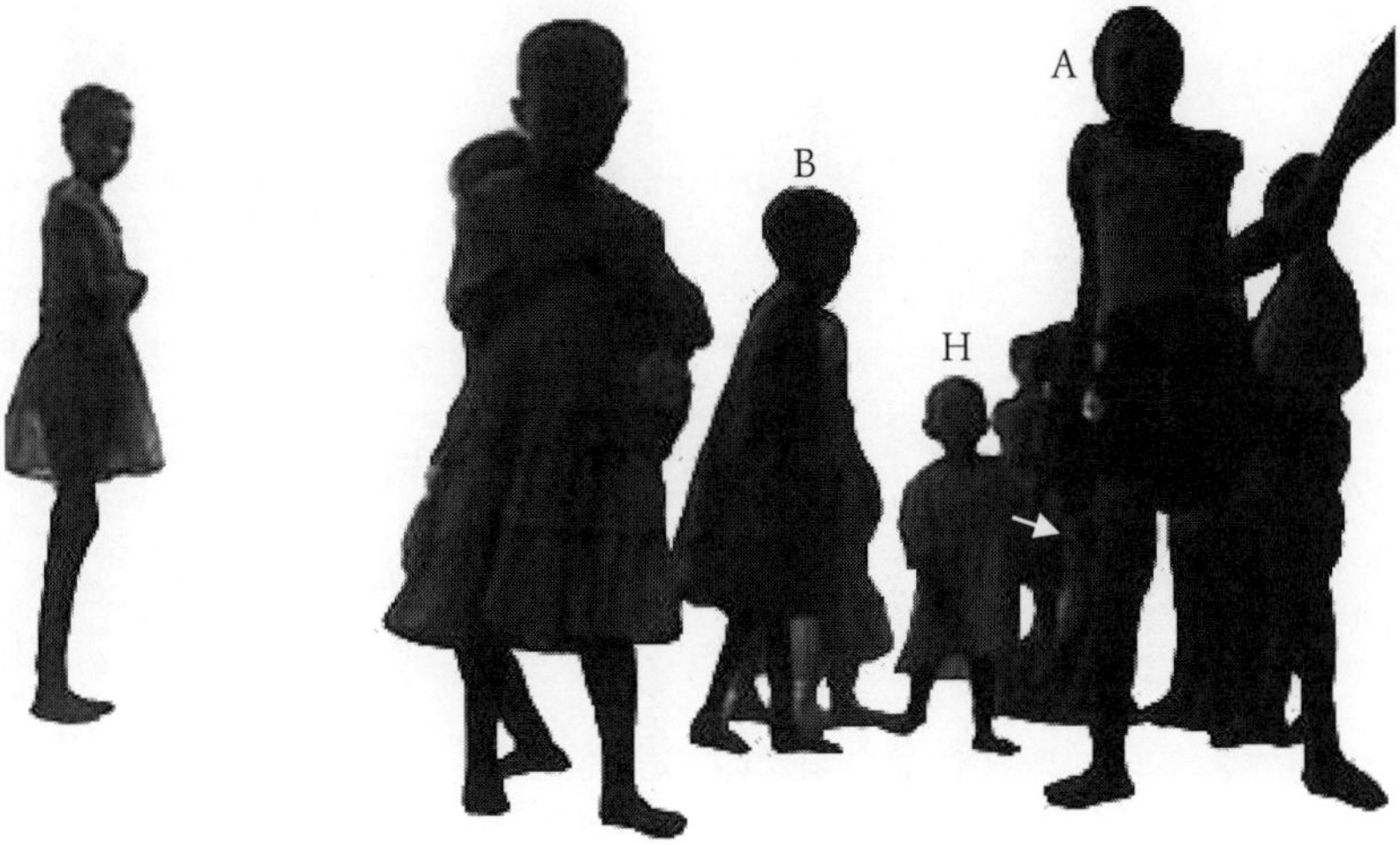

図6-5　Hは、Aの側に駆けよる（筆者が収録したビデオ画像に基づいて筆者作成；高田 2012）

き、Hを抱き上げようとする。しかし、Hはこれを拒否する。そしてかけ声のシークエンスが終了し、歌・踊りが一休みするとすぐに再びAの側に駆けよる（図6―5）。AはここでHを抱え上げ、輪の外へいってあやしはじめる。

ゲ・ママ（*ge mama*）

この歌・踊りは、“*ge mama mi taqe ombiliko nle sha gle yami*”という基本的なフレーズの繰り返しと変奏からなる。歌の基本フレーズは全体として、次のように翻訳できる。「ママは赤ちゃんをおぶって優しく歌っている。そして、こっちにやってくる」。この基本フレーズは、その歌詞とリズム・パターンの両方に関して、変奏されることがあった。たとえば、“*mi taqe*”の部分が韻を踏みつつ、“*mi tali*”（私のことば）、“*Itala*”（個人名）、“*lae*”（土地）などの名詞に置き換えられることがあった。これらの変奏は、詩的な言語使用でしばしばみられる「形式による結びつき」（format tying: Goodwin 2006）の例だといえる。基本フレーズのリズム・パターンもまた、子どもたちがこのメロデ

図6-6　Cは、Gに向かって右手を伸ばす（筆者が収録したビデオ画像に基づいて筆者作成；Takada 2011）

ィを奏でるなかで微妙に変化していくことがあった。

　この歌・踊りは、村の中心部に置かれた大きな貯水槽の周りで観察されたものである。当時は乾季で、プラスチック製の貯水槽は空っぽだった。何人かの子どもが貯水槽のうえに登り、そのうちの一人である一一歳の少女Fが、自分で作ったゲ・ママの歌を歌うことにした。筆者が子どもたちの歌・踊りを撮影したＶＴＲの分析（Takada 2011）によると、はじめは貯水槽のうえにいた子どもたちがどの歌をうたうか話し合っていた。その間、二六ヶ月の少女Ｇを含む幼い子どもたちは、貯水槽の周りで遊んでいた。三歳の男の子Ｄが "*ge mama oa mi tali*" という基本フレーズを声に出してうたいはじめると、Ｇは近くでダンスのステップを踏んでいる男の子に近づいた。他の子どもたちは、基本フレーズを一緒にうたいはじめた。Ｇは辺りをあてどなくウロウロした後、貯水槽のうえでうたっている年長児たちを見上げた。すると、そこにいたＧの母親の妹（母方のオバで、クンの親族名称ではガ（*g‖aq*）と呼ばれる）にあたるＣが、Ｇに向かって右手を伸ばした（図6—6）。Gがその手を握ると、Cはさらに Gの腕をつかんで貯水槽のうえに引きあげた。そこでGは、歌・踊りの輪に加わることができた。

結婚の歌

これは、オバンボの間でおこなわれているキリスト教式の結婚をお祝いする歌を模倣した歌・踊りである。長年の宣教活動の結果、現在のナミビア北中部ではキリスト教式の結婚式が広く受け入れられている。結婚式のあとにはたいてい、ハーモニカの伴奏に合わせて、大勢の人々（大半は女性）が、“*e he:*”といったかけ声、“*ananananana*”といった裏声を用いた詠唱を繰り返しながら新郎新婦をとり囲み、リズミカルなダンスを披露して新郎新婦を祝う。これらの歌・踊りの慣習は、オバンボの伝統的な結婚式のお祝いのスタイルに端を発していると考えられる。

あるとき、筆者は近くの町の教会でおこなわれたエコカのクンの人々の結婚式に出席した（Takada 2011）。式典のあと、花嫁と花婿は私の車でエコカに戻った。私たちが到着すると、すぐに大勢の人々が彼らを囲み、お祝いの歌とリズミカルな踊りを披露しはじめた。この歌・踊りは活況を帯び、村のあちらこちらで数日間も続いた。その後、筆者は印象的な光景に直面した。クンの子どもたちが、私のテントのすぐ近くで結婚を祝う歌・踊りを模倣して遊んでいたのである。当時二五ヶ月齢だった少女Gが白いドレスを着て、花の冠を頭にいだき、手には花束をもっていた。Gの顔にはお化粧が施されていた。彼女のオバにあたる少女（母親の妹で、親族分類上はガ（*glaq*）と呼ばれる）を含む何人かの年長児が、Gに花嫁の格好をさせていたのだ。子どもたちは結婚式のお祝いをまねて、歌ったり踊ったりしはじめた。その直後から、Gは年長

G

図6-7　年長児たちによる踊りの輪の中心に立つG（筆者が収録したビデオ画像に基づいて筆者作成；Takada 2020）

児たちによる踊りの輪の中心に立つことになった（図6―7）。慣習的には、結婚を祝う歌・踊りの間、祝われる花嫁と花婿はそれをおとなしく視聴していることが期待されている。ややぼんやりしながらゆっくりと歩くGの振る舞いは、そうした期待にそうものだった。年長児たちは、歌・踊りのリズムに合わせてGの方に行きつ戻りつしながら、一緒にうたったり、手拍子をしたり、踊ったりしていた。この歌・踊りは、前述の“*e he e he: i*”という間投詞、“*arararararara*”という詠唱、“*tchi kandoa ma kain*”（「よきことかな」と訳される）という詠唱のパートからなるポリフォニーを構成しており、非常に調和のとれた演奏となっていた。すなわち、この歌・踊りは、役割の分担によって特徴づけられていた。注目すべきなのは、この歌・踊りをおこなうために、すべての参与者が歌・踊りの時間的構造に完全に精通している必要はないということである。年長児たちが年少児にここでの花嫁役のような適切な役割を割りあてることで、歌・踊りの全体像が把握しにくい年少児を含む、みなが活動に参加することができていた。

これらの事例は、離乳したばかりの二歳児が歌・踊り活動に参加するためのさまざまな参与枠組み（Goffman 1981）をあらわしている。それらの参与枠組みは、（1）参与者の注意の方向と範囲の構成、（2）活動の複雑さとそれに従事するために必要なスキル、および（3）活動の境界を確立するために使用される記号論的資源（Goodwin 2000）において異なっている。トゥエヤ・トゥエヤでは、泣きながら踊りの輪の中に突然入ってきたHは、すでに佳境を迎えていた歌・踊り活動の進行を妨げるかもしれない存在である。しかし、年長児たちの大半はそれを見て見ぬふりをして歌・踊り活動を進めていた。曲の合間になってやっと、主要な養育者としての役割を期待されているAが、活動の進行を妨げないようにHを歌・踊りの輪の外に連れ出した。ゲ・ママでは、年長児たちが貯水槽のうえに座ってうたい、二歳児はそれに惹かれながらも貯水槽の周辺をウロウロしていた。しかし、彼女の主要な養育者である年長児が貯水槽のうえに引き上げてくれたおかげで、歌の輪に加わることができた。結婚を祝う歌・踊りの模倣では、年長児たちが二歳児に花嫁の役割を割りあてることで、まだ全体像を把握することができない二歳児も、複雑な役割分担からなる活動に参加することができていた。また、本章の冒頭で紹介したオア・コロ・オニャンガでは、年長児たちが二歳児に踊るように誘った。それを受けて二歳児は、年長児たちの行為を模倣することで、まだ十分には慣れていない歌・踊り活動に積極的に関与しはじめた。この歌・踊りのなかでの二歳児の行為は、年長児たちのそれからはタイミングがやや遅れ、ポーズをとるときの身のこなしも洗練されているとはいえない。だが、それでも集団の一員になりきって振る舞おうとする年少児の姿には、年長児たちへのあこがれのような構えが見てとれる。年長児たちも、そうした二歳児の振る舞いのぎこちなさを問題視することなく、それを受け入れていた。

こうした歌・踊り活動において子どもたちは、たとえばとり合わせのポリタンクを打楽器として用い、もともとは年長児が学校で習った歌を変奏しつつキャンプの広場で繰り返し演じるといった、ブリコラージュを通じて、環境のうちの特定の座標をしめる「空間」を、歌・踊りのパフォーマンスがおこなわれる中心、その周辺、およびその外側からなる、文化的な意味に満たされた「場所」へと変換している(cf. Basso 1996)。その結果、幼い子どもたちでさえ、歌・踊り活動の流れのなかで自分の居場所をみつけることができるようになっている。同時に年長児たちは、その流れを壊すことなく歌・踊り活動に幼い子どもたちを巻き込んでいこうとしている。

3 他の社会における子ども集団活動に関する民族誌的研究

1……子どもは誰と遊ぶのか?

サンの諸集団のなかで、子どもたちが多年齢子ども集団へと活動の中心を移していく時期は、農耕社会や産業社会と比べて相対的に長い乳児期から子ども期への移行に対応している。そして、上述のジュホアンとクンの事例が示唆するように、定住化にともなって離乳の時期が早まることによって、そうした移行の時期は早まる傾向があるようである。多年齢子ども集団での活動は大人からの干渉をほとんど受けないもので、それがジュホアンとクンのいずれにおいても、子ども期から青年期までの社会化を特徴づけている。

乳児期から子ども期への移行は、サンの諸集団に限らず、他の狩猟採集社会においても注目されてきた研究トピックである。そこで、もう少し広い社会へと視線を広げてみよう。狩猟採集社会のなかでも、インドネシアのパリヤン (Paliyan; Gardner 1966)、マレーシアのバテク (Batek; Endicott & Endicott 2014)、オーストラリア中部のアナング (Anangu; Eickelkamp 2017) の研究では、子どもが怪我をした場合さえも母親が子どもを無視したり、あるいはストイックになったりして、子どもたちのそうした移行をうながそうとしているようすが記述されている (Lew-Levy et al. 2018: 229)。こうした社会化をうながすための無視は、サンの諸集団では報告されていない。またハッザでは、子どもたちは三〜四歳になると、自分の同年齢や少し年上の子どもたちと遊んだり、狩猟採集活動をしたりすることに多くの時間を費やしはじめる。サンの諸集団とは異なり、ハッザの子どもたちは自分たちの食べ物のかなりの部分を自分たちで探すことが報告されている。ただし、ハッザではキャンプの近くの植生が豊かであり、祖母や他の年配の成人女性によって高カロリーの食べ物も与えられるため、じっさいには子どもたちは一日あたり約二時間しか狩猟採集活動に費やしていなかった。それでも、キャンプのみなが十分な食料にありつけるのである。さらに、子どもたちは食べ物を探している間も遊び続けていた。そして、ほとんどの学習は、大人たちによる意図的な教育ではなく、そうした子ども集団での活動において生じていた (Marlowe 2005: 189)。このように報告内容をよく見れば、ハッザの子どもたちをめぐる状況は、サンの諸集団の子どもたちのそれと共通点も多い。

研究者たちはまた、多年齢子ども集団のメンバー構成にも注目してきた。これについては、狩猟採集社会のなかでもかなりの多様性が見られるようである。たとえば、ジュホアンやハッザでは男の子と女の子がたいてい一緒に多年齢子ども集団を形成するのにたいして、ピグミー系に属するアカではしばしば同性の子どもたちだけで多年齢子ども集団が形成されていた（Konner 2016: 136）。また亀井（Kamei 2005）は、やはりピグミー系に分類されるバカについて、同性の子ども集団におけるいくつかの種類の遊びの民族誌的な記述をおこなっている。ただし、ピグミー系の諸集団の子どもたちがつねに同性の集団を形成するわけではない。同じ論文のなかで亀井は、バカの男女混合の子ども集団におけるいくつかの種類の遊びについても記述している。ルイス（Lewis 2016: 148）もまた、ムベンジェレ（Mbendjele）の多年齢子ども集団にはしばしば男女が混在していると述べている。ピグミー系の諸集団における多年齢子ども集団の構成は、それが形成されるのが森のなかのキャンプか（多くの場合、住民は二〇〜五〇人）、森の外の村か（住民は二〇〇〜三〇〇人）によって、サイズや性別の割合が異なるという（Lewis 2016: 148）。つまり、子どもがたくさんいるところでは、同性の子ども集団を作るのはより簡単になるのである。また、遊びの種類によっても、子ども集団を構成する性別が異なる傾向がある。サッカーや罠猟を模した遊びはもっぱら男の子たちによっておこなわれる（ただし、ときどき女の子が混じることもある）。ソロと総称されるバカの歌・踊り遊びのなかには、ペアになって手をたたくなど、男の子たちに不人気な動作を必要とするものがあり、そうしたソロがはじまると、男の子たちは歌・踊りの輪から外れてそばで見ていることが多くなるという（田中文菜 私信）。

多年齢子ども集団を構成するメンバーの性別だけではなく、その年齢範囲も居住パターンの影響を受けることが知られている。前節で見たクンをはじめとして、サンの諸集団では、より定住化が進むにつれて離乳がおこなわれる年齢は低下し、より幼い子どもたちが積極的に多年齢子ども集団に参加する傾向があった。狩猟採集活動をおこなっているバカでも、定住化が進むにつれて、離乳がより早く、より唐突に起こり、キョウダイによる世話がより一般的になる傾向が認められた（Hirasawa 2005）。この点では、定住化したバカの生活様式は、農耕民のそれに類似してくるようである。これに似て、ベンの伝統的な農民の間では、母親は通常、七歳から一七歳ぐらいまでの未婚の少女のなかからベビーシッターを探していた。場合によっては、ベンの赤ちゃんはそうした若い養育者との間にかなりの愛着を育むようになる。その後、年長児となった子どもがより成長した女性を指差し、「彼女は私のベビーシッター（*leng kuli*）だったんだよ」といって、暖かい気持ちとともに昔を思い起こすこともあったそうである（Gottlieb 2004: 138, 292）。また、稲作農耕を営んでいるバリでは、下から数えて三番目の子どもに一番下の乳児の抱っこが期待され、その子はじっさいに子守りに大きく貢献する（第3章を参照）。その後、自ら進んで子守りをするようになった子どもは、多年齢子ども集団に吸収され、その子の年下の子どもたちとの関係は、親の子にたいする関係と似てくるという（ミード 二〇〇一：三八）。

2……子ども集団活動にはどんな働きがあるのか？

ここまで見てきたような子ども集団での活動は、その社会全体においてどのような働きを担っているのだろうか？　この問題は多くの研究者の関心をひいてきた。ここではそれに関する研究のうち、サンの多年齢子ども集団においても注目した、歌・踊り活動に焦点をあてた議論を紹介する。

歌・踊り活動が、それに従事する子どもたちに喜びや娯楽を提供することは明らかである。しかしながら、歌・踊り活動の働きは、それだけではないこともまた確かである。長い間、多くの研究者たちが、歌・踊り活動のさまざまな社会的機能について議論してきた。そうした音楽と言語に関する民族誌的資料の広範なレビューに基づいて、フェルトとフォックス（Feld & Fox 1994: 35）は、音楽が提供する社会的機能を以下のように識別・分類している。（1）社会的アイデンティティの象徴（emblem）（2）社会化の媒体（3）物質的および思想的生産の場（4）場所と歴史についての社会的な理解と喚起のためのモデル（5）ジェンダーおよび階級関係の構築と批評のためのモダリティ（6）形而上学的な経験のためのイディオム。これらの社会的機能のすべてではないにしてもいくつかは、多年齢子ども集団の歌・踊り活動にもあてはまる。たとえばルイス（Lewis 2016）は、ムベンジェレの三〜八歳ぐらいの男の子たちがおこなうボル（*Bolu*）と呼ばれる精霊劇（*mokondi massana*）には、森の精霊およびンジャンガ（*njanga*：適切な訓練を受けた者によって精霊が召喚される秘密のエリア）を含む、大人の精霊劇のすべての基本要素が含まれており、それゆえボルは儀礼のプロトタイプとして働くと主張している。ンジャンガは男の子たちが秘密を共有するための場所となり、男の子たちの連帯をうながす。その間、女の子たちは歌ったり踊ったりすることで精霊をキャンプに誘う。したがって、男の子と女の子には、相互に異なるが補完的な役割が割りあてられている。ボルの精霊をキャンプに留めておくことは、人々を幸せにすると考えられている。またそれは、食べ物が容易に見つけられるように森をオープンで寛大な状態に保っておくことにもつながる。さらに、そのような精霊劇をおこなうために必要な洗練された音楽的技術を発達させるためには、権威や地位についての含意をともなうような直接的な教示ではなく、同輩集団内での模倣をうながすような、多くのレベルからなる教育の過程が必要である（Lewis 2016: 149-150）。したがって、上記の分類のうち少なくとも（1）から（3）は、ボルの精霊劇にもあてはまる。

ここでルイス（2016）が言及している「教示」には、教育や学習に関心を持つ多くの研究者が注目しており、さまざまな定義がある。ここではティム・M・カロ（Tim M. Caro）とマーク・D・ハウザー（Marc D. Hauser）という二人の著名な動物行動学者による「積極的教示行動」の定義を参照しておこう。安藤（二〇一八：七二―七三）のまとめによれば、カロとハウザーは、次の三つの条件を満たす行動を積極的教示行動と呼ぶ。（1）ある個体Aが経験の少ない観察者Bがいるときにのみ、その行動を修正する。（2）Aはコストを払う、あるいは直接の利益を被らない。（3）Aの行動の結果、そうしなかったときと比べてBは知識や技能をより早く、あるいはより効率的に獲得する。あるいは、そうしなければまったく学習が生じない。

ルイス（2016: 150）によれば、劇（*massana*）、とくに儀礼における多声性（*mokondi massana*）は、マシェットのとりあつかいや槍の使用などの単純な技術からはじまり、洗練された歌や儀礼のパフォーマンスの技能、さらには彼らの宗教やコスモロジーの理解にいたる生涯学習の道をムベンジェレの子どもに開く。子どもたちが成長するにつれて、彼ら・彼女らが精霊劇へどのように貢献するべきかについての期待は変化していく。変化する生活状況が子どもたちに新しい要求をもたらし、それに関連する文化的技術や知識の学習をうながす。はじめのうち、子どもたちは精霊劇をマスターするためには、正しくうたったり踊ったりすればこと足りていると思うかもしれない。もっとも、これだけでさえ簡単な作業ではない。なぜなら、子どもたちのポリフォニックな歌唱と太鼓は、いくつもの旋律やリズムが折り重なって連動する複雑な音楽を生み出すからである。たとえ、それぞれの子どもが好きなように歌っているように聞こえても、その根底では革新性や創造性を生み出す深い音楽的な構造が共有されているはずである。このように複雑な重なり合う歌に適切に参加する方法を学ぶことによって、子どもたちはムベンジェレに特徴的なスタイルの社会的相互行為にも習熟していく。子どもたちがある踊りの動きを学ぶときには、それに合わせて精霊にどのような衣服を着せるべきか、またどのように振る舞えばその精霊を適切に連れてこられるかについて考える、という挑戦的な課題にも彼ら・彼女らは直面するだろう。

これらに加えて、宣教団や他の現代的な組織によってもたらされた歌や音楽を採用して音楽的なパフォーマンスをおこなうことは、近代を探求する手段にもなり得る（本章第2節第3項のクンの歌・踊りも参照）。たとえばキスルーク（Kisliuk 2001: 188）は、アカの人々が宣教団によってもたらされた賛美歌をどんどん変奏したり、洗練させて新しい曲にしたりすることを通じて、これらの音楽的なパフォーマンスを自分たちの文化的なスタイルに組み込んでいったことを報告している。

4 多年齢子ども集団への／を通じた社会化

以下では、第3〜5章と同様の枠組みに沿って、ここまで紹介してきたサンの諸集団をはじめとする狩猟採集社会における子ども集団の活動が、個体発生的発達、文化―歴史的発達、系統発生的発達においてどのような意義をもっているのかについて考察する。まずは、子どもたちの個体発生的発達について考えてみよう。

冒頭のエピソードや本章第2節第3項で紹介したクンの二歳児たちは、ケイ（一九九三）が仮定したモデルでいえば、第三段階にあたる、子どもによる意図の理解が可能になることによって意図が共有される時期（八ヶ月頃〜）を越えて、第四段階にあたる言語に代表されるシンボルが共有される時期（一四ヶ月頃〜）に入っている。しかしながら、興味深いことにこの二歳児たちは、ここで観察したような多年齢子ども集団における相互行為では、あまり言語を用いていない。むしろ、年長児たちの歌・踊り活動における一挙手一投足に強い関心を示しながら、それに合わせてなんとか自分の行為を調整しようとする姿が印象的である。

ケイの第三、四段階についての議論をさらに発展させたトマセロ（Tomasello）らによる研究によれば、乳児は生後九ヶ月頃から、相互行為のパートナーである他者の意図（e.g. 歌・踊り活動に誘っている）についての理解が可能になる。こうした意図の理解を基礎として、その後、共同関与（他者と一緒に出来事にかかわること）、伝達的ジェスチャー（他者に何かを伝えるためにおこなうジェスチャー）、注意追随（他者が注意を向けているものごとに注意を向けること）といった重要な認知スキルが徐々にあらわれ、模倣学習（模倣を通じた学習）が可能になると考えられる（Carpenter et al. 1998; Tomasello 1999）。トマセロらはさらに、模倣学習を基盤としてそれが次第に複雑化していく学びの過程として、四歳ごろからみられる教示学習（instructed learning：学習者が教師の教示を内化し、のちにそれを用いて行動を自己制御することで可能になる）と六歳ごろからみられる共同学習（collaborative learning：同輩集団が共同して何か新しいものを構築することで可能になる）をあげ、これら三つのタイプを合わせて文化学習（cultural learning）と概念化している。そして、それぞれの子どもは文化学習を通じて、別の個人や集団によって生み出され、集積された知識や技術の最新バージョンを身につけていくと論じている。

ケイのモデルの第三、四段階やトマセロのいう模倣学習では、欧米の母子関係に代表されるような親密な二者関係における対面的相互行為のもとで展開する学びの姿がイメージされているようである。さらに、トマセロのいう教示学習は、日本でいえば幼稚園の年中組ごろから先生の教えにそっておこなうようになるお遊戯や合奏、共同学習は、小学校低学年ごろからみられる少女たちのごっこ遊びを思い浮かべればイメージしやすいだろう。しかし、サンの諸集団をはじめとする狩猟採集社会における子ども集団の活動は、こうした欧米や日本における子どもたちの社会化のイメージには必ずしもあてはまらない。クンの二歳児たちの姿は、トマセロのいう認知スキルをフル回転させながら、年長児たちの高度な歌・踊り活動についていこうとして奮闘しているように映る。乳幼児を中心に組織化されたこの時期の欧米や日本の親密な二者関係とは異なり、クンの歌・踊り活動からはさまざまな年齢の子どもたちのめいめいが楽しめるような、多面的かつ流動的な構造が見てとれる。そして、クンをはじめとする多くの狩猟採集社会において、子どもは長い時間をかけて多年齢子ども集団への、そして多年齢子ども集団を通じた社会化を達成していく。いいかえれば、多年齢子ども集団はそうした社会化の主要な目的であるとともに手段でもある。なかでも、サンの諸集団における子ども期からの人生の軌跡は、次のようにまとめられる。

子ども期になると、子どもたちは多年齢子ども集団のメンバーたちと一緒に、本章で見た歌・踊り活動をはじめとしたさまざまな活動に参加し、次第にそれぞれの自律性を高めていく。第2節第1項で見た子ども集団相互行為についてのデータが示しているように、クンではこうした子ども集団での活動が、幼児期の間に子どもたちの日常の大半をしめるようになる。そうした活動において、子どもは積極的に他の子どもたちから協力的な行動を学び、それをおこなうことによって他の子どもたちとの社会関係が強化される。そうした社会関係を維持するために、子どもはまた協力的な行動を学んだり、おこなったりする。こうした学びでは、教示学習が想定するような専任の教師はいない。エコカでは幼稚園に通うことが推奨されていたが、本章第2節第1項で見た教室活動についてのデータが示しているように、じっさいにはその活動は低調であった。また、共同学習の前提となっている比較的均質な同年齢の子どもたちによるかかわりは、多年齢子ども集団ではその活動の一部をしめるにすぎない。こうした子ども集団では、その年齢幅が離乳後の幼児から一〇代半ばと大きいので、学び、学ばれる経験が長い年月にわたって続く。オア・コロ・オニャンガのエピソードで一〇代半ばだったコエのような少女たちもまた、幼いときにはゴエのように年長児の動きを見て学んでいたはずだ。そして二歳だったゴエもまた、これから一〇年以上にわたってこうした子ども集団にかかわり続け、より幼い子どもたちのよいモデルとなっていくことだろう。そうした過程で、多年齢子ども集団によって共有されている知識は、相互行為システムを通じてそれぞれの子どもの知識や技術として育成され、その心的システム（ルーマン 一九九三、一九九五）と関連づけられていくのである。青年期がはじまっても、多年齢からなる集団とのかかわりは続く。この時期には、大人たちの生業活動に参加したりするようになることが増えてくるのだ。たとえば、第1章や本章第1節で見たジュホアンの少女たちは、大人の女性たちについて有用植物の採集活動に従事しはじめる。少年たちもまた、模擬的な狩猟活動をさらに洗練させ、大人たちの本格的な狩猟に参加できるようになる。定住化が進んだクンでは、少女たちでは大人の女性たちと一緒に農牧民のもとでおこなう家事労働、少年たちではサッカーのように一定のルールにしたがっておこなわれる集団スポーツがこれらに加わっている。

これらを含む多くの民族誌的資料が、たいていの狩猟採集社会では遊びと仕事が切り離せないこと、子どもが成長するにつれて、その活動の焦点は徐々に、そして連続的に遊びから仕事へと移行していくことを示している（Takada 2020）。そうした移行は、多年齢子ども集団での活動と生業活動に認められる、いくつかの重要な共通性によって促進される。たとえば、本章第2節第3項のクンの結婚の歌やミードが観察したバリの農作業のように、遊びや仕事が単純な単位に分割されていれば、どんなに幼くとも、あるいは技術が未熟でも、なんらかのかたちでその活動に参加できる（ミード 二〇〇一：一五）。こうした社会化の過程は、狩猟採集社会に共通するいくつかの文化的特徴、いいかえれば「基盤スキーマ」に支えられている、とも考えられる（Hewlett et al. 2011: 1171）。ここでの基盤スキーマは、狩猟採集社会の生活のいくつかの領域にまたがって浸透している文化的価値観、考え方、および感情として定義され、その例としては平等主義的な精神、共有の強調、協調的な自律性、労働の性別分業などがあげられる。多くの狩猟採集社会を通じて、これらの基盤スキーマは、子どもの発達を支える文化的な道具立てとなってきた（Lew-Levy et al. 2018: 215）。狩猟採集社会は、さまざまな環境の条件に応じた活動の柔軟性と可塑性を特徴としているが、そのいっぽうでその基盤スキーマは比較的安定している。これが、狩猟採集社会を特徴づけている「思考のモード」（Barnard 2002）のレジリエンスを保つことに貢献してきた。サンの諸集団をはじめとする多くの狩猟採集民は、青年期に達したとき、しばしば狩猟採集社会の内外のさまざまな居住地の間を移り住むことが知られてきた。これは最近だけでなく、遊動生活を送っていたときにもあてはまる（e.g. Tanaka 1980; Takada 2015）。狩猟採集社会を特徴づけてきた基盤スキーマやそれに支えられた思考のモードは、彼ら・彼女らが農牧民のコミュニティや町の生活に柔軟に順応し、しかもしばしばその後にまた狩猟採集社会で再社会化するのにも役立ってきたに違いない。

5　多年齢子ども集団のレジリエンス

本章で紹介した事例は、いくつかの点で、狩猟採集社会における知識や技術の文化―歴史的発達に関する議論についても示唆的である。子ども集団活動における文化学習ではまず、遺伝学と考古学、歴史学、言語学を組み合わせて人類の過去を探ってきたカヴァリ＝スフォルツァ（Cavalli-Sforza）が提起した水平伝達（Cavalli-Sforza et al. 1982）という仕組み、つまり遊び活動を通じた同輩同士による学習が重要な役割を果たすと考えられる。冒頭のクンのエピソードや本章第1節で見たジュホアンのメロン・ダンスでも、同年代の少女たちがあるときにはシンクロするように、また別のときには競い合うようにして、創発的なダンス・ステップやポーズを生み出していた。ジュホアンの男の子たちがおこなう遊びとしての狩猟でも、同輩同士によるやりとりを通じて知識を積み重ね、技術を洗練させていく様子が見てとれる。ランシー（Lancy 1980: 482）が主張したように、同輩集団ではさまざまな理由から、直接的な教示から学ぶよりも遊びを通して学ぶ方が、じっさいのところ効率的なのである。

子ども集団活動ではまた、相対的には年齢幅の小さい斜行伝達、つまり直接の親族以外を含む年長児から年少児への知識や技能の伝達やそのための援助も重要な働きを担っている。本章第2節第3項で紹介したクンのトゥエヤ・トゥエヤという歌・踊りで、うまくこれに参加できずに泣いているHを一一歳の姉が気にかけていること、またゲ・ママという歌においては、一三歳の少女Cがこれにどう参加してよいかわからずウロウロしていた彼女の姪にあたる幼児Gの手を取って歌の舞台に引き上げてあげたこと、さらには結婚の歌において、年長の少女たちが幼児Gに動きの少ない花嫁の役割を割り振ることによって、Gが複雑な構造をもつ歌・踊りに正当に参加できるようになっていたことは、歌・踊り活動に参加すること自体が幼児には容易なことではなく、年長児による適切なケアや支援が必要であることを示している。ベンの伝統的な農民や稲作農耕を営んでいるバリでは、そうした年長児による年少児のケアや支援がより規範化・制度化されているようである。また、冒頭のクンのエピソードで、一三歳の少女コエの誘いに応じて彼女の姪にあたる二歳児ゴベがオア・コロ・オニャンガの歌・踊りに参加し、年長の少女たちの動きの見よう見まねでダンス・ステップを繰り出してポーズをとる姿は、年長児から年少児への知識や技術が模倣を通じて伝達される仕組みをよくあらわしている。

さらに、単純な単位に分割されている狩猟採集社会における遊びや仕事では、経験の豊富な者が介在してそうでない者に雑用を割りあてたり、正／負のフィードバックをしたりすることによって、この過程は加速する可能性がある。とくに、大型獣を複数のハンターが追跡するジュホアンの狩猟活動や役割を分担してたくさんの動物を追いつめるアカのネットハンティングのような複雑な課題を指導したり、実演したりするためには、カヴァリ＝スフォルツァら（Cavalli-Sforza 1982）のいう垂直伝達（親から青年への知識や技能の伝達）と斜行伝達（親や祖父母以外の大人から青年への知識や技能の伝達）の双方がより重要になる（Dira & Hewlett 2016）。そうした知識や技術の習得や伝達は生涯にわたって続き、狩猟採集民の生き方に関する知識、技能、方略を培っていく。また、そうした伝達の場となる集団の組織化には、狩猟採集社会の間でもその歴史的、生態学的な諸条件を反映した多様性が認められる。たとえば、サンの諸集団やピグミー系のアカやバカを含む多くの狩猟採集民では、定住化が進むにつれてより厳格な性別による分業がみられるようになる傾向がある（Lew-Levy et al. 2018: 236-237）。これらの知見に立脚してボック（Bock 2005: 211）は、狩猟採集活動以外に基づく生活スタイルでは、垂直伝達をうながすような親の時間的な投資は低くなり、とくに定住生活では垂直伝達にかわって斜行伝達が促進されるだろうと論じている。

従来の研究では、狩猟採集に基づく遊動生活を送っていたサンの諸集団における養育者―子ども間相互行為は、農牧民の社会におけるそれとは対照的なものとして特徴づけられてきた。しかしながら、サンを含む世界中のほとんどの狩猟採集社会の子どもたちは、急速な社会変容を経験しつつある。たとえば、本章で見てきたように、現在のクンではたいてい一歳児の間に離乳がおこり、二歳児が多年齢子ども集団の活動に参加するようになっている。また、現在のクンの子どもたちが盛んにおこなっている歌・踊りのほとんどは、オバンボ農牧民に由来するものである。しかし、このような状況でもクンは、大人の監視や管理を受けない多年齢子ども集団での活動を続けている。子どもたちは、「使うひとによって効能もさまざまに違ってくるものの働きを活かしながら、そこに遊びを創りだしていく」(セルトー 二〇二一:一〇八)。オバンボの歌・踊りは、クンの子どもたちにとってそうした遊びの豊かな源泉である。そうした活動を通じてクンの文化資本、すなわち身体化された形態(e.g. 人体の持続的な性向の形態)、客体化された形態(e.g. 歌・踊りの歌詞やメロディ)、制度化された形態(e.g. 儀礼)からなる文化的に蓄積されてきた知識や技術(ブルデュー 一九八六、二〇〇一ａｂ)は、再組織化されながらも再生産されている。同様の状況は、現在のグイやガナ、ジュホアンといった他のサンの集団の間でも起こっている。

このように、社会の生産と消費の基盤をなす生業活動の変化に直面しているときでも、狩猟採集社会の子どもたちは多年齢子ども集団の活動に参加し、その集団のメンバーたちに協力的な行動を示すことにより、お互いに社会的な結束を強化している(Lew-Levy et al. 2018: 239)。したがって、子どもたちの社会組織は、深層構造におけるレジリエンスと、表層構造における柔軟性や可塑性によって特徴づけられる。多年齢子ども集団の活動においては、年長児は、子ども集団においてどの活動をおこなうかだけでなく、そのパフォーマンスをどのようにおこなうかについても決定することができる。年長児たちはまた、年少児たちにしばしば保護者的な世話、仲間性(companionship)、社会化の経験などを提供する。その結果、幼い子どもも活動のなかで適切な役割を見つけることができる。これらを通してそれぞれの子どもたち、そして集団全体が社会変容によってもたらされる新しい文化的な要素や側面をも、自分たちの遊びにとりこんでいる。いいかえれば、子どもたちはそうした活動を通じて、近隣の農牧民の知識や技能を自分たちの活動の文脈に柔軟かつ積極的に位置づけている。そして、その実践が次の活動をおこなうための文脈を構成するのである。そのさいに子どもたちがみせる主体性と創造性は、新しく集団に参加してくる幼い子どもの社会化を推進する。さらに、社会変容を進めると同時に自分たちの生活世界を構築し、それを通じて社会を再統合する強い力を備えているように思われる。すなわち子ども集団活動は、子どもの社会化と社会変容の推進という働きのいずれをも担っているのである。

ただし、ナミビア北中部では近年、サン（クンやアコエ）の子どもを家族や出身村のコミュニティから切り離し、ホステルに寄宿させて、地域の圧倒的多数派であり、ナミビア全土でも約半数を占める民族であるオバンボの村で教育を受けさせようとする動きがある（Takada 2021b）。これは、クンの多年齢子ども集団の解体をもたらし、その点でクンが文化資本を再生産する仕組みを危険にさらすものである。こうした文化資本の再生産過程への介入は、独立後のナミビアにおける国民意識の醸成をねらった地域レベルでの統合政策の一環として意図的におこなわれており、オバンボの文化に付与された正統性を強化するとともに少数派が自分たちの文化に価値がないと思わせることで、オバンボによる支配の再生産をはかっているとも考えられる。

6　長期にわたる協力的な子ども期の誕生

最後に、系統発生的発達の立場からは、本章で見てきたような多年齢子ども集団が進化的にどのように発生したかについて考えることに注目が集まっている。哺乳類のなかで、現生人類を含む大型類人猿は、ワカモノ期（juvenile period）が長いことが大きな特徴である。いいかえれば、他のほとんどの哺乳類の種は、大型類人猿よりもはるかに早くに成体に達する。さらに、大型類人猿を構成する種間の比較をおこなうと、現生人類には、ワカモノ期の前に「コドモ期」（本書では、人間の文化的な側面に焦点をあてる箇所では「子ども期」と表記している）と呼ばれる独特の時期があることがわかる（Thompson & Nelson 2016: 82-84）。ヒトは、平均すると約三歳という、比較的早い年齢で子どもを離乳させる。遊動時代におけるジュホアンの授乳期間が五年弱、定住化したクンのそれが二年弱という値は、おおよそこの傾向にあてはまる（ただし、ジュホアンとクンの振れ幅が示しているように、ヒトの授乳期間の値は分散が大きいことにも注意する必要がある。これは、ヒトが子どもをめぐる生物・文化・生態学的な条件によって授乳期間を柔軟に増減できることを示しているからである）。これにたいして、他の大型類人猿における離乳の時期はゴリラが四歳、チンパンジーが五～六歳、オランウータンが七～八歳であるとされている。これらの大型類人猿は、相対的に長い授乳期を終えて離乳すると、その直後にワカモノ期に達する。これにたいして、ヒトは離乳後からワカモノ期に達するまで数年間にわたるコドモ期を楽しみ、その間、食事、保護、指導を大人に依存し続けている (Bernstein 2016: 105)。したがって、サンの諸集団における多年齢子ども集団の特徴である、母親からの授乳や自らの生業活動によらずに食料を得ることができ、そのいっぽうでよく遊ぶといったことは、進化史的にもヒトを特徴づけているといえよう。

近年では、現世人類の進化的な祖先がいつごろコドモ期を経験するようになったかについての議論が、研究者の間で盛んにおこなわれている。たとえばボギン (Bogin 2006) は、ホモ・エレクトスとホモ属の初期のメンバーもコドモ期を経験したと主張した。これにたいしてトンプソンとネルソン (Thompson & Nelson 2016: 87-88, 95) は、ホモ属の初期のメンバーの大半では、コドモ期を経験していた可能性は低いと論じている。彼らによれば、ホモ属の初期のメンバーは類人猿やアウストラロピテクスと類似した永久歯の成長率を示す。これを考慮すると、コドモ期があらわれたのはおそらく (現存するどの類人猿よりも、はるかに現生人類のほうに近い集団の一員である) ネアンデルタール人になってからだろうという。さらにトンプソンとネルソンは、これまでに収集された経験的データに基づいて、ネアンデルタール人と初期の現世人類はいずれも青年期に成長スパート (いわゆる第二次性徴) を経験したが、ネアンデルタール人の青年期と成長スパートは初期の現世人類よりも短い時間枠に限定されていたであろう、と主張している。この主張を認めるならば、コドモ期は、本章で見てきたような狩猟採集社会のそれも含めて、今日観察される種のなかではヒトのみによって形成されるユニークな時期であると考えられる。そして、このコドモ期こそが、ヒトを特徴づけている文化学習の発達を大きく後押ししたと考えられる。もっとも、ヒトの学習能力を含む生物学的特性は、どれもたくさんの要因が複雑に絡み合って構成されてきており、特定のゲノムによる単純な説明はありそうもないこともわかってきている (ライク 二〇一八: 五八)。コドモ期が形成された進化的起源については、さらなる調査によってその知見が更新されていくことが期待されている。

第3章でも見たように、ハーディは「協力的な授乳者」仮説、すなわち、母親以外の諸個人が子育てに貢献したヒトの集団が、そうでない集団よりも環境適応の範囲を広げていったという仮説を提案した。前者のような集団では、乳児を抱えた母親は、周囲の人々から発せられた社会的な信号を受けとると、それを自分たちにどれだけの支援が与えられる可能性があるかという観点から変換することに長けている、と考えられる。したがってそうした集団では、母親がもっとも主要な養育者である場合でも、アロマザーからの支援の利用可能性が各種の意思決定において重要となる（Hrdy 2005: 80）。さらにハーディは、協力的な授乳者が、離乳後も子どもを支援し、子どもに食糧を提供し、子どもの他のニーズを満たすことが理にかなっている限り、協力的な授乳者は子どもたちの生存率を向上させ、さらにそれがヒトのコドモ期が出現する前提条件となると論じている。周囲の人々による親密で十分な支援が受けられるような集団に生まれれば、子どもたちはさまざまな遊び心のある活動を創造し、それに従事することができる。ランシー（Lancy 1980: 475, 478）が仮定したように、子どもが盛んに遊ぶようになるためには、子どもの側の特徴としての長期間にわたる幼さだけではなく、そうした子どもたちにとって「優しい」、上記のような環境も必要なのである。この仮説が正しいならば、多くの狩猟採集社会においても観察されるような協力的養育は、現生人類の祖先がその進化史において選びとった方略であり、その結果として同じキャンプで暮らす子どもたちが多年齢子ども集団を形成し、盛んに遊ぶことが可能になってきたことになる。

「協力的な授乳者」仮説から導かれるこうした推論は、以下のパラドックスも解決する。世間に広がっている素朴な理解は、知的な脳あるいはヒト独自の合理的思考がまず初期人類の包括適応度を高め、その後にアロマザリングを含む私たちの複雑な社会的行動があらわれた、と仮定している。しかし、この進化のストーリーは、初期人類の親たちが、子どもの知的な脳が発達する間、長きにわたって子どもを保護した方法を説明することが困難である、というパラドックスを生み出してしまう。いっぽう「協力的な授乳者」仮説が仮定するように、もしヒトがまず協力的な授乳者として進化したのであれば、ヒト独自の合理的思考の発達をもたらすために、より長いコドモ期を好む原初的な選択圧を仮定する必要がなくなるのである（Hrdy 2005: 72）。そして、人類の進化の軌跡においては、まずより長いコドモ期が（おそらくネアンデルタール人のころに）あらわれ、その後にヒト独自の合理的思考が発達したことが示唆される。個体発生的発達の観点からは、ヒトでは二〇代後半までは感情の動きをつかさどる大脳辺縁系の方が、合理的思考の動きをつかさどる前頭前野の働きよりも優勢である（安藤二〇一八：二四八—二四九）。これは、進化史においても前者の発達が後者のそれに先行したことを示唆している。ボギンら（Bogin 2016: 62）がいうように、ヒトの生物・文化的な再生産機能がどのように働くかを理解するためには、母親だけでなく、親族関係などの社会的な制度を通じて他者と強い社会的な絆を形成する、子どもの側の能力を考慮することがきわめて重要である。本章で見てきた多年齢子ども集団による歌・踊りのような遊び活動は、そうした強い社会的な絆の形成を促進し、協力的行動や社会的学習のゆりかごとして働いてきたのだろう（Shneidman & Woodward 2015）。さらに、遊び活動がますます洗練されていくにつれて、そうした遊び活動が、より人口の多いコミュニティにおける同性のみ、あるいは同年齢のみの子どもからなる集団など、より多様なかたちの子ども集団が発達してくるための手段や動機を提供するようになっていった可能性も指摘できる（Lancy 1984）。

第7章

子育ての生態人類学再訪

はじめは見るもの聞くことのほとんどが新鮮な驚きの連続だったフィールドワークも、だんだんと日常になってくる。涼しい午前中のうちにはクンの友人たちと薪ひろいや水くみに汗を流す。それから、住人を一軒ずつ訪れて、子どもたちの様子をうかがう。太陽が真上に近づくと、昼食の準備にとりかかる。ずっしりと重い鉄鍋でライスをしゃかしゃかと洗ったら、もう一つの鍋に野菜をざくざくきざんで放り込む。運がよければ、野生の風味が香しい、茸や獣肉が手に入ることもある。鍋をたき火にかけ、午前中に記したノートを整理する。お昼を食べながら、友人たちと世間話に花が咲く。遊びに来た近所の子どもたちにもお裾分けだ。お腹がいっぱいになり、小屋の陰で風を感じながら目を閉じると、悪魔的な眠りに引き込まれる。二、三時間後、子どもたちの楽しげな歌声とポリタンクをたたくリズミカルな響きで目を覚ます。熱狂的な歌・踊りを披露してもらった後は、友人たちが集うコカショップに向かう。そんな日々を数え切れないほど繰り返した。繰り返しとはいっても、久しぶりの友人の訪問を受けたり、新しい木の実や昆虫を見つけたり、知人の間でいざこざが生じたり、毎日何かしら変化があって飽きることはない。

それでも、時間は着実に流れている。帰国の日程が近づくと、残りの滞在日数を数えるようになる。わからないこと、やり残したことはたくさんある。そんな思いを抱えながら、コカショップから帰ってくる（写真7—1）。しかし、たき火にあたって熱い紅茶をすすりながら、澄んだ夜空のなかで音を立てて割れそうな月を見上げると、焦りは薄らぎ、悠久の大地のなかで生きている幸せを感じる。そして、出発の日。大人はさりげなく、子どもたちはわいわいと見送ってくれる。きっとまた帰ってこようと思い、ハンドルを強く握る。

そんなフィールドワークと日本での生活の往還を繰り返し、四半世紀が経った。その間、（ポスト）狩猟採集社会の子育てに関心を持つ研究者仲間もずいぶんと増えた。本書では、それによって増加し続けている知見を

写真7-1　エコカのキャンプからみた夕日。住み着いていた猫が木に登っている（2000年筆者撮影）

とりまとめ、とくに授乳（第3章）、ジムナスティック（第4章）、初期音声コミュニケーション（第5章）、子ども集団活動（第6章）に焦点をあてて、クンをはじめとする（ポスト）狩猟採集社会の子育てについて論じてきた。こうした議論に基づいて、結論部となる本章では本書の冒頭で提起した目的、すなわち、狩猟採集社会における子育ての特徴の再考、および子育て研究におけるミクロ―マクロ・アプローチの統合という目的に立ち返り、これについて広く論じてみたい。

1　クンの子育て

第1章で紹介したように、狩猟採集に基づく遊動生活を送っていたジュホアンでは、それ以外の集団と比べて（1）ひんぱんで持続時間の短い授乳、（2）

密接な母子間のきずな、（3）遅い離乳といった特徴が認められた。狩猟採集社会における子育ての研究は、こうしたジュホアンにおける事例の特徴がヒトの種としての原初的な特徴を反映している、すなわち「ヒト本来の子育て」を示唆するという議論からはじまった。しかし、その後のクンを含むさまざまな集団の研究により、狩猟採集社会における子育ての特徴について再考することが求められてきている。たとえば、クンでもジュホアンと同様、母親と乳児の密着度が高く、母親はこの間、頻繁で持続時間の短い授乳をおこなうが、クンではジュホアンよりも離乳が早い時期に起こり、子どもはより早くから多年齢子ども集団に社会化のおもな舞台を移すことになる。また、そうしたクンにおける早期の離乳は、定住化にともなう出生率の増加やサンの諸集団に広く認められる末子以外への授乳を忌避するという親の信念だけでは説明できない。それはむしろ、農耕牧畜の産物を離乳食に用いるという慣習による。そして、クンのそうした慣習は、近隣に暮らすオバンボ農牧民との密接な接触によってもたらされたと考えられる。こうしたクンの事例、さらには熱帯雨林に暮らすアカやバカなどのさまざまな（ポスト）狩猟採集社会における知見を合わせると、授乳パターンは、その生物・文化・生態学的な条件に応じて、狩猟採集社会に限ってみてもそのあらわれかたを多様に変化させる柔軟性や可塑性に富んでいることがわかる。そのいっぽうで、狩猟採集社会を特徴づけている授乳パターンの特色は、以下のように抽象度を高めたものに改訂されるだろう。（1）授乳パターン（授乳の持続時間や頻度）は養育者と乳児の相互行為を通じて徐々に形成される、（2）母親以外の周囲の人々（乳児の祖母、父親、オバ、姉、兄など）が母子を積極的に支援し、集団によっては授乳にも関与する、（3）これらの特色の結果として、離乳の時期は柔軟に変化する。

上記の（2）からも明らかなように、（ポスト）狩猟採集社会では母親以外の養育者もしばしば、非常に早い時期から子どもに母乳育児以外の養育行動を積極的におこなう。サンの諸集団でおこなわれるジムナスティックも、そうした養育行動の一つである。ジュホアンでは、ジムナスティックなどによって幼い子どもの運動発達をうながすことがひんぱんに移動を繰り返す遊動生活においては合理的だった、と考えられた。しかし、その後のクンをはじめとする（ポスト）狩猟採集社会における研究は、そうした活動にたいする関与の程度や意味づけが、集団や個人によってかなり異なることを示している。たとえば、定住化したクンでもジュホアンと同様、さまざまな養育者が、乳児に早くから頻繁にジムナスティックをおこなうが、クンのジムナスティックでは、ジュホアンで強調されていた歩行訓練としてよりは、あやしや遊びとしての意味づけが優勢である。また、そうしたあやしや遊びとしてのジムナスティックは、サンの諸集団と生活域を接するさまざまな農牧民でもおこなわれている。したがって、狩猟採集活動とより結びついているのはジムナスティックの行動そのものというよりはそれにたいする文化的な意味づけであることが示唆される。さらに、他地域における研究も考慮すると、ジムナスティックのように母親以外も含めた養育者が乳児と密接かつひんぱんに身体的接触をともなう養育行動は、熱帯域を中心とした温暖な地域においてよくおこなわれる傾向がある。これにたいしてより寒冷な地域では、スウォドリングのように乳児をじっとさせておく養育のスタイルが幅広く認められる。つまり、養育行動における身体的接触の程度には、生業活動よりもむしろ気候をはじめとした生態学的な条件が大きくものをいう可能性がある。

クンのジムナスティックにおけるあやしや遊びとしての意味づけをよくあらわしている特徴の一つとして、ジムナスティックとともにおこなわれる乳児に向けた遊戯的なうたいかけ（カイン・コア）があげられる。こうした乳児に向けた遊戯的なうたいかけは、ジムナスティックと組み合わされることで、さまざまな感覚を調和させるように働く。これは、乳児が身体全体を使って養育者とかかわることをうながす。こうしたかかわりでは、最初はさまざまな感覚が融合しているが、乳児は次第にそれぞれの感覚を自律的に操作することができるようになっていく。類似の遊戯的なうたいかけとしての特徴は、クンよりも最近まで遊動生活を送っていたグイ／ガナのサオ・カムでも見られる。いっぽう、遊戯的歌とともに乳児向けの歌（IDSong）の二大ジャンルをなすと考えられてきた子守唄は、クンやグイ／ガナではほとんどみられない。また、米国や日本における乳児向けの発話（IDSpeech）としばしば関連づけられてきた言語理解や発話過程を促進させようとする養育者の動機づけは、クンやグイ／ガナをはじめとした多くの伝統的社会ではほとんど認められない。さらに、クンやグイ／ガナにおけるIDSongやIDSpeechは、欧米での研究で当初主張されていたように母親が中心となっておこなうのでなく、むしろ多様かつ多くの養育者を巻き込んでおこなわれることが多い。狩猟採集社会に特有のIDSongやIDSpeechの特徴があるかどうかについてはこれからの調査が待たれるが、民族誌的な資料がIDSongやIDSpeechを通じて構築されていく文化的に特徴的な感情の機微と多様性を理解するための貴重な資料となることは間違いない。

また、クンにおける遊戯的なうたいかけは、乳児へのジムナスティックと多年齢子ども集団での活動をつないでいる。つまり、しばしばジムナスティックと一緒におこなわれる乳児への遊戯的うたいかけと多年齢子ども集団でおこなわれる歌・踊り活動や言語活動には、機能的・構造的な連続性がみられる。遊動時代のジュホアンの研究では、多年齢子ども集団が長い年月をかけて狩猟採集活動にかんする知識や技能を学ぶ場を提供していると主張され、大いに注目された。そうした多年齢子ども集団は、大人からの干渉をほとんど受けず、また生業活動への貢献を求められることもなく、その代わりに子どもたちが主体的に学ぶことを可能にしているというのである。その後の研究は、他の多くの狩猟採集社会においても、多年齢子ども集団での活動が子どもの社会化にきわめて重要であることを示してきた。そのいっぽうで、多年齢子ども集団がどのような年齢や性別からなるのか、またどの程度生業活動への貢献を求められるのか、その集団の社会生活においてどういった働きを担っているのか、などについては、(ポスト)狩猟採集社会のなかでもその文化・生態学的な環境によってかなり多様な姿を見せることもわかってきた。定住化したクンにおいても、多年齢子ども集団での活動は、ジュホアンと同様、子どもたちの日常の大半をしめている。ただし、クンの子どもたちは子ども集団での活動を通じて、近隣の農牧民の知識や技能を柔軟にとり入れ、自分たちの文化的体系に統合している。したがって、多年齢子ども集団は狩猟採集社会における社会化と同時に社会変化をも促進する場としても働くことができるのである。

以上のように、ジュホアンにおける事例から示唆された狩猟採集社会における子育ての特徴、すなわちHGCモデル(Konner 2016)は、その後の研究によってかなりの見直しを迫られている。すなわち、ヒトの種としての原初的な特徴だと考えられた子育ての特徴の多くは、その生物―文化―生態学的な条件にも応じて、そのあらわれかたを柔軟かつ可塑的に変化させることがわかってきた。それでも、観察された諸処の事例についての抽象度をあげることで狩猟採集社会に共通する特徴について考えることは、依然として意義のあることだろう。「ヒト本来の子育て」は理念的な構成体であり、特定の事例をそのままそれにあてはめることはできないし、その内容はつねに新たな事例を受けて書き換えられる可能性がある。しかし、そのことは人間の子育ての原型について考えることをやめてしまう理由にはならない。私たちはそれについて、何度でも語り直すことができる。もういっぽうの狩猟採集社会における子育ての多様性に関しても、さらに考察を進めることが求められる。C

FAモデルでは、こうした多様性はヒトの環境適応の許容度の広さを示すと考えられてきた（Konner 2016）。たしかにヒトは、特筆すべき環境適応の許容度の広さを示す。しかしながら、上述のような狩猟採集社会における子育てのさまざまな事例は、多様性を生み出す生物―文化―生態学的な構造が、CFAモデルの想定よりもずっと複雑であることを示している。そして、そうした構造についての理解をさらに深めるためには、以下で試みるように、初期の生態人類学の理論的枠組みを見直す必要がある。

2　生業活動と子育て再考

初期の生態人類学に影響を与えたサーリンズとサーヴィス（一九七六：一二七）は、「進化は分岐とともに前進を伴い、変異とともに全般的な進歩を伴う」と述べている。サーリンズとサーヴィスが提唱した文化進化論（新進化主義）は、それぞれの社会においてさまざまな文化的要素がどう伝播するかに注目したボアズ学派の歴史的個別主義に対抗して、文化の発展段階とその起源に大きな関心をよせた。文化進化論は、上記の引用のうちの分岐と変異を特殊進化、前進と進歩を一般進化と概念化した。このうち特殊進化は、それぞれの社会がその生活の安定をもたらすために、その特定の環境への適応を進めていくことによって特殊化していく過程だと考えられた。いっぽう一般進化では、すべての文化は全体的進歩の諸段階を通過すると想定されている。そうした全体的進歩の指標として、サーリンズとサーヴィスは、獲得エネルギーの総量や組織の統合レベルの増加をあげた。また一般進化はその定義上、系統発生的ではない（系統発生的なのは、特殊進化である）。つまり、個別の環境への適応とは関係なく、多様な環境にたいする多面的な適応能力の増大によって生じると考えられた。

しかしながら、地球規模でさまざまな環境問題が深刻化するなかで、こうした一般進化を進めていくことはもはや困難であるだけでなく、そうした過程を一般進化ととらえる考え方そのものが疑念にさらされている。すでにルソーは一八世紀に、経済の発展は人間を幸福にしないという意見を表明し、「文明」が進歩するという考え方に異を唱えている（三浦 二〇一四）。またそもそも子育ては、上記の一般進化の指標のような、際限のない拡大にはなじまない活動である。養育者と子どもの相互行為のような、変化しつづける差異という関係にたいして作動するシステムやそのサブ・システムをエネルギーのような実体的な概念によって説明することには原理的な困難があるのだ（ベイトソン 二〇〇六：一二九―一三六）。

また特殊進化は、当時の生物学において主流だった不可逆的な系統発生に着想を得ているが、既述のように、文化の変化には必ずしもそうした特徴があてはまらない。他集団でみられる文化的要素の借用や既存の文化的要素の喪失によって文化の変化がもたらされることも多い。さらに、文化と社会を扱う人類学者の間では、文化を環境の物理的特性との機能的関係に従属させることにたいする批判は根強い。一般進化―特殊進化という枠組みを提示し、文化進化論の理論的支柱の一人であったサーリンズ自身でさえ、その後は文化的なカテゴリーはそれ自体の論理と再生産の仕組みを持っていると主張するようになった（サーリンズ 一九八四：七二―一六四）。いっぽうで、ゲノム解析などの発展の結果、現在では生物進化に対しても中央の幹から別れて枝分かれしたままの系統樹という見方を単純にあてはめることは難しくなってきている（メスーディ 二〇一六：一五四）。なかでも現世人類の種としての進化は、集団の分離と交雑の大きなサイクルを経て生じてきたと考えられるようになっている（ライク二〇一八：三二二）。

そこで、唯物論的かつ進化論的な発想からはじまった生態人類学（テスタール一九九五：二）は、その研究の対象とする社会的活動の領域を広げ、それによって見いだされた多様性を説明するために記号と文化についての議論を合流させてきた（e.g. サーリンズ一九八七）。本書もそうした流れのなかにある。こうした観点からは、社会の再生産をもたらす仕組みを、下部構造が上部構造を規定するという単純なモデルで説明することはできない。たとえば、長い間反目し合い、分裂し、相互参照することなく展開してきた議論、たとえば文化進化論と文化伝播主義について再考し、それらを結びつけるような試みが必要となる。そうした観点から、最近ではラトゥールとレピネ（二〇二一）が、人々や事物の間に成り立つ間主観性によって社会現象を説明するために自らが推進してきたアクターネットワーク理論の先駆けとして、一九世紀末に文明の単線的進化説にたいする批判を繰り広げていたタルドの模倣論に再注目している。タルドの模倣論（e.g. タルド二〇〇七）では、物質ではなく模倣を通じた発明こそが、生産における重要な資本となる。この点では、社会も個人も周囲から切り離された実体というよりは、かりそめの集合体であり、ネットワーク中のノードである（ラトゥールとレピネ二〇二一：一八）。

また、近年あらためて注目を集めている進化論的アプローチにおいても、まだまだ少数派だとはいえ（Hewlett & Lamb 2005: 13）、文化の伝達という概念の見直しにとりくむ研究者があらわれてきている（e.g. メスーディ二〇一六）。こうした文化進化論の第三波ともいうべき動きのなかでは、子育てのような社会的活動を扱う社会科学におけるミクロとマクロを架橋するような議論が目指されている。メスーディ（二〇一六：六八―九〇）が論じるように、文化的形質のあらわれにかかわる個人レベルでの小規模なプロセスと社会以上のレベルの大規模なプロセスに関する研究における方法論や理論的概念をめぐる溝は、二〇世紀初頭に生物科学を悩ませていたミクロとマクロの分裂、すなわち生物学的形質のあらわれにかかわる個体レベルでの小規模なプロセスと種レベルでの大規模なプロセスに関するそれに似て、隣接する研究分野間の交流を妨げている。そうした研究分野を架橋する議論、それを通じた学問としての発展のためには、生物科学において集団遺伝学が成し遂げたような、ミクロとマクロの統合を目指した議論が求められる。

本書もまた、そうしたミクロとマクロの統合を目指すものである。そこで、ヴィゴツキーの枠組みに沿って、二〇世紀の後半から急速に知見を増やしてきたサンをはじめとする狩猟採集社会の子育てについての研究を、個体発生的発達、すなわち個人の人生史のなかでの変化、文化—歴史的発達、すなわち社会全体の変容、そして系統発生的発達、すなわち系統的な進化という三つのアプローチにわけて整理して論じてきた。発達はその核心において動的な概念であり、変化および時間とかかわっている。これらのアプローチはそれぞれ異なる時間枠において展開し、後者のアプローチほどその変化を記述するための時間枠は大きくなる傾向がある。これは、本書であつかった子育てにかかわる活動、すなわち授乳、ジムナスティック、初期音声コミュニケーション、子ども集団活動のいずれについてもあてはまる。

ジムナスティックを例にとってみれば、まず系統発生的に発達してきた乳児の歩行反射は、霊長類の新生児を特徴づけている（竹下 一九九九）。その結果、おそらくすべての人間の集団における健康な新生児には、歩行反射の仕組みが備わっている（Saint-Anne Dargassies 1977）。しかしながら、歩行反射がどの程度引き出されるかは、ミクロ発生的な発達、すなわちそれぞれの子どもが直面する社会的状況によって異なる。子どもを早くから単独で仰臥位にしておくことが多ければ、乳児の歩行反射が引き出される機会はほとんど生じない。これとは対照的に、乳児を立位にして上下運動させるジムナスティックが活発におこなわれれば、乳児の歩行反射はひんぱんに誘発される（e.g. Zelazo 1983）。

さらに、ジムナスティックを受けた時期やその頻度などによって、子どもの個体発生的な発達の軌跡は劇的に異なる。歩行反射は一般に生後二ヵ月ごろ消失して、その後、歩行行動は生後七ヶ月近くまであらわれないと考えられてきた（e.g. Bly 1998）。しかし、長期にわたってジムナスティックを受け、歩行反射を引き出され続けた子どもは、生後二、三ヶ月になっても歩行行動が消えないばかりか、欧米と比べると乳児の歩行に関連する発達が進んでいることが示されている。

また、ジュホアンやクンの養育者は、乳児の歩行反射の仕組みやジムナスティックにより歩行行動が促進される働きと関連した信念体系（Super & Harkness 1997）を文化―歴史的に発達させてきている。そうした親の信念は、その社会における価値観や世界観を反映すると考えられ、文化的な多様性の宝庫でもある。たとえば、ジュホアンのような狩猟採集に基づく遊動生活において強調されていたジムナスティックにたいする「訓練」としての意味づけは、クンでは定住化や農耕牧畜民との接触の過程で次第に薄れ、かわって「あやし」としてのそれが強調されてきている可能性がある。クンとジュホアンという言語・文化的な系統がきわめて近縁な集団の間においてさえも、ジムナスティックを意味づける親の信念には、それぞれの集団独自の発展や近隣の集団とのかかわりの歴史を反映して、その詳細や強調点についてかなりの集団差が認められるのである。

これらに加えて、ある集団が暮らす生態環境の特徴とその集団が示す特徴的な行動との間には緩やかな関連があることを示す知見もある。両者の間には厳密な因果関係は認められない（メスーディ二〇一六：二七―二九）ものの、なんらかのかたちでの相互作用があることまでは否定できないのである。たとえば、ジムナスティックのような乳児の運動を積極的に促進する養育行動とは対照的な、乳児の動きを制限するような養育行動であるスウォドリングは、北米と南米、中国西部、モンゴル、ロシアといった高緯度地帯あるいは山岳地帯で幅広く実践されている（正高 一九九六）。これにたいして、ジムナスティックに関する報告は熱帯域から中緯度地域で暮らしている集団で多く、おおまかにはスウォドリングとは相補的な分布をする傾向があるようである。今後、これに関する組織的な広域調査を進めることで、ジムナスティックと生態環境の特徴との関連についての理解はさらに深まるだろう。

このように、子育てのそれぞれの場面における実践はつねに、上記のような異なる時間枠において発達してきた特徴のいずれもが入り組んだかたちでからみあいながら、子どもとその周囲の人々や環境を巻き込んで展開していく。これは、人間の本質的な生物・文化・生態学的な性質、すなわち諸個人の遺伝・生物学的な条件、社会・文化的な文脈や規範、およびその人々が暮らす生態環境が統合されることによってその生活世界がかたちづくられるという性質を示している。これはまた、原野のなかでじつに優れたパフォーマンスをみせる狩猟採集民が、生まれつき産業社会の人々と異なるわけではないことも示している。両者の間に遺伝・生物学的な条件の違いはほとんどない。私たちの誰でもが、適切に社会化されれば、熟練した狩猟採集民となることができるのである。人間の子育てにおいては、ヒトが系統発生的に獲得してきた特徴を資源／制約としながらも、状況、個人、集団の間での柔軟性と可塑性が幅広く認められる。そして、そうした状況、個人、集団、種の間における子育ての多様性とそれぞれの子育て場面における実践の統合性がどのように両立するのかを明らかにしていくことは、ＨＧＣモデルとＣＦＡモデルの二項対立を超え、子育てのシステムを説明する、より包括的かつ生態学的に妥当な理解を進めることでもある。さらには、子育てのみにとどまらず、社会的活動全般における構造と主体性の関係についての理解を深化させる、幅広い分野の研究者にとって挑戦的な課題でもあろう。

3 遊びと模倣

こうした子育てをめぐる文化的な多様性とその生物・文化・生態学的な構造の統合性を生み出す原動力として、本書で検討してきたクンをはじめとする（ポスト）狩猟採集社会の養育行動から示唆される重要な活動が、遊びと模倣である。自然のなかの事物や近隣の民族とのかかわりに鼓舞された模倣活動、および主・客がわかちがたい状態で自由なやりとりを繰り返す遊びの感覚は、それらが合わさり、相乗効果を発揮することで、漸次的に子どもと養育者のかかわり方の論理階梯をあげ（ベイトソン 二〇〇〇：三八二—四一八）、環境との高次の均衡を構築していくと考えられる。

遊びや模倣に関するこれまでの心理学的な議論、たとえば第6章で見たトマセロの模倣学習についての議論は、これらの重要性を指摘した点では正しいが、その資料や分析が方法論的個人主義にもとづく点では視点が限定されている。すなわちトマセロは、子どもに与える刺激が厳密に統制された実験室においてそれぞれの子どもが模倣にかかわる認知スキルをいつどのように発揮するようになるのかを正確にとらえようとしてきた。たしかに、そうした方法論的個人主義の観点からも、模倣学習はヒトという種を特徴づける基本的な仕組みであると考えられる（Tomassello 1999）。しかし、じっさいの模倣はつねに、個人が自分の行動を周囲の人々にあわせ、積極的に協力的な行動をとるという相互行為の領域において生じることを忘れてはならない。さらに、そうした相互行為が集団のなかで広がり、文化―歴史的に積み重なってきたからこそ、ヒトは他の種に比べて地球上のかなりの面積を占めるまでに拡大し、その生態系を変化させてきたのである。いいかえれば、たとえ模倣の能力をもった個体がいても、そのような個体が分散していて、協力することがあまりなければ、ヒトは種としてここまで繁栄することはできなかっただろう。ヒト以外の哺乳類でも、乳児が一人で、あるいは集団で身体を使った遊びをすることは少なくない。しかし人間は、幼い乳児と大人のように、身体的、心理的、社会的に非常に異なる能力をもった個体の間でも身体を使った遊びがひんぱんにみられるという点でかなりユニークである。これらの特徴は、人間社会の歴史において、一見すると身体的な遊びとはかけ離れたかたちをとって模倣をうながすさまざまな活動（e.g. 歌、あいさつ、会話）がおこなわれてきたこと、さらにはそうした模倣活動を支援する儀礼、宗教、教育といった制度が発展してきたこととも深くかかわっていると考えられる。進化論（e.g. Darwin 1859, 1871）が論じたように、初期の設定の違いはわずかでも、それが他の要素と組み合わされ、長い時間をかけて継続することで、当初は想像もできなかったほどの大きな違いが生まれることが多い。この点では、現在の私たちの繁栄は、人類の祖先が遊びや模倣の能力を身につけたことの目的ではなく、その副産物だといえるだろう。とりわけ子育ては、本来的に文化的な新参者である子どもと文化的な熟練者である養育者の間における知識や技術の不均衡を背景とした相互的なやりとりからなるので、分析のもっとも基本的な単位は、特定の文化的な文脈におかれた子どもと養育者の関係であるべきである。

こうした分析を進めていくにあたって、本書で取りあげてきたような民族誌的な資料は重要かつ豊かな素材を提供してくれる。たとえば授乳においては、授乳をする側とされる側があてどなく自在なやりとりを繰り返すなかで乳房を吸い、湧き出してくる温かい母乳を口腔からのどに流し込む快楽と腕のなかの張った乳房を赤子にぐいぐいと吸われる愉悦が入り交じる。もっとも授乳をする側は、はじめは周りの経験者のそれを見よう見まねで模倣しつつ、ぎこちなく振る舞わざるを得ない。乳房を吸う側も吸われる側も、相互のやりとりが遊びの域に達するためには、自分たちでそれを経験するなかでお互いに行動を調整し、さまざまな社会的状況にあわせた振る舞いに習熟していく必要がある。両者の感覚のずれが生じると、それは瞬時に痛みや欲求不満をもたらすおそれもあるのである。

ジムナスティックにおいても、相互的な調整過程が重要であることは第4章で紹介した通りである。ジムナスティックが活発で楽しい運動になるためには、まず養育者が子どもの感覚運動的な発達の最近接領域（ヴィゴツキー二〇〇一）やその場の状況にあわせて、ジムナスティックをおこなうタイミング、強度、リズム、上下運動の落差などを調整することが求められる。また子どもの側も、養育者との交流のなかで微細な調整されたジムナスティックによる働きかけを予期し、適切な体勢を整えることが必要である。さもなくば、ジムナスティックはあやしとしての働きを減じ、楽しい遊びとしての自在なやりとりが創出されることはないだろう。また、ジムナスティックは多様な養育者によっておこなわれるので、それぞれの養育者が近隣の地域や集団に由来するさまざまなモデルを模倣することになる。これはジムナスティックの実践やその背後の考え方のバリエーションをもたらすとともに、子どもの側が調整する範囲を広げることにつながる。これらの相互行為が反復と変奏を繰り返すことで、文化的に特徴的なパターンが（再）創造されていく。

第5章でとりあげた初期音声コミュニケーションは、サンの日常的な相互行為においてはしばしば、ジムナスティックのようなリズミカルな身体運動と組み合わせて生じる。乳児は一般に、生後二、三ヶ月になるとさまざまな音楽的なやりとりに呼応するようになる。これがそれまでにもおこなわれていた身体的なやりとりとあわさることで、その楽しさは増幅される。初期音声コミュニケーションはさらに、乳児と養育者の身体が直接接触していなくても、また二者以上による多人数のやりとりでもその楽しさに乳児を巻き込むことができる点で、授乳やジムナスティックとは異なっている。すなわち、発声、視線、表情、手を用いたジェスチャーなどは、相互行為の参与者それぞれにとって自由度が高く、乳児と養育者が接触していなくてもお互いにかかわることを可能にする。人間は、これらを複雑に組み合わせ、個人、集団、世代の境界を超えてその学習の成果を共有してきた。音楽や言語はそうしたコミュニケーションの成果物であり、同時にさらなる成果物（衣・食・住に関する物質文化、宗教・道徳に関する精神文化など）を生み出すためのコミュニケーションの手段でもある。そこでは、自然のなかの事物や近隣の民族に由来する音声もしばしば創造的に用いられ、バリエーションを創る自由度は非常に高い。初期音声コミュニケーションはまた、音楽や言語など、社会で共有されている制度とも大きく関連している。これらの社会制度には単なる表象を超えたリアリティがあり、それが一連の社会的行為をそれぞれの行為の総和を超えたものとする（Widlok 1994: 373）。そして子どもは、そうした一連の社会的行為に巻き込まれるなかで文化的に特徴的な間身体性、間主観性を身につけていく。

サンの諸集団で広くみられる多年齢子ども集団活動では、そうした間身体性、間主観性のますます複雑になったかたちを見ることができる。子どもたちは新しいものごとに敏感で、しばしば大人の養育者以上に自然のなかの事物や近隣の民族が模倣や遊びの源泉となる。この点で多年齢子ども集団活動での活動は、子どもたちの社会化だけではなく、新たな文化的要素をとり入れ、それを既存の文化的要素と統合し、社会全体の変容をもたらす原動力となる（写真7—2）。しかも、多年齢子ども集団活動は、大人が制度化し、運営する教育機関

写真7-2　遊びに出かけるクンの子どもたち（2004年筆者撮影）

なしに、楽しみながらこれを成し遂げるのである。もっとも、幅広い身体的、精神的な状態にある多くの子どもたちが一緒に遊ぶためには、それを許容するような活動のジャンルを選ぶ必要がある。この点で歌・踊り活動は、集団のメンバー、とりわけより身体的、精神的に進んでいる年長児がさまざまな調整と配慮をめぐらすことができ、サンの多年齢子ども集団にとってとくに重要な活動となっている。こうした調整や配慮に失敗すると、多年齢子ども集団の活動にも社会的なコンフリクトがもたらされ、楽しい雰囲気を持続させたり、創造的な活動を展開したりすることが難しくなる。

上記のように、子育て場面ではしばしば、「今ここ」の制約から脱却する遊びと外在する志向性に倣う模倣があわさり、従来のやりとりの構造を超える変化が芽生える。いいかえれば、遊びは現実の生態的・社会的な環境を超え、非日常、非現実を見る力をやしなう（ホイジンガ 一九九四）。また、模倣はしばしば社会だけではなく、自然にそのインスピレーションの源泉を見いだす。遊びと模倣を結びつけるアプローチは、子どもとその周囲の養育者が、上記のさまざまな時間枠組みにおいて蓄積されてきた身体的および記号論的な資源を組織化してそのときどきの変化に応答し、さらには自ら変化を生み出す過程と仕組みを論じることを可能にする。この点で、民族誌的資料から明らかになる私たちの活動の多様性は、集団間の遺伝的な差異に起因するものではなく、ことばやメロディーなどの象徴的なメディアによってコード化された文化的な産物だといえる。もしDNAがそうした文化的な産物を形成するうえで何らかの働きを担っているとすれば、それは身体のさまざまな部分、対人関係、環境条件との間の体系的な相互作用を通して生じるものであろう（Ingold 2000: 30, 383, 391）。

生業活動としての狩猟採集活動の重要性は、現在では世界的な規模で低下していることはいなめない。しかしながら、そうした状況でも、研究者が狩猟採集社会の特徴としてあげ、本書でも考察の対象としてきたような社会的関係はしばしば存続している（Widlok 1994: 375）。このような社会的関係は、「さまざまな環境にうまく適応する柔軟性、および多様な意見を平和的に受け入れることでさまざまな人々が共存することを可能にする平等主義的な寛容さ」（Low 2008: 40）といったことばで要約されるものである。そして、（ポスト）狩猟採集社会の人々はそうした社会的関係を通じて、環境を食い物にしたり、支配したりするのではなく、環境との対話を維持し、調和を回復しようとしている。この点で、彼らのレジリエンスは当初の研究が想定していたよりもずっと高い。そしてそれを今も可能にしているのは、彼らがその調和的な自然観に支えられて育んできた、優れた遊びと模倣の力だとは考えられないだろうか。世界的な規模での環境問題が加速度的に深刻化するなかで、私たちがそうした（ポスト）狩猟採集社会、とくにその子育てから学んでいくべきことはますます増えている。

あとがき

先日、久しぶりに香川県にある実家に帰省した。いい機会なので、さいきんになって身につけた夜中に散歩をする習慣をそこでも発揮して、子どものころに通っていた高校、中学、小学校までの道を歩いてまわった。田舎の夜は、街灯がまばらで道は暗い。その代わり、カラハリほどではないにしても、澄んだ空には星がよく見える。一歩、一歩と足を踏みしめていく。身体へ伝わってくる振動が精神をも揺らす。秋祭りの日にみなで集った神社の石造りの鳥居、ガチャガチャをしに通った商店の閉まっているシャッター、その先にある持ち主は知らない（子どもの時も知らなかった）民家の壁のシミさえもが、覚えていないことすら忘れていた記憶を呼び起こす。用水路の藻の合間に見つけたザリガニは、もちろん子どもの私が目にしたそれのずっと後の世代を生きているはずだが、立派なハサミを振りかざして私を威嚇する姿は、その心のイメージとぴったり重なる。

過去に記したフィールドノートを振り返りながら本を書いていくことは、これと似ている。一枚ずつページをめくり、そこに綴られた文字や挿入された手書きのイラストを逐一見返していくなかで、いつか眺めた光景やそのときに感じた気持ちが追体験される。そうした記憶を振り返り、味わうことは、経験を積み重ね、時を経たものの特権かもしれない。そのつもりのない人には、見えないものが見える。聞こえないことが聞こえる。そんなちょっとした気づきをいちいち説明するのは野暮というものだが、そっとそれを共有しようとしてくれる人がいれば幸せなことだ。

フィールドワークを通じて出会った人々は、私にとってそんな記憶を一緒に作ってきたかけがえのない仲間である。まず、エコカでの時間を長らくともにしたJimmy Haushonaさん、故Temoteus Erastusさん、故Markus Niixoさん、故Simon Hamupoloさん、ニューカデで私を導いてくれたGyubeさん、Kantaさん、故ǁʰuu nǁouさん、Nǁareさん、N!oosa ǀenさん、Tsχum ǂqx'aiさんに深い感謝の気持ちを表したい。あなたたちの知識、手助け、友情なしには、私のフィールドワークは不可能だった。Temoさん、Markusさん、Simonさん、ǁʰuu nǁouさんは、日本の感覚からするとずいぶん若くに鬼籍に入ってしまったが、そのいっぽうではるかに濃密な時間を生きたようにも思う。謹んでご冥福をお祈りします。紙幅の制約から一人ずつ名前をあげることは出来ないが、エコカやニューカデの住人のみなさん、とくに当時の子どもたちにも心からの御礼のことばを伝えたい。みなさんの日常に温かく受け入れていただいたことで、居場所を探していた若き日の私は、少しずつ大地に根をおろしていった。

調査はフィールドだけで完結するものではない。むしろ、フィールドを経由して世界中とつながることにこそ、その醍醐味がある。以下の方々とそれを実感する機会が得られて、私はとても幸運だった。Kapeya Andreasさん、Giovanni Fontana Antonelliさん、青柳有紀さん、Kofi Ayisaさん、Rolando Bonac Ruizさん、Johanna Christina Brugmanさん、Claudia Cancellottiさん、Timo Ekongoさん、Amadhila Erasmusさん、Jane Gotoさん、Summy Gotoさん、花車典子さん、Junias Haixuxwaさん、故Imanuela Hamupoloさん、Peter Hangulaさん、Simeon Kanyembaさん、Daniel Kashikolaさん、加藤由美子さん、Willemien le Rouxさん、Maria Lopezさん、Carrie Mariasさん、Amanda Millerさん、Josia Mufetiさん、Paulus Mwahanyekangeさん、Iryn Naruesさん、El-Saluador

Ndeunyemaさん、Rachael Nekongoさん、Vilho Nghipondokaさん、Asser Niixoさん、Kx'ao ǂOmaさん、Midori Paxtonさん、Nghikefelwa Sakariaさん、Nafitali Shapwaさん、Matheus Shikongoさん、Ritsuko Shimabukuro Abrahamsさん、白田貴史さん、Axel Thomaさん、Joram ǀUsebさん、山川早弓さん、Elke Zimprich-Maziveさん。みなさんと出会うことによって、私は本書でとりあげた問題だけでなく、ナミビアやボツワナをはじめとする地域での生活について、さまざまな視点から考えるようになった。その一つ一つの経験が、フィールドワーカーとして、そして人間としての私の力になっている。

本書でおこなった議題の設定、議論の展開、精緻化においては、たくさんの研究者の方々のお世話になった。以下に思いつく限り、名前をあげさせていただく（それぞれの所属は略させていただく）。秋山裕之さん、Leila Baracchiniさん、Alan Barnardさん、Herman Batiboさん、Megan Bieseleさん、Gertrud Bodenさん、John Bockさん、Maitseo M. Bolaaneさん、Michael Bolligさん、Matthias Brenzingerさん、Heather Brookesさん、Jill Brownさん、Johanna Christina Brugmanさん、Elizabeth Cashdanさん、Andy Chebanneさん、Christopher Collinsさん、Kiega Daoqloさん、Ute Dieckmannさん、Patricia Draperさん、Edward Elderkinさん、Sonya Ermischさん、Ian Fairweatherさん、Hillary Foutsさん、Fabia Francoさん、藤岡悠一郎さん、藤田翔さん、Mattia Fumantiさん、Suzanne Gaskinsさん、Alma Gottliebさん、Maya Gratierさん、Clemens Greinerさん、Tom Güldemannさん、Wilfrid Haackeさん、速水洋子さん、Jennifer Haysさん、Bernd Heineさん、Barry Hewlettさん、Bonny Hewlettさん、平澤綾子さん、Antony Hiriさん、Robert Hitchcockさん、Gertie Hoymannさん、飯田雅史さん、池口明子さん、池谷和信さん、今村薫さん、今中亮介さん、Moipolai Kaingotlaさん、亀井伸孝さん、金子守恵さん、片岡基明さん、川島理恵さん、Heidi Kellerさん、Kuela Kiemaさん、木村大治さん、木下冨雄さん、Christa

Königさん、Melvin Konnerさん、Fred Klaitsさん、David Lancyさん、Megan Lawsさん、Jenny Lawyさん、Richard Leeさん、Tshisimogo Leepangさん、Tebogo T. Leepileさん、Jerome Lewisさん、Chris Lowさん、LYE Tuck-Poさん、松尾隆之介さん、丸山淳子さん、Amanda Millerさん、Kazuharu Mizunoさん、Boatogela Mbopeloさん、Judi Mesmanさん、三宅栄里花さん、Eureka B. Mokibeloさん、Kemmonye Monakaさん、Gilda Morelliさん、Marjorie Murrayさん、明和政子さん、永原陽子さん、中川裕さん、Ndapewa Fenny Nakanyeteさん、Shekutaamba Nambalaさん、根ヶ山光一さん、Romie Nghitevelekwaさん、Oleosi Ntshebeさん、太田至さん、Emmanuelle Olivierさん、大野仁美さん、大澤隆将さん、Dineo Pekeさん、Michaela Pelicanさん、彭宇潔さん、Kedago Podiさん、故Naomi Quinnさん、Barbara Rogoffさん、Mariano Rosabal-Cotoさん、Bonny Sandsさん、Maria Sapignoliさん、佐藤廉也さん、Sidsel Saugestadさん、Isaac Khanx'a Saulさん、Gabriel Scheideckerさん、関口慶太郎さん、嶋田容子さん、Sheena Shahさん、Jacqueline Solwayさん、園田浩司さん、菅原和孝さん、杉山由里子さん、Charles M. Superさん、橘雅弥さん、高井弘弥さん、武内進一さん、田中二郎さん、手代木功基さん、Gakeipege Titigoさん、戸田美佳子さん、Colwyn Trevarthenさん、Kxooki Tuleoさん、梅津綾子さん、Maria Vicedo-Castelloさん、Coby Visserさん、Hessel Visserさん、Rainer Vossenさん、Pnina Werbnerさん、Richard Werbnerさん、James Wertschさん、Thomas Widlokさん、山本始乃さん、山科千里さん、訾彦闇さん、米田信子さん。みなさんから学んだことすべてに感謝している。

また、本書のもとになった筆者自身の研究は、以下をはじめとする研究プロジェクトによって制度的・財政的な支援を受けることで可能になった。ここに記して深謝したい。日本学術振興会特別研究員（DC1）研究課題「サンの人口構造、生業形態の変容が母子関係および乳幼児の発達に及ぼす影響（平成一〇―一一年度、受付番号：9614、研究代表者：高田 明）」、日本学術振興会特別研究員（PD）研究課題「サンの養育行動および乳幼児発達に関する人類学的研究（平成一四―一五年度、受付番号：00754、研究代表者：高田 明）」、科学研究費補助金・若手研究（B）「言語的社会化をめぐる養育者―子ども間相互行為に関する文化人類学的研究：WH質問―応答連鎖における「アセスメント」についての文化比較から（平成一七―一九年度、課題番号：17720227、研究代表者：高田 明）」、科学研究費補助金・若手研究（S）「養育者―子ども間相互行為における責任の文化的形成（平成一九―二三年度、課題番号：19672002、研究代表者：高田 明）」、稲盛財団研究助成「サヴァンナの視覚文化：サン社会におけるジェスチャー・コミュニケーションに関する人類学的研究（平成二四年度、研究代表者：高田 明）」、国立情報学研究所共同研究「養育者―乳幼児間インタラクションにおける相互モニタリング過程の記録・分析手法の開発（平成二四―二六年度、研究代表者：高田 明）」、科学研究費補助金・基盤研究（A）「教育・学習の文化的・生態学的基盤：リズム、模倣、交換の発達に関する人類学的研究（平成二四―二七年度、課題番号：24242035、研究代表者：高田 明）」。科学研究費補助金・基盤研究（A）「アフリカ狩猟採集民・農牧民のコンタクトゾーンにおける景観形成の自然誌（平成二八―令和二年度、課題番号：16H02726、研究代表者：高田 明）」、科学研究費補助金・基盤研究（B）「承認をめぐる間主観性の発達に関する研究（平成二九―令和二年度、課題番号：17KT0057、研究代表者：高田 明）」。北島由美子さん、後藤すざんさん、下村泰子さん、関宏貴さん、中山恵美さん、野村貴子さん、平井久美さん、柳瀬陵子さんは、事務補佐員・技術補佐員・教務補佐員として、上記の研究プロジェクトにかかわるじつにさまざまな活動を支えてきてくれた。ありがとうございます。

本書を含む『生態人類学は挑む』シリーズの刊行が可能になったのは、二〇一三年に亡くなられた掛谷誠さんとご遺族の掛谷英子さんのご厚意による。私はつねづね、教師としての最低限のつとめは、やる気のある学生にその気持ちを失わせないこと、よい教師の条件は、どんなやりかたによってであれ、学生の隠れていたやる気を引き出すことだと思っている。掛谷さんは、まぎれもなく後者であった。はじめは学生として、のちに同僚として触れた掛谷さんのことばやものごしからは、アフリカの土地と人々への熱い思いがあふれ出していた。それは斜に構えがちな若者が作る心の垣根を、何度も軽々と越えていった。自らが年をとり、若者たちに相まみえるとき、掛谷さんの学恩の貴重さに感じ入る。私たちの学問は、そうした先輩がたが積み重ねてきた気持ちと行為によって支えられ、人と人とを幾重にも結んでいる。以下もまた、そうした輪を象徴する出来事である。

二〇一五年、ドナウ川のほとりにたたずむ音楽の都ウィーンで、第一一回国際狩猟採集社会会議（11th CHAGS）が開催された。一九六六年にシカゴ大学で開催された第一回から世界をめぐってきたこの会議では、京都大学名誉教授の田中二郎さん（二郎さん）がカナダのリチャード・リー（Richard Lee）さん、英国のジェームズ・ウッドバーン（James Woodburn）さんとともに終身名誉会員となった（写真—1）。この受賞は、二郎さんご自身の半世紀に渡る学際的研究の多大な功績を讃えるとともに、その間に多くの優れた学徒を育成してきた貢献をも評価するものでもあった。二郎さんの元指導院生である筆者も、歴史の重みを感じさせる市庁舎の建物を使っておこなわれた晩餐会で、民族舞踊の調べに聴き入りながらその栄誉を喜ぶ輪に加わることができた。我が国の狩猟採集社会研究や生態人類学をめぐる長年の学問的営為が、国際的にも認められた瞬間だったともいえよう。

つながりの輪は、未来にも開かれている。本書はもともと、筆者がその本務校である京都大学で二〇〇五年から断続的に担当してきた「生態人類学基礎論」「生態経済論Ⅰ」「生態人類学Ⅰ」という、その名前に生態人類学を冠する講義の資料から生まれた。講義では、筆者自身がエコカのクンやニューカデのグイ/ガナのもとで収集してきた研究データの分析を軸としながらも、それに関連する理論的な考察を幅広く紹介することで、そのおもしろさを受講生と一緒に考えることにも重きをおいてきた。まず、これらの講義に参加してくださった大勢の受講生のみなさんに心からお礼をいいたい。本書をかたちづくる物語りは、積極的に授業での対話に参加してくださったみなさんとの合作である。また本書の草稿は、関心を共有する研究者でもある大学院時代からの後輩や（元）指導院生に読んでもらうことで、ずいぶんと読みやすく、整合的になったと思う。なかでも、島田将喜さん、TIAN Xiaojie（田暁潔）さん、田中文菜さん、寺本理紗さんのみなさんには、詳細なコメントをいただいた。さらに、本シリーズ編集長の寺嶋秀明さんと京都大学学術出版会の大橋裕和さんは、なかなか本書の執筆が進まない筆者を忍耐強く見守り、励ましてくださっただけではなく、プロフェッショナルな目で本書の構成から細部の表現に至るまで的確なアドバイスをし

写真-1　11th CHAGSで表彰される田中二郎博士（左）、Richard Lee博士（中央）、James Woodburn博士（右）

てくださった。それによって、本書の内容はより幅広い読者にもずっと届きやすいものになったと思う。ここに名前を記すことで改めて謝意を示したい。

最後に、今・ここにいる私に生を授け、それを育んでくれた父・和守と母・千絵子、そしてその命と記憶を共有し、将来へとつないでくれている理恵、ケン、いるかにも心からの感謝の言葉を伝えたい。ありがとう。

二〇二一年一二月、京都市伏見区にて

高田　明

参考文献

安藤寿康（二〇一八）『なぜヒトは学ぶのか――教育を生物学的に考える』講談社現代新書
今村薫（二〇〇一）「砂漠の水――ブッシュマンの儀礼と生命観」田中二郎編『カラハリ狩猟採集民――過去と現在』京都大学学術出版会
今村榮一（二〇〇一）『現代育児学（第13版）』医歯薬出版
ヴィゴツキー、レフ（二〇〇一）『思考と言語（新訳版）』新読書社、柴田義松訳（原著は一九三四年刊行）
ウィルソン、エドワード・O.（一九九九）『社会生物学』新思索社、坂上昭一ほか訳（原著は一九七五年刊行）
オーエンズ、M.＆オーエンズ、D.（二〇二二）『カラハリ――アフリカ最後の野生に暮らす』早川書房、小野さやか・伊藤紀子訳（原著は一九八五年刊行）
カッツ、リチャード（二〇一二）『〈癒し〉のダンス――「変容した意識」のフィールドワーク』講談社、永沢哲・田野尻哲郎・稲葉大輔訳（原著は一九八二年刊行）
ケイ、ケネス（一九九三）『親はどのようにして赤ちゃんをひとりの人間にするのか』ミネルヴァ書房、鯨岡峻・鯨岡和子訳（原著は一九八二年刊行）
神津弘・西村昂三（一九九三）『はじめての赤ちゃん――妊娠・出産・3歳までの育児』有紀書房
サーリンズ、M.＆サーヴィス、E.（一九七六）『進化と文化』新泉社、山田隆治訳（原著は一九六〇年刊行）
サーリンズ、マーシャル（一九八七）『人類学と文化記号論――文化と実践理性』法政大学出版局、山内昶訳（原著は一九七六年刊行）
ショスタック、マージョリー（一九九四）『ニサ――カラハリの女の物語り』リブロポート、麻生九美訳（原著は一九八一年刊行）
菅原和孝（一九九三）『身体の人類学――カラハリ狩猟採集民グウィの日常行動』河出書房新社
スコット、ジェームズ・C.（二〇一九）『反穀物の人類史――国家誕生のディープヒストリー』みすず書房、立木勝訳（原著は二〇一七年刊行）
スチュワード、J.H.（一九七九）『文化変化の理論――多系進化の方法論』弘文堂、米山俊直・石田紅子訳（原著は一九五

五年刊行）
セルトー、ミシェル・ド（二〇二一）『日常的実践のポイエティーク』ちくま学芸文庫、山田登世子訳（原著は一九八〇年刊行）
ダーウィン（一九九〇）『種の起源（改版）』岩波文庫、八杉龍一訳（原著は一八五九年刊行）
ダイアモンド、ジャレド（二〇一二）『銃・病原菌・鉄——1万3000年にわたる人類史の謎（上・下）』草思社文庫、倉骨彰訳（原著は一九九七年刊行）
ダイアモンド、ジャレド（二〇一三）『人間の性はなぜ奇妙に進化したのか』草思社文庫、長谷川寿一訳（原著は一九九七年刊行）
タイラー、E.B.（一九六二）『原始文化——神話・哲学・宗教・言語・芸能・風習に関する研究』誠信書房、比屋根安定訳（原著は一八七一年刊行）
高田明（二〇〇四）「移動生活と子育て——グイとガナにおけるジムナスティック場面の特徴」田中二郎・佐藤俊・菅原和孝・太田至編『遊動民——アフリカの原野に生きる』昭和堂、二二八—二四八頁
高田明（二〇一〇）「朝のリズム——ナミビアの変わりゆく社会と子ども」『月刊 地理』55（2）：九八—一〇四頁
高田明（二〇一二）「親密な関係の形成と環境——ナミビア北中部のクン・サンにおける養育者—子ども間相互行為の分析から」西真如・木村周平・速水洋子編『講座 生存基盤論 第3巻 人間圏の再構築——熱帯社会の潜在力』京都大学学術出版会、二三—五一頁
高田明（二〇一九）『相互行為の人類学——「心」と「文化」が出会う場所』新曜社
高田明（近刊）『子育ての自然誌——狩猟採集社会からの眼差し』ミネルヴァ書房
竹下秀子（一九九九a）「赤ちゃんの姿勢と手のはたらきの進化」『科学』69（4）：四〇九—四一六頁
竹下秀子（一九九九b）『心とことばの初期発達——霊長類の比較行動発達学』東京大学出版会
田中二郎（一九七七）「採集狩猟民の比較生態学的考察——とくにブッシュマンとピグミーの狩猟を中心に」伊谷純一郎・原子令三編『人類の自然誌』雄山閣出版、三—二七頁
田中二郎（一九七八）『砂漠の狩人——人類始源の姿を求めて』中央公論社
田中二郎（一九八四）「10 生態人類学」綾部恒雄編『文化人類学15の理論』中公文庫

田中二郎（一九九〇）『ブッシュマン――生態人類学的研究（新装版）』思索社（初版は一九七一年刊行）
田中二郎（二〇二〇）『ブッシュマンの民話』京都大学学術出版会
田間康子（二〇〇一）『母性愛という制度』勁草書房
ダランベール、ジャン・ル・ロン（二〇一二）『ラモー氏の原理に基づく音楽理論と実践の基礎』春秋社、片山千佳子・安川智子・関本菜穂子訳（原著は一七五二年刊行）
タルド、ガブリエル（二〇〇七）『模倣の法則』河出書房新社、池田祥英・村澤真保呂訳（原著は一八九〇年刊行）
デスコラ、フィリップ（二〇一九）『自然と文化を越えて』水声社、小林徹訳（原著は二〇〇五年刊行）
トマセロ、マイケル（二〇〇六）『心とことばの起源を探る――文化と認知』勁草書房、大堀壽夫ほか訳（原著は一九九九年刊行）
根ヶ山光一（二〇二一）『「子育て」のとらわれを超える――発達行動学的「ほどほど親子」論』新曜社
バダンテール、エリザベート（一九九八）『母性という神話』筑摩書房、鈴木晶訳（原著は一九八〇年刊行）
Bly, L.（一九九八）『写真でみる乳児の運動発達―生後10日から12ヶ月まで』協同医書出版社、大本孝子・中村 勇訳（原著は一九九四年刊行）
フレイザー（一九六六―一九六七）『金枝篇（改版）（全五巻）』岩波文庫、永橋卓介訳（原著は一八九〇年から一九三六年にかけて数度の改訂を経ながら発行（全一三巻）。訳書は一九二二年に出版された簡約本に基づく）
ブルデュー、ピエール（一九八六）「文化資本の3つの姿」『アクト』No.1：一八―二八、福井憲彦・山本哲士訳（原著は一九七九年刊行）
ブルデュー、ピエール（二〇〇一a）『実践感覚1（新装版）』みすず書房、今村仁司・港道 隆訳（原著は一九八〇年刊行）
ブルデュー、ピエール（二〇〇一b）『実践感覚2（新装版）』みすず書房、今村仁司・福井憲彦・塚原史・港道隆訳（原著は一九八〇年刊行）
ベイトソン、G.（二〇〇〇）『精神の生態学（改訂第2版）』新思索社、佐藤良明訳（原著は一九七二年刊行）
ベイトソン、G.（二〇〇六）『精神と自然――生きた世界の認識論』新思索社、佐藤良明訳（原著は一九七九年刊行）
ベイトソン、G. & ロイシュ、J.（一九九五）『精神のコミュニケーション――精神医学の社会的マトリックス』新思索社、佐藤悦子・R. ボスバーグ訳（原著は一九五一年刊行）

ベイトソン、G．＆ミード、M．（二〇〇一）『バリ島人の性格──写真による分析』国文社、外山昇訳（原著は一九四二年刊行）
ホームズ、J．（一九九六）『ボウルビィとアタッチメント理論』岩崎学術出版社、黒田実郎・黒田聖一訳（原著は一九九三年刊行）
ホイジンガ、ヨハン（一九九四）『ホモ・ルーデンス』中公文庫、高橋英夫訳（原著は一九五六年刊行）
マーカー、ビョルン（二〇一八）「ヒトの固有性に関する儀礼的基盤」スティーヴン、マロック＆コルウィン、トレヴァーセン（編）『絆の音楽性──つながりの基盤を求めて』音楽之友社、根ヶ山光一・今川恭子・蒲谷槙介・志村洋子・羽石英里・丸山慎監訳（原著は二〇〇九年刊行）、四三─五八頁
正高信男（一九九三）『〇歳児がことばを獲得するとき──行動学からのアプローチ』中公新書
正高信男（一九九六）「南アメリカ先住民の伝統的子育ての習慣であるスウォドリングの機能」『心理学研究』67（4）：二八五─二九一頁
マロック、スティーヴン＆トレヴァーセン、コルウィン編（二〇一八）『絆の音楽性──つながりの基盤を求めて』音楽之友社、根ヶ山光一・今川恭子・蒲谷槙介・志村洋子・羽石英里・丸山慎監訳（原著は二〇〇九年刊行）
ミード、マーガレット（二〇〇一）「バリ島人の性格」ベイトソン、グレゴリー＆ミード、マーガレット『バリ島人の性格──写真による分析』国文社、外山昇訳（原著は一九四二年刊行）
村山則子（二〇一八）『ラモー芸術家にして哲学者──ルソー・ダランベールとの「ブフォン論争」まで』作品社
メスーディ、アレックス（二〇一六）『文化進化論──ダーウィン進化論は文化を説明できるか』NTT出版、野中香方子訳（原著は二〇一一年刊行）
やまだようこ（一九八七）『ことばの前のことば──ことばが生まれるすじみち1』新曜社
ライク、デイヴィッド（二〇一八）『交雑する人類──古代DNAが解き明かす新サピエンス史』NHK出版、日向やよい訳（原著は二〇一八年刊行）
ラトゥール、ブリュノ＆レピネ、ヴァンサン・A．（二〇二一）『情念の経済学──タルド経済心理学入門』人文書院、中倉智徳訳（原著は二〇〇八年刊行）
ルーマン、ニクラス（一九九三）『社会システム理論（上）』恒星社厚生閣、佐藤勉監訳（原著は一九八四年刊行）

ルーマン、ニクラス（一九九五）『社会システム理論（下）』恒星社厚生閣、佐藤勉監訳（原著は一九八四年刊行）
ルソー、ジャン・ジャック（二〇〇七）『エミール（上・中・下）（改版）』岩波文庫、今野一雄訳（原著は一七六二年刊行）
ルソー、ジャン・ジャック（二〇一六a）『言語起源論——旋律と音楽的模倣について』岩波文庫、増田真訳（原著は推定一七六三年刊行）
ルソー、ジャン・ジャック（二〇一六b）『人間不平等起源論』岩波文庫、本田喜代治・平岡昇訳（原著は一七五五年刊行）

Ainsworth, M. D. S. 1982. Attachment: Retrospect and prospect. In C. M. Parkes & J. Stevenson-Hinde (eds.), *The place of attachment in human behavior*. New York: Basic Books, pp. 3-30.

Aldrich, C. A., & Hewitt, E. S. 1947. A self-regulating feeding program for infants. *Journal of the American Medical Association* 135: 340-342.

Barnard, A. 1992. *Hunters and herders of Southern Africa: A comparative ethnography of the Khoisan peoples*. Cambridge: Cambridge University Press.

Barnard, A. 2002. The foraging mode of thought. *Senri Ethnological Studies* 60: 5-24.

Barr, R. G., & Elias, M. F. 1988. Nursing interval and maternal responsivity: Effect on early infant crying. *Pediatrics* 81: 529-536.

Barr, R. G., Hopkins, B., & Green, J. A. 2000. *Crying as a sign, a symptom, & a signal: Clinical, emotional and developmental aspects of infant and toddler crying*. London: Mac Keith Press.

Barr, R. G., Konner, M., Bakeman, R., & Adamson, L. 1991. Crying in !Kung San infants: A test of the cultural specificity hypothesis. *Developmental Medicine and Child Neurology* 33: 601-610.

Basso, K. H. 1996. *Wisdom sits in places: Landscape and language among the Western Apache*. Albuquerque: University of New Mexico Press.

Bavin, E. 1992. The acquisition of Walpiri. In D. Slobin (ed.), *The crosslinguistic study of language acquisition, Vol. 3*. Hillsdale: Lawrence Erlbaum Associates, pp. 309-372.

Berger, D. J., & Zimprich-Mazive, E. 2002. *New horizons for the San: Participatory action research with San communities in northern Namibia*. Windhoek: UNESCO Windhoek Office.

Bernstein, R. M. 2016. Hormones and the evolution of childhood in humans and nonhuman primates. In C. L. Meehan, & A. N. Crittenden (eds.), *Childhood: Origins, evolution, and implications*. Albuquerque: University of New Mexico Press, pp. 103-119.

Bickerton, D. 2002. Foraging versus social intelligence in the evolution of protolanguage. In A. Wray (ed.), *The transition to language*. Oxford: Oxford University Press, pp. 207-225.

Biesele, M. 1993. *Women like meat: The folklore and foraging ideology of the Kalahari Ju|'hoan*. Bloomington: Indiana University Press.

Bleek, D. F. 1929. *Comparative vocabularies of Bushman languages*. Cambridge: Cambridge University Press.

Bloch, M. 2005. *Essays on cultural transmission*. Oxford: Berg.

Blurton-Jones, N. G. 1972. Comparative aspects of mother-child contact. In N. G. B. Jones (ed.), *Ethological studies of child behaviour*. Cambridge: Cambridge University Press, pp. 315-328.

Blurton-Jones, N. G, & da Costa, E. 1987. A suggested adaptive value of toddler night waking: Delaying the birth of the next sibling. *Ethology and Sociobiology* 8: 135-142.

Bock, J. 2005. What makes a competent adult forager? In B. S. Hewlett, & M. E. Lamb (eds.), *Hunter-gatherer childhoods: Evolutionary, developmental, and cultural perspectives*. New Brunswick: Transaction Publishers, pp. 109-128.

Bogin, B. 2006. Modern human life history: The evolution of human childhood and fertility. In K. Hawkes & R. R. Paine (eds.), *The evolution of human life history*. Santa Fe: School of American Research Press, pp. 197-230.

Bogin, B., Bragg, J. & Kuzawa, C. 2016. Childhood, biocultural reproduction, and human lifetime reproductive effort. In C. L. Meehan, & A. N. Crittenden (eds.), *Childhood: Origins, evolution, and implications*. Albuquerque: University of New Mexico Press, pp. 45-72.

Bowlby, J. 1953. *Childcare and the growth of love*. Westminster: Penguin.

Bowlby, J. 1969. *Attachment and loss, vol.1: Attachment*. London: Hogarth.

Brand, R. J., Baldwin, D. A., & Ashburn, L. A. 2002. Evidence for 'motionese': Modifications in mothers' infant-directed action. *Developmental Science* 5: 72-83.

Bril, B., Zack, M., & Nkounkou-Hombessa, E. 1989. Ethnotheories of development and education: A view from different cultures. *European Journal of Psychology of Education* 4: 307-318.

Bruner, J. S., & Bruner, B. M. 1968. On voluntary action and its hierarchical structure. *International Journal of Psychology* 3: 239-255.

Carpenter, M., Nagell, K., & Tomasello, M. 1998. *Social cognition, joint attention, and communicative competence from 9 to 15 months of age.* Monographs of the Society for Research in Child Development: Vol.255.

Cavalli-Sforza, L. L., Feldman, M. W., Chen, K. H., & Dornsbusch, S. M. 1982. Theory and observation in cultural transmission. *Science* 80 (361): 19-27.

Cirelli, L. K., & Trehub, S. E. 2018. Infants help singers of familiar songs. *Music & Science* 1: 1-11.

Cole, M., & Cole, S. R. 1993. *The development of children (2nd ed.)*. New York: Scientific American Books: Distributed by W. H. Freeman.

Cook, H. M. 1996. Japanese language socialization: Indexing the modes of self. *Discourse Processes* 22 (2): 171-197.

Crittenden, A. N., & Meehan, C. L. 2016. Multiple perspectives on the evolution of childhood. In C. L. Meehan, & A. N.Crittenden (eds.), *Childhood: Origins, evolution, and implications*. Albuquerque: University of New Mexico Press, pp. 1-8.

Darwin, C. R. 1859. *On the origin of species by means of natural selection, or the preservation of favoured races in the struggle for life (1st ed.)*. London: John Murray.

Darwin, C. R. 1871. *The descent of man, and selection in relation to sex, Volume 1. (1st edit.)*. London: John Murray.

DeCasper, A. J., & Fifer, W. P. 1980. Of human bonding: Newborns prefer their mother's voices. *Science* 208: 1174-1176.

Dennis, W., & Dennis, M. G. 1940. The effect of cradling practices upon the onset of walking in Hopi children. *Journal of Genetic Psychology* 56: 77-86.

Dieckmann, U., Thiem, M., Dirkx, E., & Hays, J. (eds.) 2014. *"Scraping the pot": San in Namibia two decades after independence*. Windhoek: Legal Assistance Centre.

Diener, I. 2001. Ethnicity and nation-building: Towards unity respectful of heterogeneity? In I. Diener, & O. Graefe (eds.), *Contemporary Namibia: The first landmarks of a post-apartheid society*. Windhoek: Gamsberg Macmillan, pp.231-257.

Dira, S., & Hewlett, B. S. 2016. Learning to spear hunt among Ethiopian Chabu adolescent hunter-gatherers. In H. Terashima, & B. S. Hewlett (eds.), *Social learning and innovation in contemporary hunter-gatherers: Evolutionary and ethnographic perspectives*. Tokyo: Springer Japan, pp. 71-81.

Dissanayake, E. 2009. Bodies swayed to music: The temporal arts as integral to ceremonial ritual. In S. Malloch & C. Trevarthen (eds.), *Communicative musicality: Exploring the basis of human companionship*. New York: Oxford University Press, pp.533-544.

Draper, P. 1976. Social and economic constraints on child life among the !Kung. In R. B. Lee, & I. DeVore (eds.), *Kalahari hunter-gatherers: Studies of the !Kung San and their neighbors*. Cambridge, MA: Harvard University Press, pp. 199-217.

Draper, P., & Cashdan, E. 1988. Technological change and child behavior among the !Kung. *Ethnology* 27: 339-365.

Draper, P., & Kranichfeld, M. 1990. Coming in from the bush: Settled life by the !Kung and their accommodation to Bantu neighbors. *Human Ecology* 18: 363-383.

Duranti, A., & Black, S. 2012. Socialization and improvisation. In A. Duranti, E. Ochs, & B. Schieffelin (eds.), *Handbook of language socialization*. Chichester: Blackwell, pp. 443-463.

Duranti, A., Ochs, E., & Schieffelin, B. B. (eds.) 2012. *The handbook of language socialization*. Chichester: Blackwell.

Eickelkamp, U. 2017. Self-possessed: Children, recognition and psychological autonomy at Pukatja (Ernabella), South Australia. In D. Austin-Broos & F. Merlan (eds.), *People and change in indigenous Australia*. Honolulu: University of Hawai'i Press, pp. 59-78.

Emde, R. N., Biringen, Z., Clyman, R. B., & Oppenheim, D. 1991. The moral self of infancy: Affective core and procedural knowledge. *Developmental Review* 11: 251-270.

Endicott, K. L., & Endicott, K. M. 2014. Batek childrearing and morality. In D. Narváez, K. Valentino, A. Fuentes, J. J. McKenna, & P. Gray (eds.), *Ancestral landscapes and human evolution: Culture, childrearing and social wellbeing*. Oxford: Oxford University Press, pp. 108-125.

Falk, D. 2004. Prelinguistic evolution in early hominins: Whence motherese? *Behavioral and Brain Sciences* 27: 491-503.

Feld, S., & Fox, A. F. 1994. Music and language. *Annual Review of Anthropology* 23: 25-53.

Ferguson, C. A. 1964. Baby talk in six languages. *American Anthropologist* 66 (6): Part 2, Special publication: The ethnography of communication, 103-114.

Fernald, A., & Kuhl, P. K. 1987. Acoustic determinants of infant preference for motherese speech. *Infant Behavior and Development* 10: 279-293.

Fernald, A., & Simon, T. 1984. Expanded intonation contours in mothers' speech to newborns. *Developmental Psychology* 20: 104-113.

Fernald, A., Taeschner, T., Dunn, J., Papoušek, M., Boysson-Bardies, B., & Fukui, I. 1989. A cross-language study of prosodic modifications in mothers' and fathers' speech to preverbal infants. *Journal of Child Language* 16: 477-501.

Fouts, H. N., Hewlett, B. S. and Lamb, M. E. 2012. A biocultural approach to breastfeeding interactions in central Africa. *American Anthropologist* 114: 123-136.

Fouts, H. N., & Lamb, M. E. 2005. Weanling emotional patterns among the Bofi foragers of Central Africa: The role of maternal availability and sensitivity. In B. S. Hewlett, & M. E. Lamb (eds.), *Hunter-gatherer childhoods: Evolutionary, developmental, and cultural perspectives*. New Brunswick: Transaction Publishers, pp. 309-321.

Gardner, P. M. 1966. Symmetric respect and memorate knowledge: The structure and ecology of individualistic culture. *Southwestern Journal of Anthropology* 22: 389-415.

Gaskins, S. 2003. From corn to cash: Change and continuity within Mayan families. *Ethos* 31 (2): 248-273.

Goffman, E. 1981. *Forms of talk*. Philadelphia: University of Pennsylvania Press.

Goodwin, C. 2000. Action and embodiment within situated human interaction. *Journal of Pragmatics* 32: 1489-1522.

Goodwin, M. H. 2006. *The hidden life of girls: Games of stance, status, and exclusion*. Malden: Blackwell Publishing.

Goodwin, M., Cekaite, A., Goodwin, C., & Tulbert, E. 2012. Emotion as stance. In A. Perakyla & M.-L. Sorjonen (eds.), *Emotion in interaction*. Oxford: Oxford University Press, pp. 16-41.

Gordon, R. J. 1997. *Picturing Bushmen: The Denver African expedition of 1925*. Athens: Ohio University Press.

Gottlieb, A. 2004. *The afterlife is where we come from: The culture of infancy in West Africa*. Chicago: University of Chicago Press.

Gray, P. 2013. *Free to learn: Why unleashing the instinct to play will make our children happier, more self-reliant, and better students for life*. New York: Basic Books.

Grieser, D. L., & Kuhl, P. K. 1988. Maternal speech to infant in a tonal language: Support for universal prosodic features in motherese. *Developmental Psychology* 24: 14-20.

Güldemann, T. 2014. 'Khoisan' linguistic classification today'. In T. Güldemann, & A.-M. Fehn (eds.), *Beyond 'Khoisan': Historical relations in the Kalahari Basin*. Amsterdam: Benjamins, pp. 1-40.

Heine, B., & Kuteva, T. 2002. On the evolution of grammatical forms. In A. Wray (ed.), *The transition to language*. Oxford: Oxford

University Press, pp. 376-397.

Hellberg, C-J. 1997. *Mission colonialism and liberation: The Lutheran church in Namibia 1840-1966*. Windhoek: New Namibia Books.

Henry, P. I., Morelli, G. A., & Tronick, E. Z. 2005. Child caretakers among Efe foragers of the Ituri forest. In B. S. Hewlett, & M. E. Lamb (eds.), *Hunter-gatherer childhoods: Evolutionary, developmental, and cultural perspectives*. New Brunswick: Transaction Publishers, pp. 191-213.

Hewlett, B. S. 1991. *Intimate fathers: The nature and context of Aka Pygmy paternal infant care*. Ann Arbor: University of Michigan Press.

Hewlett, B. S. 2016. Evolutionary cultural anthropology: Containing Ebola outbreaks and explaining hunter-gatherer childhoods. *Current Anthropology* 57 (S13): S27-37.

Hewlett, B. S., Fouts, H. N., Boyette, A. H., & Hewlett, B. L. 2011. Social learning among Congo Basin hunter-gatherers. *Philosophical Transaction Royal Society of London B, Biological Science* 366: 1168-1178.

Hewlett, B. S., Hudson, J., Boyette, A. H., & Fouts, H. N. 2019. Intimate living: Sharing space among Aka and other hunter-gatherers. In N. Lavi, & D. E. Friesem (eds.), *Towards a broader view of hunter-gatherer sharing*. Cambridge: McDonald Institute for Archaeological Research, University of Cambridge, pp. 39-56.

Hewlett, B. S., & Lamb, M. E. (eds.) 2005. *Hunter-gatherer childhoods: Evolutionary, developmental, and cultural perspectives*. New Brunswick: Transaction Publishers.

Hewlett, B. S., & Winn, S. 2014. Allomaternal nursing in humans. *Current Anthropology* 55: 200-229.

Hirasawa, A. 2005. Infant care among the sedentarized Baka hunter-gatherers in Southeastern Cameroon. In B. S. Hewlett, & M. E. Lamb (eds.), *Hunter-gatherer childhoods: Evolutionary, developmental, and cultural perspectives*. New Brunswick: Transaction Publishers, pp. 365-384.

Hitchcock, R. K. 1996. *Kalahari communities: Bushmen and the politics of the environment in southern Africa*. IWGIA Document No. 79. Copenhagen: International Work Group for Indigenous Affairs.

Hopkins, B., & Westra, T. 1988. Maternal handling and motor development: An intracultural study. *Genetic, Social, and General Psychology Monographs* 114: 377-420.

Howell, N. 2000. *The demography of the Dobe !Kung (2nd ed)*. Cambridge, MA: Academic Press.

Hrdy, S. B. 2005. Comes the child before the man: How cooperative breeding and prolonged postweaning dependence shaped human potential. In B. S. Hewlett, & M. E. Lamb (eds.), *Hunter-gatherer childhoods: Evolutionary, developmental, and cultural perspectives*. New Brunswick: Transaction Publishers, pp. 65-91.

Hrdy, S. B. 2016. Development plus social selection in the emergence of "emotionally modern" humans. In C. L.Meehan, & A. N.Crittenden (eds.), *Childhood: Origins, evolution, and implications*. Albuquerque: University of New Mexico Press, pp. 11-44.

Huxley, J. 1942. *Evolution: The modern synthesis*. London: Allen & Unwin.

Ingold, T. 2000. *The perception of the environment: Essays on livelihood, dwelling and skill*. London: Routledge.

Jansen, R., Pradhan, N., & Spencer, J. 1994. *Bushmen ex-servicemen and dependents rehabilitation and settlement programme, West Bushmanland and Western Caprivi, Republic of Namibia: Evaluation, Final Report, April, 1994*. Windhoek: Republic of Namibia.

Kamei, N. 2005. Play among Baka children in Cameroon. In B. S. Hewlett, & M. E. Lamb (eds.), *Hunter-gatherer childhoods: Evolutionary, developmental, and cultural perspectives*. New Brunswick: Transaction Publishers, pp. 343-359.

Kaye, K., & Brazelton, T. B. 1971. Mother-infant interaction in the organization of sucking. Minneapolis: Paper presented to *the Society for Research in Child Development*.

Kaye, K., & Wells, A. 1980. Mothers' jiggling and the burst-pause pattern in neonatal feeding. *Infant Behavior and Development* 3: 29-46.

Kisliuk, M. 2001. *Seize the dance: BaAka musical life and the ethnography of performance*. Oxford: Oxford University Press.

Kleitman, N. 1963. *Sleep and wakefulness*. Chicago: University of Chicago Press.

Konner, M. J. 1973. Newborn walking: Additional data. *Science* 179: 307.

Konner, M. J. 1976. Maternal care, infant behavior and development among the !Kung. In R. B. Lee, & I. DeVore (eds.), *Kalahari Hunter-Gatherers: Studies of the !Kung San and their neighbors*. Cambridge, MA: Harvard University Press, pp. 218-245.

Konner, M. J. 2005. Hunter-gatherer infancy and childhood: The !Kung and others. In B. S. Hewlett, & M. E. Lamb (eds.), *Hunter-gatherer childhoods: Evolutionary, developmental, and cultural perspectives*. New Brunswick: Transaction Publishers, pp. 19-64.

Konner, M. J. 2016. Hunter-gatherer infancy and childhood in the context of human evolution. In Meehan, C. L. & Crittenden, A. N. (eds.), *Childhood: Origins, evolution, and implications*. Albuquerque: University of New Mexico Press, pp. 123-154.

Konner, M. J., & Worthman, C. 1980. Nursing frequency, gonadal function, and birth spacing among !Kung hunter-gatherers. *Science*

207: 788-791.

Korner, A. F., & Thoman, E. B. 1972. The relative efficacy of contact and vestibular-proprioceptive stimulation in soothing neonates. *Child Development* 43: 443-453.

Kreike, E. H. 1996. *Recreating Eden: Agro-ecological change, food security and environmental diversity in southern Angola and northern Namibia, 1890–1960*. Ph.D dissertation, Yale University.

Kreike, E. H. 2006. *Architects of nature: Environmental infrastructure and the nature-culture dichotomy*. Ph.D dissertation, Wageningen University.

Kuhl, P. K., Williams, K. A., Lacerda, F., Stevens, K. N., & Lindblom, B. 1992. Linguistic experience alters phonetic perception in infants by 6 months of age. *Science* 255: 606-608.

Kuper, L. 1997. Plural society. In M. Guibernau, & J. Rex (eds.), *The ethnicity reader: Nationalism, multiculturalism and migration*. Cambridge: Polity, pp. 220-228.

Lancy, D. F. 1980. Play in species adaptation. *Annual Review of Anthropology* 9: 471-495.

Lancy, D. F. 1984. Play in anthropological perspective. In P. K. Smith (ed.), *Play in animals and humans*. Oxford: Basil Blackwell, pp. 295-303.

LeVine, R. A., Dixon, S., LeVine, S., Richman, A., Leiderman, P. H., Keefer, C. H., & Brazelton, T. B. 1994. *Child care and culture: Lessons from Africa*. New York: Cambridge University Press.

Lee, R. B. 1965. *Subsistence ecology of !Kung Bushmen*. Ph.D dissertation, University of California, Berkeley.

Lee, R. B. 1979. *The !Kung San: Men, women, and work in a foraging society*. Cambridge: Cambridge University Press.

Lee, R. B. 1992. Art, science, or politics? The crisis in hunter-gatherer studies. *American Anthropologist* 94: 31-54.

Lee, R. B. 1993. *The Dobe Ju|'hoansi (2nd ed)*. Fort Worth: Harcourt Brace College Publishers.

Lee, R. B., & DeVore, I. (eds.) 1968. *Man the hunter*. Chicago: Aldine Atherton.

Lee, R. B., & DeVore, I. (eds.) 1976. *Kalahari hunter-gatherers: Regional studies of the !Kung San and their neighbors*. Cambridge, MA: Harvard University Press.

Lew-Levy, S., Lavi, N., Reckin, R., Cristóbal-Azkarate, J., & Ellis-Davies, K. 2018. How do hunter-gatherer children learn social and gender norms? A meta-ethnographic review. *Cross-Cultural Research* 52 (2): 213-255.

Lewis, J. 2016. Play, music, and taboo in the reproduction of an egalitarian society. In H. Terashima & B. S. Hewlett (eds.), *Social learning and innovation in contemporary hunter-gatherers: Evolutionary and ethnographic perspectives*. Tokyo: Springer, pp. 147-158.

Low, C. H. 2008. *Khoisan medicine in history and practice. Research in Khoisan Studies 20*. Cologne: Rüdiger Köppe Verlag.

Lévi-Strauss, C. 1968. The concept of primitiveness. In R. B. Lee, & I. DeVore (eds.), *Man the hunter*. Chicago: Aldine Atherton, pp. 349-352.

Marlowe, F. W. 2005. Who tends Hadza children? In B. S. Hewlett, & M. E. Lamb (eds.), *Hunter-gatherer childhoods: Evolutionary, developmental, and cultural perspectives*. New Brunswick: Transaction Publishers, pp. 177-190.

Marshall, L. 1976. *The !Kung of Nyae Nyae*. Cambridge, MA: Harvard University Press.

Meehan, C. L., & Crittenden, A. N. (eds.) 2016. *Childhood: Origins, evolution, and implications*. Albuquerque: University of New Mexico Press.

Meehan, C. L., & Hawks, S. 2013. Cooperative breeding and attachment among the Aka foragers. In N. Quinn, & J. Mageo (eds.), *Attachment reconsidered: Cultural perspectives on a Western theory*. New York: Palgrave, pp. 85-114.

Meehan, C. L., Helfrechr, C., & Malcom, C. D. 2016. Implications of lengthy development and maternal life history: Allomaternal investment, peer relationships, and social networks. In C. L. Meehan, & A. N. Crittenden, (eds.), *Childhood: Origins, evolution, and implications*. Albuquerque: University of New Mexico Press, pp. 199-220.

Mesman, J., Van IJzendoorn, M. H., & Sagi-Schwartz, A. 2016. Cross-cultural patterns of attachment: Universal and contextual dimensions. In J. Cassidy, & P. R. Shaver (eds.), *Handbook of attachment: Theory, research, and clinical applications (3rd ed.)*. New York: Guilford, pp. 852-877.

Morelli, G. A., & Tronick, E. Z. 1992. Efe fathers: One among many? A comparison of forager children's involvement with fathers and other males. *Social Development* 1 (1): 36-54.

Nakata, T., & Trehub, S. E. 2004. Infants' responsiveness to maternal speech and singing. *Infant Behavior & Development* 27: 455-464.

Nambala, S. 1994. *History of the church in Namibia*. Oniipa: Lutheran Quarterly.

Namibia Statistics Agency (NSA) 2011a. *Namibia 2011 population and housing*. Windhoek: Namibia Statistics Agency.

Namibia Statistics Agency (NSA) 2011b. *Ohangwena 2011 census regional profile*. Windhoek: Namibia Statistics Agency.

Ochs, E. 1988. *Culture and language development: Language acquisition and language socialization in a Samoan village*. Cambridge: Cambridge University Press.

Ochs, E., & Schieffelin, B. B. 1995. The impact of language socialization on grammatical development. In C. Jourdan, & K. Tuite (eds.), *Language, culture, and society: Key topics in linguistic anthropology*. Cambridge: Cambridge University Press, pp. 168-300.

Olivier, E. 2001. Categorizing the Ju|'hoan musical heritage. *African Study Monographs Supplementary Issue* 27: 11-27.

Olivier, E. 2007. On polyphonic construction: An analysis of Ju|'hoan vocal music (Namibia). *African Music: Journal of the International Library of African Music* 8 (1): 82-111.

Ono, H. 2001. The |Gui honorific plural. In the committee for festschrift for professor Umeda, H. (ed.), *Korean and Japanese papers in linguistics and literary studies: Festschrift for professor Hiroyuki Umeda*. Seoul: Thaehaksa, pp. 1055-1076.

Pye, C. 1992. The acquisition of K'iche' Maya. In D. Slobin (ed.), *The crosslinguistic study of language acquisition*. Hillsdale: Lawrence Erlbaum Associates, pp. 221-308.

Ratner, N. B., & Pye, C. 1984. Higher pitch in babytalk is not universal: Acoustic evidence from Quiche Mayan. *Journal of Child Language* 11 (3): 515-522.

Rogoff, B. 2003. *The cultural nature of human development*. Oxford: Oxford University Press.

Saint-Anne Dargassies, S. 1977. *Neurological development in the full term and premature neonate*. Amsterdam: Elsevier.

Schieffelin, B. B. 1990. *The give and take of everyday life: Language socialization of Kaluli children*. Cambridge: Cambridge University Press.

Schmidt, S. (ed.) 2011. *Hai ǁom and !Xû stories from north Namibia: Collected and translated by Terttu Heikkinen (1934-1988)*. Cologne: Rüdiger Köppe Verlag.

Scollon, S. 1982. *Reality set, socialization and linguistic convergence*. Unpublished Ph.D. thesis. Honolulu: University of Hawaii.

Shneidman, L., & Woodward, A. L. 2015. Are child-directed interactions the cradle of social learning? *Psychological Bulletin* 142 (1). Advance online publication. http://dx.doi.org/10.1037/bul0000023

Smith, M. G. 1965. *The plural society in the British West Indies*. Berkeley and Los Angeles: University of California Press.

Smith-Hefner, B. 1988. The linguistic socialization of Javanese children. *Anthropological Linguistics* 30 (2): 166-198.

Snow, C. E. 1986. Conversations with children. In P. Fletcher, & M. German (eds.), *Language acquisition: Studies in first language development (2nd ed.)*. Cambridge: Cambridge University Press, pp. 69-89.

Spence, M. J., & DeCasper, A. J. 1987. Prenatal experience with low frequency maternal-voice sounds influences neonatal perception of maternal voice samples. *Infant Behavior and Development* 10: 133-142.

Strassburg, H. M. 2020. Historic review: a short history of neuropediatrics in Germany between 1850 and 1950. *Neurological Research and Practice* 2: 24. https://doi.org/10.1186/s42466-020-00072-2

Strathern, M. 1992. *Reproducing the future: Essays on anthropology, kinship and the new reproductive technologies*. New York: Routledge.

Super, C. M. 1976. Environmental effects on motor development: The case of African infant precocity. *Developmental Medicine and Child Neurology* 18: 561-567.

Super, C. M. 1981. Behavioral development in infancy. In R. H. Munroe, R. L. Munroe, & B. B. Whiting (eds.), *Handbook of cross-cultural human development*. New York: Garland STPM Press, pp. 181-270.

Super, C. M., & Harkness, S. 1982. The infant's niche in rural Kenya and metropolitan America. In L. L. Adler (ed.), *Cross-cultural research at issue*. New York: Academic Press, pp. 47-56.

Super, C. M., & Harkness, S. 1997. The cultural structuring of child development. In J. W. Berry, P. R. Dasen, & T. S. Saraswathi (eds.), *Handbook of cross-cultural psychology, second edition: Vol. 2. Basic processes and human development*. Boston: Allyn & Bacon, pp. 1-39.

Takada, A. 2005a. Early vocal communication and social institution: Appellation and infant verse addressing among the Central Kalahari San. *Crossroads of Language, Interaction, and Culture* 6: 80-108.

Takada, A. 2005b. Mother-infant interactions among the !Xun: Analysis of gymnastic and breastfeeding behaviors. In B. S. Hewlett, & M. E. Lamb (eds.), *Hunter-gatherer childhoods: Evolutionary, developmental, and cultural perspectives*. New Brunswick: Transaction Publishers, pp. 289-308.

Takada, A. 2010. Changes in Developmental Trends of Caregiver-Child Interactions among the San: Evidence from the !Xun of Northern Namibia. *African Study Monographs Supplementary Issue* 40: 155-177.

Takada, A. 2011. Language contact and social change in north-central Namibia: Socialization via singing and dancing activities among the !Xun San. In O. Hieda, C. König, & H. Nakagawa (eds.), *Geographical typology and linguistic areas: With special reference to Africa*. Amsterdam/Philadelphia: John Benjamins, pp. 251-267.

Takada, A. 2015. *Narratives on San ethnicity: The cultural and ecological foundations of lifeworld among the !Xun of north-central Namibia*. Kyoto and Melbourne: Kyoto University Press & Trans Pacific Press.

Takada, A. 2020. *The ecology of playful childhood: The diversity and resilience of caregiver-child interactions among the San of southern Africa*. Cham: Palgrave Macmillan.

Takada, A. 2021a. Pragmatic reframing from distress to playfulness: !Xun caregiver responses to infant crying. *Journal of Pragmatics* 181: 180-195.

Takada, A. 2021b. The medium of instruction for the school education in southern Africa: Historical analyses of South African and north-central Namibian cases. In S. Yamada, A. Takada, & S. Kessi (eds.), *Knowledge, education, and social structure in Africa*. Bamenda: Langaa RPCIG, pp. 53-81.

Takada, A., & Miyake, E. 2021. Changes in ethnicity and land rights among the !Xun of north-central Namibia. In A. S. Steinforth, & S. Klocke-Daffa (eds.), *Challenging authorities: Ethnographies of legitimacy and power in eastern and southern Africa*. Cham: Palgrave Macmillan, pp. 245-266.

Tanaka, J., & Sugawara, K. (eds.) 2010. *The encyclopaedia of the /Gui and //Gana culture and society*. Kyoto: Laboratory of Cultural Anthropology, Graduate school of Human and Environmental Studies, Kyoto University.

Tanaka, J. 1980. *The San: Hunter-gatherers of the Kalahari, a study in ecological anthropology*. Tokyo: University of Tokyo Press.

Tanaka, J. 1987. The recent changes in the life and society of the Central Kalahari San. *African Study Monographs* 7: 37-51.

Thompson, J. L., & Nelson, A. J. 2016. Childhood and patterns of growth in the genus Homo. In C. L. Meehan, & A. N. Crittenden (eds.), *Childhood: Origins, evolution, and implications*. Albuquerque: University of New Mexico Press, pp. 75-101.

Timyan, J. 1988. Cultural aspects of psycho-social development: An examination of West African childrearing practices. Report prepared for *the regional UNICEF workshop: Toward a strategy for enhancing early childhood development in the West and Central Africa region, Abidjan, January 18-22*.

Tomasello, M. 1999. *The cultural origins of human cognition*. Cambridge, MA: Harvard University Press.

Trehub, S. E., Becker, J., & Morley, I. 2015. Cross-cultural perspectives on music and musicality. *Philosophical Transactions of the Royal Society B* 370 (1664) 20140096.

Trehub, S. E., & Trainor, L. 1998. Singing to infants: Lullabies and play songs. *Advances in Infancy Research* 12: 43-77.

Trevarthen, C. 1979. Communication and cooperation in early infancy: A description of primary intersubjectivity. In M. Bullowa (ed.), *Before speech*. Cambridge: Cambridge University Press, pp. 321-347.

Trevarthen, C. 1999. Musicality and the intrinsic motive pulse: Evidence from human psychology and infant communication. *Musicæ Scientiæ, Special Issue* 1999-2000: 155-215.

Trevarthen, C. 2001. Intrinsic motives for companionship in understanding: Their origin, development, and significance for infant mental health. *Infant Mental Health Journal* 22 (1-2): 95-131.

Tronick, E. Z., Morelli, G. A., & Ivey, P. K. 1992. The Efe forager infant and toddler's pattern of social relationships: multiple and simultaneous. *Developmental Psychology* 28 (4): 568-577.

Tronick, E. Z., Morelli, G. A., & Winn, S. 1987. Multiple caretaking of Efe (Pygmy) infants. *American Anthropologist* 89: 96-106.

Uys, I. 1993. *Bushman soldiers: Their alpha and omega*. Minneapolis: Fortress publishers.

Vygotsky, L. S. 1962. *Thought and language* (edited and translated by E. Hanfmann, & G. Vakar). Cambridge, MA: MIT Press, Massachusetts Institute of Technology. (原著は一九三四年刊行)

Welch, C. 2018. *"Land is life, conservancy is life.": The San and the N‡a Jaqna conservancy, Tsumkwe district West, Namibia*. Basel: Basler Afrika Bibliographien.

Werker, J. F., & McLeod, P. J. 1989. Infant preference for both male and female infant-directed talk: A developmental study of attentional and affective responsiveness. *Canadian Journal of Psychology* 43: 230-246.

Whiting, J. W. M. 1971. Causes and consequences of the amount of body contact between mother and infant. Paper presented at *70th Annual Meeting of the American Anthropological Association*, New York.

Widlok, T. 1994. *The social relationships of changing Hai||om hunter-gatherers in northern Namibia, 1990-1994*. Ph.D dissertation, London School of Economics and Political Science, University of London.

Williams, F-N. 1994. *Precolonial communities of Southwestern Africa: A history of Owambo kingdoms 1600-1920 (2nd ed.)*. Windhoek: National Archives of Namibia.

Wilmsen, E. N. 1989. *Land filled with flies: A political economy of the Kalahari*. Chicago: The University of Chicago Press.

Zelazo, P. R. 1983. The development of walking: New findings and old assumptions. *Journal of Motor Behavior* 15: 99-137.

Zelazo, P. R., Zelazo, N. A., & Kolb, S. 1972. "Walking" in the newborn. *Science* 176: 314-315.

【や】

【ら】

【わ】

【0-9】

【な】

【は】

【ま】

【た】

【さ】

索引

【あ】

【か】

著者紹介

高田　明（たかだ　あきら）

京都大学大学院アジア・アフリカ地域研究研究科教授。京都大学大学院人間・環境学研究科博士課程修了、博士（人間・環境学）。主な著作に、*Narratives on San Ethnicity: The Cultural and Ecological Foundations of Lifeworld among the !Xun of North-Central Namibia*. Kyoto University Press. 2015.『相互行為の人類学――「心」と「文化」が出会う場所』（新曜社、2019年）、*The ecology of playful childhood: The diversity and resilience of caregiver-child interactions among the San of southern Africa*. Palgrave Macmillan. 2020. などがある。

生態人類学は挑む　MONOGRAPH 8
狩猟採集社会の子育て論
――クン・サンの子どもの社会化と養育行動

2022年8月20日　初版第一刷発行

著者　高田　明
発行人　足立芳宏

京都大学学術出版会
京都市左京区吉田近衛町69番地
京都大学吉田南構内（〒606-8315）
電話（075）761-6182
FAX（075）761-6190
Home page http://www.kyoto-up.or.jp
振替 01000-8-64677

ISBN978-4-8140-0428-7
Printed in Japan

ブックデザイン　森　華
印刷・製本　亜細亜印刷株式会社
定価はカバーに表示してあります